JN065672

HOW TO GROW WINE GRAPE

醸造用ブドウ栽培の手引き

～品種・仕立て・管理作業～

日本ブドウ・ワイン学会 監修

創森社

成熟果房（メルロー）

醸造用ブドウと日本ワインの今後に向けて～監修の言葉～

日本ワイン、つまり国内で栽培されたブドウから国内で醸造されたワインが話題になることが多くなり、各地に新しいワイナリーが次々と誕生しています。品質面では、海外のワインコンクールで高く評価されるような日本ワインも現れ、大きな向上が認められます。

ただし、このことはすべての日本ワインに当てはまるとは言い切れず、特にコストパフォーマンスの観点からはまだまだ改善の余地があると感じられます。生産量の面からは、日本ワインの割合は国内に流通するワインの5％弱に過ぎません。日本国内で栽培されるブドウの大部分は生食用で、醸造用ブドウは兼用品種を含めて1割ほどです。醸造用ブドウには生食用ブドウとは異なる品質が求められますが、醸造用ブドウの栽培に特化した知識、情報がなかなか得られない、という声をよく耳にしてきました。

今回、出版元の創森社からのお声掛けにより、日本ブドウ・ワイン学会の企画・監修で執筆者はもとより、多くの関係者の方々のお力添えをいただきながら本書を取りまとめ、出版することができました。日本の醸造用ブドウの栽培に関わる皆様に本書をぜひとも役立てていただき、日本の醸造用ブドウと日本ワインのさらなる発展につなげていただけることを心から願っております。

日本ブドウ・ワイン学会
酒類総合研究所　後藤奈美

垣根仕立て

醸造用ブドウの安定栽培を目指して～序に代えて～

先日、国税庁が毎年行っているワイン製造業の調査結果が公表されました。この調査は、果実酒の製造免許を有し、ブドウを原料とした果実酒を製造している製造業者を対象にアンケート調査を行い、その集計結果を取りまとめたものです。２０１９年の果実酒製造場数は４８８場です。ここで7年前の２０１３年の製造場数を調べてみますと３３３場でした。この間、なんと１５５場が醸造免許を取得してワインの醸造を始めたことになります。特に２０１２年頃から第7次ワインブームが起き、引き続き２０１４年頃から急に免許取得者が増え、毎年30～40者が新規参入するようになり、この傾向はそのまま現在まで続いているようです。

＊

ブームの背景には「日本ワイン」ブームが存在します。国内における酒類の消費が伸び悩むなかで、ワインについては国内での製造分も含め消費が拡大傾向にあり、日本で栽培されるブドウからつくられる「日本ワイン」のなかには国外のコンクールで受賞するほど品質の高い製品も登場しています。また、地域振興や6次産業化などを通じ、新たな「日本ワイン」づくりへの参入が期待されたことがこの背景にあります。さらに２０１５年10月、酒税の保全及び酒類業組合等に関する法律に基づく果実酒等の製法品質基準（平成27年国税庁告示第18号）が制定され、「日本ワイン」が新たな制度のなかに制定されたことも新規参入者増加の一つのきっかけになっているように思われます。

過去より「良いワインは良いブドウから」といわれています。良いブドウから良いワイ

棚仕立て（甲州）

ンができるのはあたりまえですが、良いブドウから品質の劣ったワインができてしまうこともあります。しかし、品質の劣ったブドウからは決して良いワインは造れません。そうです、まさに「はじめにブドウありき」なのです。こう考えるといかにブドウ栽培が大事なのかおわかりいただけるのではないでしょうか。

過去にも、醸造用ブドウ栽培が注目された時代がありました。当時は日本のワインが消費者から支持を得始め、各社が日本のブドウを用いた「日本ワイン」造りに注力すべく、大きく舵を切り始めた時代でした。それ以降、醸造用ブドウ栽培への関心が徐々に高まり、いくつかのワイナリーでは自社でブドウを栽培し始めるようになりました。「日本ワイン」本来のあり方を各ワイナリーが模索し始めた、そんな時代です。しかしこの当時は、各ワイナリーが独自の栽培研究を重ねながら、基礎研究や事例が少ない状況にありながらも、徐々に存在感を発揮させ始めていた時代です。本書のような栽培に関するすぐれた全国版の指導書もなく、個々に独自の知見に頼っていたのです。

＊

さて、近年増加している醸造免許取得者は、そのほとんどが自らブドウを栽培し、その収穫されたブドウをやはり自ら醸造しワインを製造しています。新たにこの事業に参入する方々はさまざまな仕事の経験者で構成されていて、ブドウ栽培を新たに始める方も多いのではないでしょうか。本書が、このように醸造用ブドウ栽培に意欲のある多くの方々にとって必携の実用書となり、役立てていただくことを心より祈っております。

山梨県ワイン酒造組合　齋藤 浩

果房（ソービニヨンブラン）

開花（甲斐ノワール）

垣根仕立て

第4章 整枝剪定と仕立て方の基本 89

齋藤 浩

第5章 生育サイクルと栽培管理

齋藤 浩

果房
（カベルネソービニヨン）

果房
（モンドブリエ）

第8章 主な病害虫と防除対策の基本 鈴木俊二 163

垣根仕立て

本書の見方・読み方

◆本書では、醸造用ブドウの品種の特徴、気象・立地条件、開園と整枝剪定・仕立て方、および生育と主な管理・作業、収穫・選果、生理障害・病虫害の対策などを解説しています。

◆生育は、品種や地域、気候、栽培管理法などによって違ってきます。

◆本文中の植物成長調整剤、農薬などの薬剤は2020年8月時点のものです。それぞれ最新の使用基準を守るようにします。

◆本文中の専門用語、英字略語は、用語初出時、もしくは初出下の（　）内などで解説。また、用字用語はブドウ栽培での使用頻度の多いもの、病虫害・生理障害名、数字、記号などを整えるにとどめ、基本は各自執筆文に準拠しています。

◆年号は西暦を基本としていますが、必要に応じて和暦を併用しています。

瓶詰め後の貯蔵

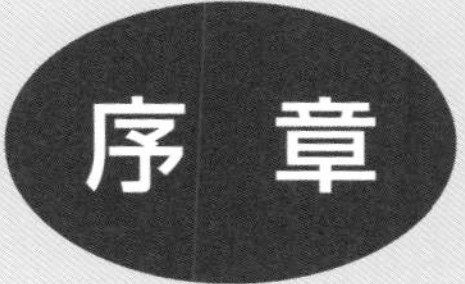

序章

醸造用ブドウと日本ワインの展開

酒類総合研究所

後藤 奈美

収穫果（カベルネフラン）

ワイン消費と表示のルール・制度

ワインの消費量の変化

日本のワインの消費量は、今から50年前の1970年（昭和45年、大阪万国博覧会の年）には成人一人当たり年間約80mℓ程度に過ぎず、当時、ワインはごく一部の人のもので、甘味果実酒のほうが多く飲まれていました。

その後、高度経済成長期には食生活の変化やワインの持つおしゃれなイメージなどが相まって徐々に増加し、輸入ワインではやや甘口のドイツワインに人気がありました。1985年のジエチレングリコール事件でいったん減少したものの、すぐに持ち直して1988年には成人一人当たりの年間消費量（以下、この段落は同様）が1ℓを超えました。バブル経済の崩壊による経済の低迷期には減少しましたが、フレンチパラドクスと呼ばれるポリフェノール効果の報告に端を発した赤ワインブームで、1998年には2・99ℓにまで急増。

その後、ブームは焼酎に移り、2ℓ近くまで減少しましたが、関税撤廃が進むなか、手ごろな価格で安定した品質のチリワインがコンビニにも並ぶようになって再度増加に転じ、2018年には約3・4ℓでした（**図1**）。最近は頭打ちかやや下降傾向ですが、それでも清酒の約3分の2の量にまで達しています。

ワインの消費量は増加傾向

酒販店の一角に日本ワインの特設コーナー

日本ワインの表示ルール

日本で栽培・収穫されたブドウから

図１　日本の果実酒の課税数量の経年年化

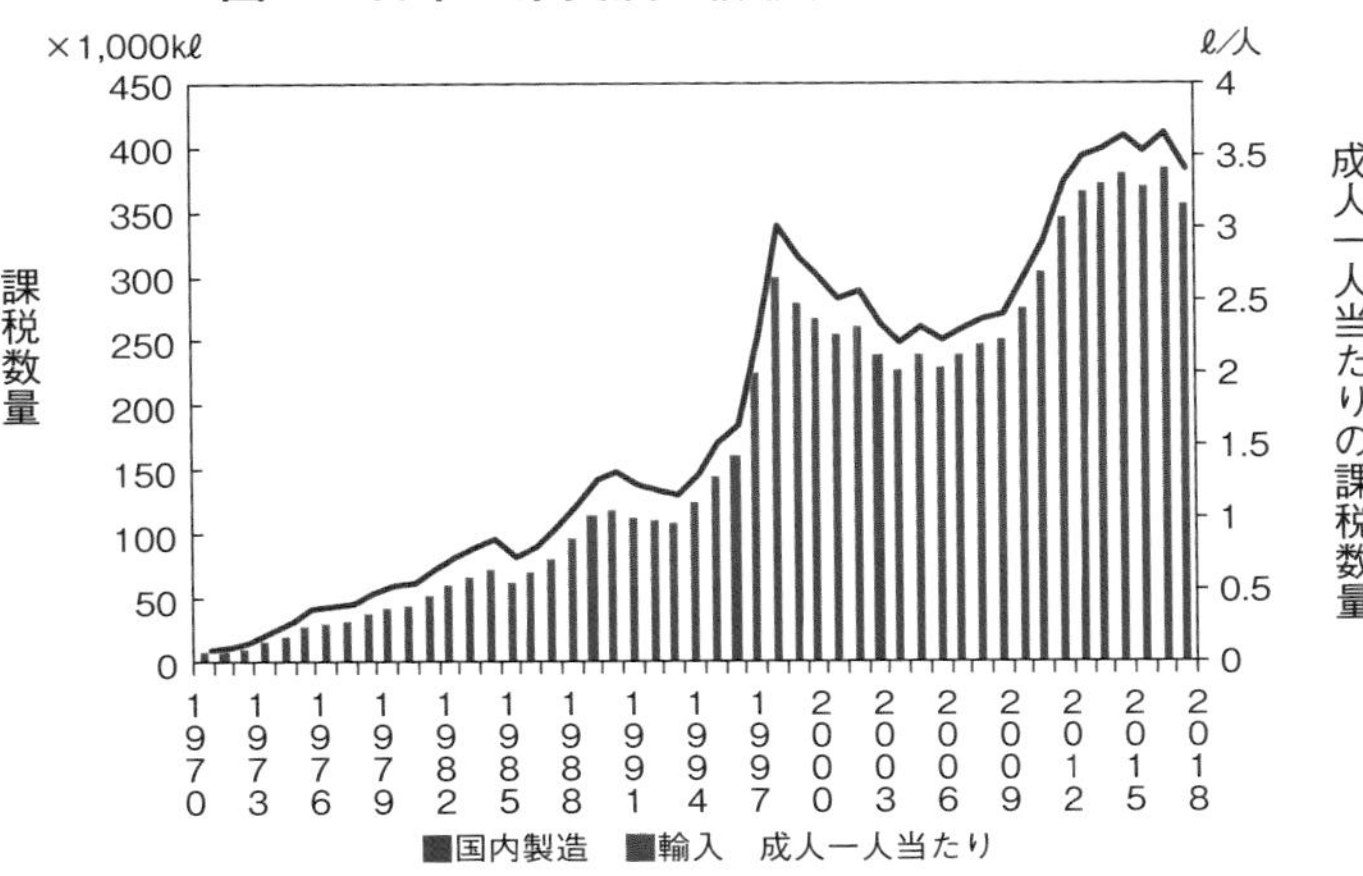

注：①国税庁「酒のしおり」より果実酒の課税数量
　　②成人一人当たりは総務省の人口推計（総人口）の20歳以上の値を用いて計算

日本国内で製造されたワインを「日本ワイン」と表示する新しいルール（果実酒等の製法品質表示基準・平成27年国税庁告示第18号）が２０１８年10月30日からスタートし、「日本ワイン」という言葉も定着した感があります。

　前述のように、日本のワイン消費量は大きく増加していますが、現在、国内に流通するワインの約7割は輸入ワイン（**図２**）で、国内で製造されるワイン（国内製造ワイン）にも、濃縮果汁など輸入原料を用いたものが多くあります。以前のワイン業界の自主基準（国産ワインの表示に関する基準）では、国内で製造されたワインを「国産ワイン」とし、輸入原料を使用した場合は「輸入ぶどう」「輸入ぶどう果汁」「輸入ワイン」使用、のように表示するルールとしていました。

　とはいえ、これらの表示は裏ラベルに記載されていたこともあって、どれが日本のブドウから造られたワインかわかりにくい、という消費者の声がありました。また、日本にもＥＵ（欧州連合）並みのワイン法を、という意見

ワインを仕込んだタンク

図２　国内のワイン流通量の構成比

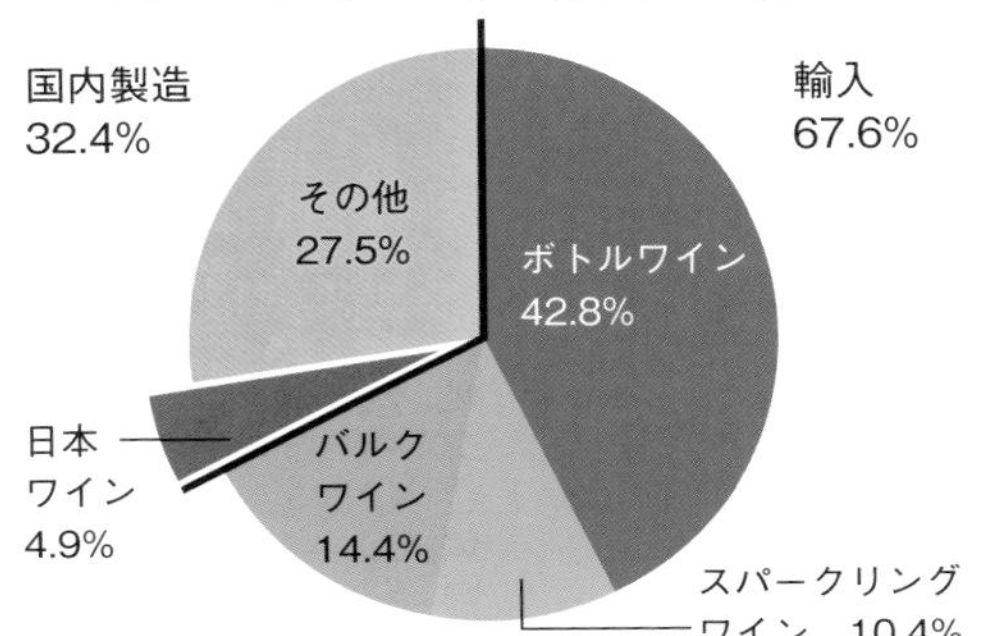

注：令和元年度推計値。「酒類製造業及び酒類卸売業の概況（令和２年調査分）」から

発酵後のワインを貯蔵・熟成

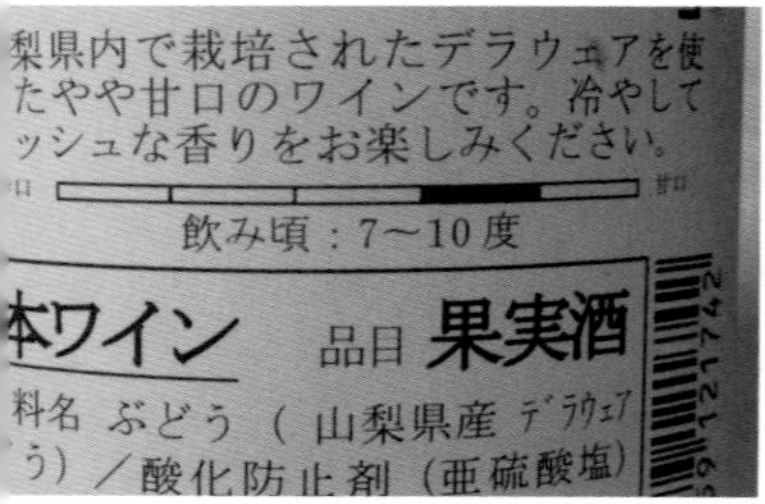

品種名、産地などを表示

もありましたが、日本では多くの場合、ブドウ栽培者とワイン製造者が異なるなど、伝統的なワイン産地とはワイン産業の規模も事情も大きく異なります。

そこで、ブドウ品種や収穫年を表示するには、自主基準の75%以上該当から85%以上該当に引き上げるなど、国際基準に合わせつつも、日本の実情に配慮したラベル表示制度としてスタートしました。日本ワインは表ラベルに品種名、地名、収穫年が表示できます。地名の表示については、ブドウの収穫地と醸造地が異なる場合、○○収穫や××醸造ワインの表示が認められるものの、商品名を変更した例も多くありました。

しかしながら、この表示ルールがきっかけとなって日本ワインが大きな注目を集めたことは事実で、各産地では地元のワインの振興策により力を入れる動きが見られます。また、２０１９年２月に発効した日ＥＵのＥＰＡ（経済連携協定）では、いくつかの条件はあるものの、ＥＵのワイン生産ルールではなく、日本ワインの生産ルールを満たしていればＥＵ諸国への輸出が可能となりました。このように、全体として日本ワインの表示ルールはその発展を促進する一助となっているといえるでしょう。

地理的表示（GI）制度

日本ワインの産地表示とは別に、地理的表示（ＧＩ＝Geographical Indicationの略）制度も整備され（酒類の地理的表示に関する表示基準を定める件・平成27年国税庁告示第19号）、２０２２年３月時点でワインでは「山梨」、「北海道」、「山形」、「長野」、「大阪」が指定されています。

ＧＩ制度では、日本ワインの表示ルールに加え、生産基準を定め、地域の酒類製造業者を主たる構成員とする管理機関による品質管理が行われることなどが必要で、「ボルドー」や「シャンパーニュ」などと同様、知的財産として保護されます。

関係者の話によると、ＧＩ制度を取り入れてから、ワインの分析をよりしっかりと行う傾向が見られる、とのことです。しかし、わが国では酒類のＧＩ制度の歴史が浅く、まだまだ認知度が低いことから、その周知に向けて、業界団体と国税庁が協力して取り組んでいます。

日本ワインと醸造用ブドウ生産

ワイナリー数と生産量

国内の果実酒の製造免許場数（試験免許を除く）は、２０１３年には３３３場でしたが、その後、年々増加して、２０１９年には４８８場となりました①（**表１**）。

なお、構造改革特別区域法（いわゆる特区法）によって認定された、農家民宿などで最低製造数量基準の適用が除外される製造場は２０１３年の４場から２０１９年には９場へ、地域の特産物として指定された果実を原料とし、最低製造数量基準が通常の６kℓから２kℓに緩和される製造場は同じく７場から49場へ増加しました②。

これらの製造免許場には、ブドウ以外の果物を原料とする果実酒の製造場や製造を休止している製造場も含まれるため、実際にブドウを原料とするワインの生産または出荷があった製造場の数をワイナリー数とすると、初めて統計が公開された２０１５年度調査時の２８０場から２０１９年度には３６９場と90場近くも増加し③、現在はさらに増加していると考えられます。

この調査に回答（回答率は87・５%）のあったワイン製造業者の97・４%は中小企業者（資本金３億円以下の会社および個人）、または個人事業者に該当します。

都道府県別のワイナリー数（**表２**）を見ると、山梨、長野、北海道の合計で半数近い１８２場となり、次いで山形、岩手、新潟がそれぞれ10場以上となっています。全体的に東日本に多いですが、西日本の大阪、岡山、広島も比較的多くなっています。

なお、１社で複数のワイナリーを所有する場合もありますが、企業（ブド

ワイナリーは年々増加

表１　日本の果実酒製造免許場数とワイナリー数の推移

年	果実酒製造場数（免許場数）	ワイナリー数
2013	333	—
2014	344	—
2015	367	280
2016	388	283
2017	418	303
2018	466	331
2019	488	369

注：①免許場数には試験免許を含まない
②ワイナリー数はブドウを原料とするワインの生産または出荷があった製造場の数で 2015 年の調査から公表されている
③果実酒製造場数は「国税庁統計年報」、ワイナリー数の 2018 年までは各年の「国内製造ワインの概況」、2019 年は「酒類製造業及び酒類卸売業の概況（令和２年調査分）」から作成

ウ原料のワインの製造または出荷のあった法人または個人）数は、２０１３年には山梨52、長野16、北海道8でしたが、２０１９年にはそれぞれ73、48、40となり、特に長野県と北海道の増加割合が高くなっています。

表２　都道府県別のワイナリー数

都道府県	ワイナリー数
山梨	85
長野	55
北海道	42
山形	17
岩手	11
新潟	10
岡山	9
栃木、静岡、愛知、大阪	各８
青森、福島、広島	各７
茨城、宮崎	各６
千葉、大分	各５
宮城、秋田、埼玉、東京、鳥取、島根	各４
群馬、神奈川、石川、兵庫、福岡、熊本	各３
富山、岐阜、三重、滋賀、京都、和歌山、山口、愛媛、高知	各２
福井、徳島、香川、長崎、鹿児島	各１
奈良、佐賀、沖縄	0

注：「酒類製造業及び酒類卸売業の概況（令和２年調査分）」から作成

日本ワインの人気は高まっても、原料ブドウ調達とのかねあいで製造量を大きく増やせない

図３　都道府県別の日本ワインの生産割合

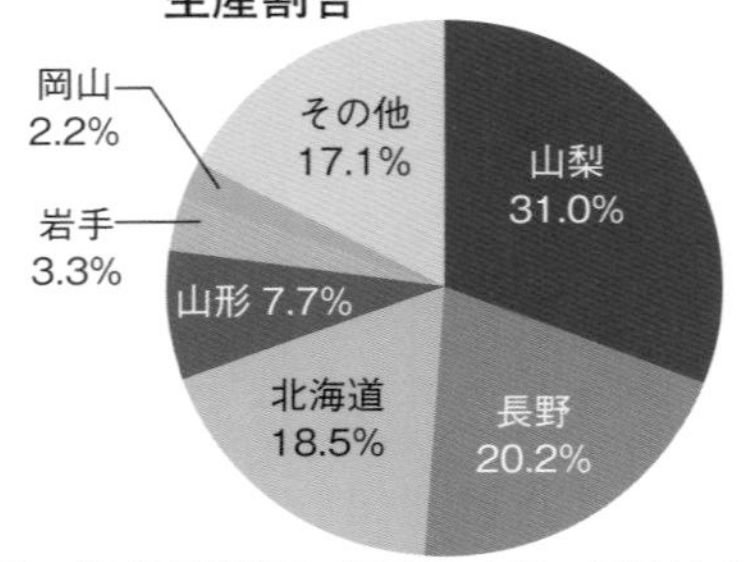

注：「酒類製造業及び酒類卸売業の概況（令和２年調査分）」から作成
調査対象は令和元年度、生産量の合計は１万7775 kℓ

都道府県別の日本ワインの生産量**（図３）**は、ワイナリー数と同じく山梨県がトップで、続いて長野県、北海道、山形、岩手の順となっています。国税庁の調査によれば、２０１５～２０１９年の日本ワイン全体の製造数量は１万６６００～１万８６００kℓ程度で[3]、年次変動はありますが大きくは変化しておらず、国内で消費されるワインの５％弱にとどまっています。

ワインの製造数量はブドウの収穫量に左右されるため、日本ワインの人気が高まっても生産量は大きく増やせないことを示しています。近年、醸造用ブドウの栽培を拡大する動きがありますが、ブドウは植栽から収穫開始まで２～３年を要するため、その影響はまだ表れていないといえます。

品種の地域特性と受け入れ

欧米雑種デラウェア

欧州種ピノノワール

欧亜雑種の甲州

地域特性

日本で栽培される醸造ブドウの品種とその特徴は、次の第1章で紹介されています。日本は南北に長いため、気候条件にも大きな違いがあり、各ワイン産地で栽培される品種の違いに反映されます。

米国系品種ナイアガラ

北海道では耐寒性の強い米国系品種やヤマブドウなど野生種との交配品種に加え、以前はドイツ・オーストリア系品種の多いことが特徴とされていましたが、最近はソービニヨンブランやピノノワールなどのフランス系品種も栽培されるようになりました。

岩手県も米国系品種が多いですが、リースリングリオンの多いことが特徴です。山形県は、デラウェアとマスカットベーリーAが多く、シャルドネやメルローも高品質なブドウが栽培されています。なお、山形県産の醸造用ブドウの約3割は他県のワイナリーで醸造されています。

山梨県では甲州が半分近くを占めることが大きな特徴で、赤ワイン用はマスカットベーリーAが多く栽培されています。隣の長野県ではコンコードとナイアガラが多いですが、メルローとシャルドネが続き、高い評価を得ています。竜眼（善光寺）は長野に特徴的な品種といえます。

一方、南の宮崎県ではキャンベルアーリーが半数以上を占めますが、ナイアガラ、マスカットベーリーAにシャルドネが続いています[3]。

このように、各産地に特徴的な品種がある一方で、栽培適性の広いシャルドネは北海道から九州まで、メルローも比較的広い範囲で栽培されています。ただし、同じ品種であっても、ブドウの成分やワインには産地による特徴があると考えられます。

受け入れ形態

ブドウの受け入れ形態を自営農園、契約栽培、購入および受託醸造に分けると、全体としては約半分が契約栽培、30％強が購入、15％程度が自営農園で、受託醸造は2％弱です。

品種別に見ると（**図４**）、国内での栽培の歴史が長い甲州やマスカットベーリーA、米国系品種は購入の割合が高く、欧州系品種は自営農園と契約栽培の割合が高くなっています。特にソービニヨンブランやピノノワールは自営農園の割合が高いのが特徴です。

ワインボトルの地下貯蔵庫

関東農政局が２０１４年産ブドウについて全国のワイナリー約２３０社（回答数２０１社）に実施したアンケート調査[4]では、自社管理農場は５７１ha、契約栽培は９７８haで、加工専用品種の占める割合はそれぞれ89・９％と53・１％でした。なお、甲州やマスカットベーリーAは兼用品種に分類されています。

また、82％のワイナリーが自社管理農場を保有しており、50％のワイナリーが自社管理農場を増やしたい、または新たに取り組みたいという意向を持っていることが報告されています。

図４　品種別の受け入れ形態

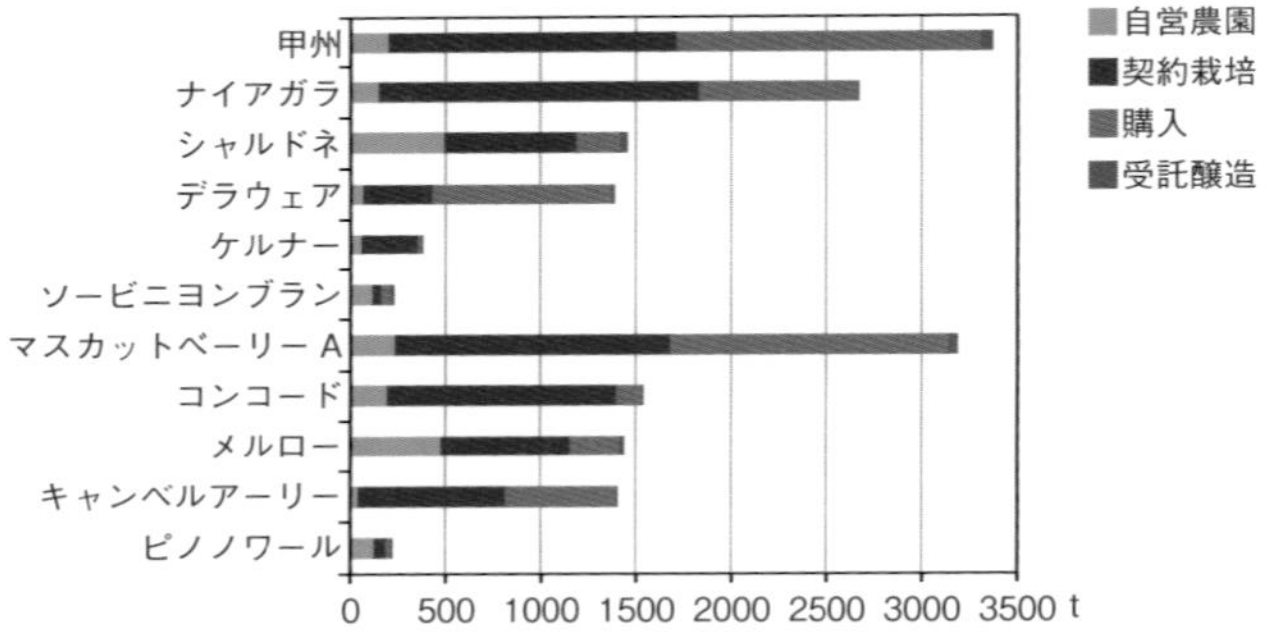

自営農園
契約栽培
購入
受託醸造

甲州
ナイアガラ
シャルドネ
デラウェア
ケルナー
ソービニヨンブラン
マスカットベーリーA
コンコード
メルロー
キャンベルアーリー
ピノノワール

0　500　1000　1500　2000　2500　3000　3500 t

注：「酒類製造業及び酒類卸売業の概況（令和２年調査分）」から作成
調査対象は令和元年度、生産量の合計は１万7775kℓ

ワイナリーの動向

日本ワインが注目を集めるなか、大手ワイナリーが農業法人を設立するなどしてブドウ栽培を増やす動きが活発になっています。

大手ワイナリーは、技術者を海外留学させたり、新しい設備を導入したり、高い技術力を誇っていますが、実は日本ワインの生産量の面では準大手のワイナリーのほうが多くなっています。しかし、今後は大手ワイナリーの日本ワイン生産も大きく増強されると考えられます。

　また、日本ワインの表示ルールが話題になる前から、新規に開業する小さなワイナリーが増加しています。その多くは、ワイン醸造だけではなく、ブドウ栽培から自分で行う「ヴィニュロン」を目指す人たちです。

　この動きは、いわゆる特区に多く、長野県や北海道では、自治体が「ワインアカデミー」などの講座を開設するなど、新規開業者を支援する取り組みが行われており、他県にも広がりつつあります。新規就農にはさまざまな困難が指摘されていますが、ワインは6次産業化の代表であり、ワインツーリズムなど地域の活性化の面からも期待されています。

　一方、少数ではありますが、東京や大阪の街中でレストランに併設し、クラフトビールのように小規模なワイン造りを行うワイナリーも現れています。

醸造用ブドウの供給態勢の確立へ

醸造用ブドウの方向

苗木と導入品種対策

　醸造用ブドウの新規植栽が急激に増加したことから、ブドウの苗木不足が深刻な問題となりました。ブドウの苗木は台木に接ぎ木して育成されるため、国内の供給能力には限界があります。一方、輸入される苗木は農林水産省の圃場で輸入検疫の隔離栽培が必要で、受け入れ可能な数量には制約があります。

　そこで、農林水産省からはブドウ苗の民間施設における隔離栽培を可能とする対策が打ち出されており（平成30年1月、農林水産省植物防疫所）、その効果が期待されています。

　品種については、各ワイン産地の気象条件などに応じたものが選ばれてき

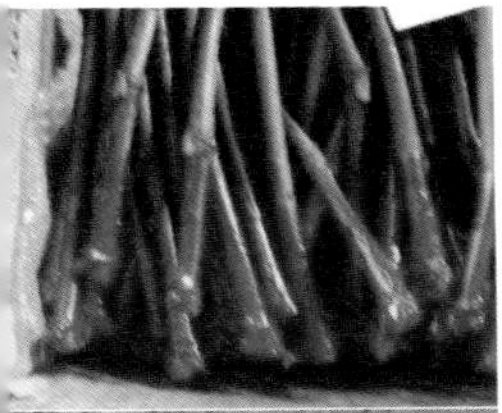

乾燥防止、殺菌のため、ろう引き処理をした接ぎ木の状態（2月）

接ぎ木した苗を温床に入れて芽出し、発根させたうえで畑に植えつける（片側をマルチ、6月）。秋には1年生苗木になる

接ぎ木苗の育成。植えつけ後、苗木の巻きひげなどを取り除き、支柱に誘引（7～8月）

ましたが、今後、地球温暖化がいっそう進むと品種の見直しが必要になると考えられます。

その際には、第2章で紹介されたような技術や情報が各産地に適した品種選択の参考になると期待されます。地球温暖化はブドウの生育や品質のみならず、病虫害の発生にも悪影響を与えることが予想されています。

メルロー、シャルドネなどの接ぎ木苗（2年生）

苗木の植えつけ前の仮植え（デラウェアなど）

この分野は海外の主要産地では危機感をもって取り組まれており、EU諸国でも耐病性品種の育種や実用化が検討されています。日本ではまだ導入されていない品種も多くありますので、今後、これらの導入や日本での栽培・醸造試験も望まれます。

現在、日本で栽培されている醸造用ブドウでクローン番号が明らかなものはごく一部です。日本の在来品種・甲州については、最近山梨県と日本ワインの競争力強化コンソーシアム[5]の取り組みとして、優良系統選抜試験が行われ、異なる特徴を持った3系統が同県内の普及に移されています。

白ワイン用の在来種（欧亜雑種）甲州

海外から導入される品種のクローンについても、日本の栽培環境での特性についての検証が望まれます。また、日本に適した台木の選択も検討が行われており、今後の積極的な情報発信に期待したいところです。

さらにウイルスの問題も指摘されており、これらの問題に対応するためには、海外の主要産地で行われているようなブドウの原木の管理システムが必要との提言がなされています[6]。

栽培技術と品種の選択

栽培面からは、夏期に高温多湿になりがちな日本の気象条件は、ヨーロッパ系品種には厳しい条件といわれています。多雨による病害発生を低減するため、果房へのカサかけや垣根栽培ではビニールシートによる垣根のカバーやフルーツゾーンの雨よけが行われています。しかし、これらの対策をとってもブドウに過剰な水分が供給され、香気成分の蓄積や赤醸造用ブドウの着色が抑制されるという品質面の問題が残されています。

ボルドーのように日本のワイン産地と比較して夏季に雨の少ない地域でも、圃場に暗渠排水設備を入れるなど、高品質な醸造用ブドウ栽培には適度な乾燥ストレスが重要であることは広く認識されています。最近は国内でも高畝栽培や成熟期にマルチを施す例も報告されており、効果の検証が望まれます。

生食・醸造の兼用種マスカットベーリーA

品種の選択と日本ワインの方向性についてはさまざまな意見がありますが、大きく分けて①甲州やマスカットベーリーAなど日本で育種された品種、固有の品種で日本のオリジナリティを示す方向、②栽培適性の高いアメリカ系品種を上手に使って安定的な生産を目指す方向、③ヨーロッパ系品種のなかから日本の産地に適したものを選び、チャレンジしていく方向、が考えられると思われます。

東北、北海道で栽培面積の多いキャンベルアーリー

いずれの場合も、現状に甘んずることなく、栽培と醸造の技術向上に努めることが、日本ワインの発展のために必須といえるでしょう。

フレッシュな白ワイン用品種ソービニヨンブラン

研究・教育・情報の充実を

巨峰やシャインマスカットなど、生食用ブドウの栽培に関しては、日本は非常に高い技術レベルにありますが、醸造用ブドウに求められる品質は生食用とは異なる点が多くあります。

日本の気象条件は海外の主要ワイン産地と大きく異なるため、日本に適し

醸造用ブドウ園（1月、山梨県北杜市）

収穫果（カベルネフラン）

求められる栽培・醸造の技術向上

た醸造用ブドウの栽培技術の選択や研究・開発が種々取り組まれていますが、さらなる継続・発展が必要と考えられます。また、醸造用ブドウの評価には醸造分野との協力が欠かせません。醸造用ブドウの栽培が広がるなか、このような技術情報を提供する社会人教育や研修の機会、本書のような書籍やわかりやすい解説の充実が望まれます。現在、山梨大学のワイン・フロンティアリーダー養成プログラムなど、各地の大学や自治体、試験研究機関、生産者団体、民間機関などでさまざまな取り組みが行われています。

また、各ワイン産地に加え、比較的ワイナリー数が少ない西日本でもワイン生産者の団体が設立され、情報共有を図ろうとされています。醸造用ブドウ栽培もワイン醸造もまだまだマイナーな分野で、関係者の数も限られています。今後はこれらの機関や取り組みの連携を強化し、より効果的な情報発信につなげることが望まれます。

前述のように日本ワインの割合は日本で消費されるワインの5％弱に過ぎず、輸入ワインとの競争はますます厳しくなっています。各産地独自の取り組みだけではなく、オール・ジャパンの取り組みが強く求められているのではないでしょうか。

〈参考文献・注釈〉

（1）参考資料「国税庁統計年報」国税庁

（2）参考文献「酒のしおり」国税庁課税部酒税課

（3）参考文献「国内製造ワインの概況」および「酒類製造業及び酒類卸売業の概況」国税庁課税部酒税課

（4）参考文献「醸造用ぶどうの生産、流通等の実態について」平成27年11月17日、関東農政局

（5）「日本ワインの競争力強化コンソーシアム」の研究は、農研機構・生研支援センターの「革新的技術開発・緊急展開事業（うち地域戦略プロジェクト）」の支援を受けて実施された

（6）「令和2年度醸造用ぶどう苗木に関する動向調査報告書」中央果実協会調査資料№258

醸造用ブドウの品種と特徴

植原葡萄研究所

植原 宣紘

栽培面積世界一のカベルネソービニヨン

ブドウの分類と醸造用ブドウの区分

欧州種と米国種

ブドウはつる性木本植物で、大きくは「欧州種（*Vitis vinifera*）」と「米国種（*Vitis Laburusca*）」に分けられます（**図1－1**）。米国種群はヤマブドウなど野生種を含み30種以上あり、その他東アジア群は野生種が多く40種以上あります。

北米フロリダのヤマブドウ（選抜・育成）

パキスタンのヤマブドウ（実生で選抜・育成）

欧州種

醸造ブドウは欧州種がメインで、ワイン専用種ともいわれ、学名は「ワインをつくるブドウ」という意味です。北半球、南半球の温帯に分布し、この欧州種が全ブドウの80～90％を占めます。北半球ではフランス、スペイン、イタリア、ドイツ、東欧から中国北部、北米のカリフォルニアに分布し、南半球では南アフリカ、オーストラリア、ニュージーランド、南米のチリ、アルゼンチン、ブラジル南部などに分布しています。

欧州種の原産地はトルコ（小アジア）で、ワイン用品種は主に西方に広がりました。南半球には欧州の白人が植民地化した際、母国のブドウ苗を持ち込み、各地でワイン生産したため、新世界ワインとも呼ばれています。

米国種

一方の米国種は、欧州人が北米に渡ってから発見した北米東海岸地方に自生のブドウ群。生食用が多く米国種特有の甘い香りがあり、ワイン生産にはあまり適しませんが、グレープジュース、甘口ワインなどには適しています。北米西岸のカリフォルニア地方は乾燥していて欧州種栽培の適地であり、欧州諸国のワインに負けない高級ワインができます。

欧亜雑種と欧米雑種

欧亜雑種

日本には古来アジア系の野生ブドウしかなかったのですが、鎌倉時代に中国から仏教の伝来の頃、ブドウの種を持ち帰り伝えられた甲州種が現在、日本ワインを代表する白ワイン用原料になっています。甲州種は欧州種と東アジア野生種の遺伝子を持つ、「欧亜雑種」です。

図１－１　ブドウ原産地と伝播経路、現在の主要栽培地

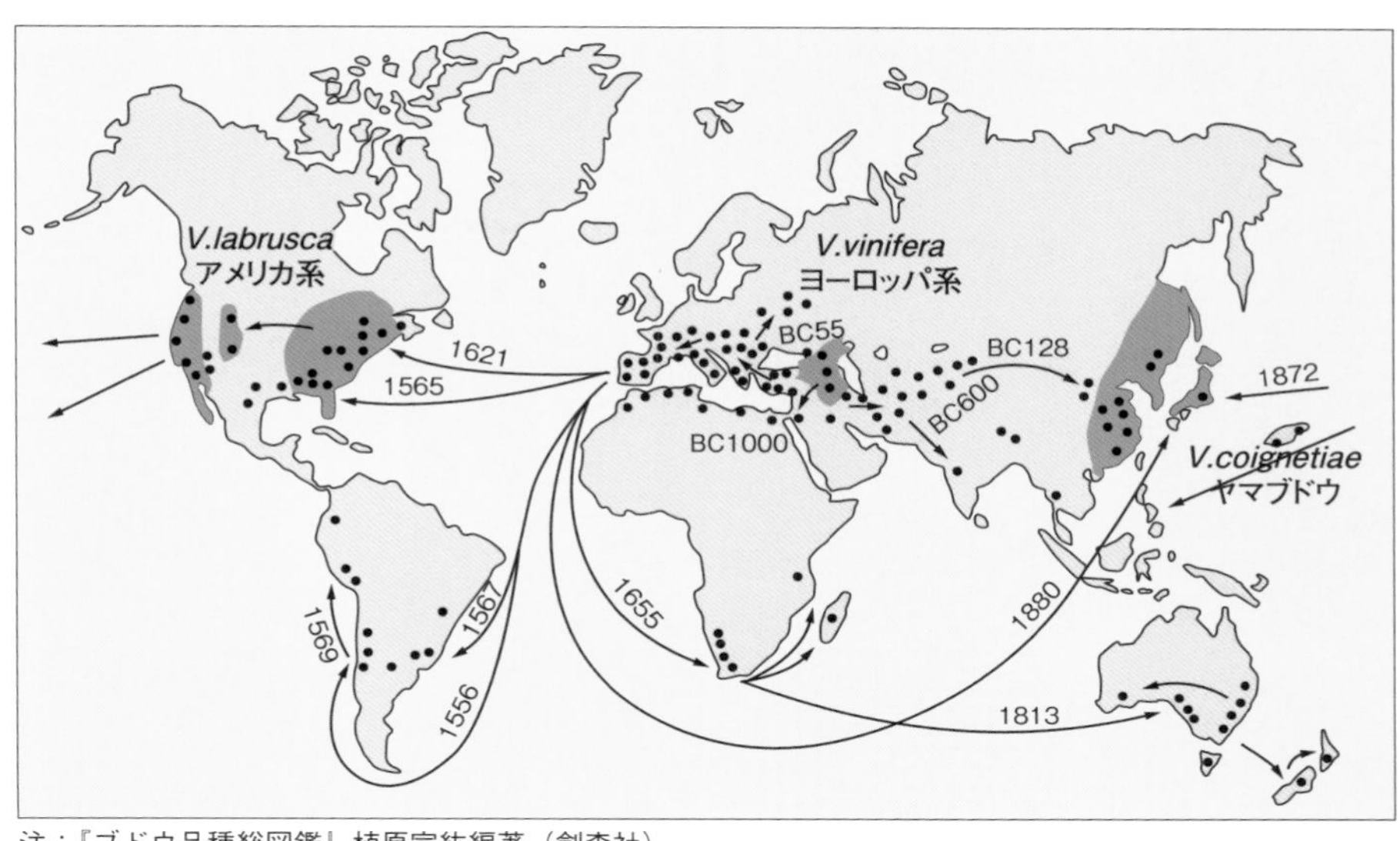

注：『ブドウ品種総図鑑』植原宣紘編著（創森社）
（原出典 ASEV JAPAN REPORTより　千葉大園芸　松井弘之）

明治時代に日本は欧州に学び、ワイン用、生食用のブドウ数百種（欧州種、米国種）の苗木を導入しました。中山間地を利用してブドウからワインを醸造し、米で造っていた清酒をワインに替えて、米をより多く備蓄し、国力を高めようとしました。しかし、欧州種ブドウはわが国の降雨量が多い多湿気候には合わず、農薬もなかったため、ブドウの病気を防げず欧州ブドウはほぼ全滅してしまいました。

欧米雑種

多湿に強い米国種は日本で生き残り、日本のワイン用品種は、甲州種以外は「米国種」に加え、現在では「欧米雑種」が主流になっています。

栽培技術の進歩と品種

病虫害防除などの技術が進んだ現在では欧州系純粋種の栽培も定着しつつあり、戦後の経済発展を背景にして、食文化が多様化してワイン消費量が増えています。また、ビニール被覆栽培や醸造技術の進歩でワインは徐々に品質が向上し、日本で栽培したブドウを原料にした日本ワインの人気が定着化しつつあります。和食の世界的広がりに伴い、少量ではありますが本場の欧州やアジア諸国に日本ワインを輸出する時代を迎えています。

赤ワイン用品種の品種特性

赤ワインの特徴

赤ワインは紫黒色品種で造るワインです。普通、白ワインは果実をつぶして果汁のみでワインを造るが、赤ワインは果実と果皮をいっしょにつぶして発酵させ、果皮を除去しません。これは果皮の裏側にある色素を抽出して赤色の濃厚なワインを造りだすために行う製造法なのです。

赤ワインの代表品種カベルネソービニヨン

赤ワインは軽いものもあるが、タンニンを多く含んだ濃厚なワインが本来の赤ワインです。濃厚なワインは長期熟成に耐え、ボルドーのカベルネソービニヨンが主体の高級ワインなどは20～30年後に最高の味わいになる、といわれています。一方、その年の果実で造られた新酒が11月中旬に解禁され、早飲みするボージョレー・ヌーボーなどの軽い赤ワインにも人気があります。

日本の赤ワインは比較的軽いタイプが多く、長期熟成ワインは気候的制約があるため数は少ないです。日本人の多くは白ワインをより好みますが、ワイン通にとっては赤ワインがなければ物足りません。食事が西欧化し、肉類、チーズ、パンなどが多くなると赤ワインは欠かせなくなります。

収穫果（カベルネフラン）

国産赤ワイン用ブドウ品種

国税庁の調査（２０２０年）によれば、国産赤ワイン用ブドウ（10位まで）は約９５０７ｔ（42・６％）で白ワインよりやや少ないです。赤ワイン用品種は**表１－１**のとおりです。

表１－１　主な醸造ブドウ(赤ワイン用)品種一覧

品種名	系統	交配親	熟期	果粒形	果粒重(g)	糖度(度)
カベルネソービニヨン	欧州種	ソービニヨンブラン×カベルネフランの自然交雑	9月下旬～10月上旬	円	1～2	18～23
ピノノワール	欧州種	不詳(原産フランス)	8月下旬～9月中旬	円	1～2	18～23
ツバイゲルトレーベ	欧州種	ブラウフレンキッシュ×サンローラン	8月中旬	円	1～2	20～22
メルロー	欧州種	偶発実生(原産フランス)	8月下旬～9月上旬	円	1.5～2.5	17～22
カベルネフラン	欧州種	偶発実生(原産フランス、スペイン)	9月中～下旬	円	1.5～2	17～22
グルナツシュ	欧州種	不詳(原産スペイン)	9月下旬	円	1～2	18～22
サンジョヴェーゼ	欧州種	不詳(原産イタリア)	9月下旬～10月上旬	円	1～2	18～22
ドルンフェルダー	欧州種	ヘルフェシュタイナー×ヘロルドレーベ	8月下旬～9月中旬	円	1～3	18～22
ピノムニエ	欧州種	ピノノワールの変異種	8月下旬～9月中旬	円	1～2	20～23
バルベラ	欧州種	不詳(原産イタリア)	8月下旬～9月上旬	円	1～2	18～22
アルモノワール	欧州種	カルベネソービニヨン×ツバイゲルトレーベ	9月下旬～10月上旬	短楕円	約2	18～19
シラー	欧州種	不詳(原産フランス)	9月上～下旬	円	1～3	18～22
ネッビオーロ	欧州種	不詳(原産イタリア)	9月下旬～10月中旬	円	1～2	18～22
プティヴェルド	欧州種	不詳(原産フランス)	9月下旬～10月中旬	円	1～2	18～22
テンプラニーリョ	欧州種	不詳(原産スペイン)	8月下旬～9月上旬	円	1～2	18～22
ガメイ	欧州種	不詳(原産フランス)	8月下旬～9月上旬	円	2～3	18～22
マルベック	欧州種	不詳(原産フランス)	9月中～下旬	円	1～2	18～22
タナー	欧州種	不詳(原産フランス)	9月上～下旬	円	1～2	18～22
ランブルスコ	欧州種	不詳(原産イタリア)	9月中旬	円	1～2	18～20
ジンファンデル	欧州種	不詳(原産クロアチア)	8月下旬～9月上旬	円	2～3	18～22
ムールヴェードール	欧州種	不詳(原産スペイン)	9月下旬	円	1～2	18～23
トロリンガー	欧州種	不詳(原産イタリア)	9月下旬～10月上旬	円	1～2	18～22
サンソー	欧州種	不詳(原産フランス)	9月下旬～10月中旬	短楕円～円	2～3	17～19
ビジュノワール	欧亜雑種	(甲州三尺×メルロー)×マルベック	9月上旬	円	2～3	20～23
ヤマソービニオン	欧亜雑種	ヤマブドウ×カベルネソービニヨン	9月上旬	円	2～3	18～22
アムレンシス	東洋系	野生種(原産ロシア、中国)	9月下旬～10月上旬	円		10～20
マスカットベーリーＡ	欧米雑種	ベーリー×マスカットハンブルグ	9月中～下旬	円	6～8	16～21
ベーリーアリカントA	欧米雑種	ベーリー×アリカント・ブスケ	9月上旬	円	1～2	18～22
ブラッククイーン	欧米雑種	ベーリー×ゴールデンクイーン	9月中～下旬	短楕円	2～3	18～20
巨峰	欧米雑種	石原早生×センテニアル	8月中旬～9月上旬	倒卵	10～15	16～20
旅路	欧米雑種	不詳(原産北海道小樽市)	9月中～下旬	短楕円	5～6	18～19
ニューヨークマスカット	欧米雑種	オンタリオ×マスカットハンブルグ	8月上旬	円	3～5	20～23
セイベル13053	直産雑種	ヴィニフェラ×台木(北米の野生種)	8月下旬～9月上旬	円	1～2	17～18
甲斐ノワール	欧米雑種	ブラッククイーン×カベルネソービニヨン	10月中～下旬	短楕円	1～2	18～22
サペラヴィ	欧米雑種	不詳(原産グルジア)	9月中旬	円	1～2	18～22
キャンベルアーリー	米国型雑種	ムーアアーリー×(ベルビレーデ×マスカットハンブルグ)	8月中旬	円	5～7	15～18
コンコード	米国種	2万株の野生種から選抜	9月中～下旬	円	2～4	17～23
アジロンダック	米国種	不詳(原産米国)	8月下旬～9月中旬	円	3～5	18～20

注：①『ブドウ品種総図鑑』植原宣紘編著（創森社）をもとに作成
②このほか、国内で次の赤ワイン用醸造ブドウが栽培されている。ロンド、山幸、清見、レゲント、ヤマブドウ、マスカットハンブルクアムレンシス

マスカットベーリーA（14・3%）、コンコード（6・8%）、メルロー（6・5%）、キャンベルアーリー（6・3%）、カベルネソービニヨン（2%）、巨峰（1・6%）、ブラッククイーン（1・6%）、ヤマソービニオン、ピノノワール、ツバイゲルトレーベが上位10品種です。

その他、ピノノワール、カベルネフラン、アルモノワール、シラー、プティヴェルド、ベーリーアリカントA、ブラッククイーン、甲斐ノワール、アジロンダック、グルナッシュ、サンジョヴェーゼ、ドルンフェルダー、ピノムニエ、バルベラ、テンプラニーリョ、ガメイ、マルベック、タナー、ランブルスコ、ムールヴェードル、トロリンガー、サンソー、ビジュノワール、アムレンシス、セイベル13053、サペラヴィなど多数の品種があります。

このうち、1位のマスカットベーリーAは国際的に認められた日本固有の赤ワイン用品種として期待され、品質が向上しています。コンコード、キャンベルアーリー、巨峰などは生食・醸造兼用種であり、これらの品種は欧米雑種であり、ワインにはあまり向かないフォクシー香（米国系ブドウのナイアガラ、コンコードなどに代表されるラブラスカ種特有の甘い香り）があります。耐病性が強く、栽培はきわめて容易で安定しているから赤ワイン用品種の上位にあるが、これらのワインは地方消費が多く、国際的にはあまり評価されていません。

メルロー、ピノノワール、カベルネソービニヨンなどの欧州系品種による本格的赤ワイン用ブドウの普及が待たれるが、日本の気候的制約もあり、思うようには栽培面積が増えない厳しい現実があります。急激には伸びないだろうが、国税庁の調査を見ると、ブドウ栽培技術が徐々に向上し、品質の高い「日本ワイン」がわずかではあるが近年、着実に増加傾向にあります。

耐寒性の強いアルモノワール

日本での改良品種ビジュノワール

赤ワイン用の代表種の特性

マスカットベーリーA

欧米雑種、日本原産、川上善兵衛交配（1940年頃）、ベーリー×マスカットハンブルグ、熟期9月中〜下旬、紫黒色円形6〜8g、糖度16〜21度、樹勢中位、耐病性強。

生食・醸造兼用種。本種は甲州に次ぐ国産オリジナル品種。赤ワイン用品種では第1位の3200t弱（14・3%）である。岡山、山梨、兵庫、広島、福岡などが主産地である。色素が多く、濃厚な赤ワインになる。国際的にも日本原産種として正式に認められ、海外にも輸出されている。

耐病性が強く、栽培容易。豊産で収量は多いが、晩熟で、暖地向きの品種。米国種からくるフォクシー香が気になるが、醸造技術の進歩で飲みやすくなってきた。和食の肉類、特にシカ肉のジビエなどに合わせるといい。日本を代表する赤ワインとして親しまれている。

マスカットベーリーA

コンコード

コンコード

米国種、マサチューセッツ州（1849年選抜）、2万株の野生種のなかから選抜、熟期9月中〜下旬、紫黒色円形2〜4g、糖度17〜23度、樹勢中〜旺盛、耐病性強。

生食・醸造・ジャム用と多用途で、グレープジュースは有名。北アメリカの重要品種で42万t（2011年）あり、日本の全ブドウ生産量の約2倍である。明治時代に長野に導入され、桔梗が原で普及した。長野が全国トップで2350t（2010年）生産されている。赤ワインは第2位（6・8%）である。収量は多く、濃厚な赤ワインになる。米国種に特有な強いフォクシー香があり、世界的にはこの香りは敬遠されるが、甘口のデザートワイン（赤、ロゼ）になり長野を中心に地方ワインとして定着している。栽培は容易であり、ブドウ栽培面積の順位は16位である。

メルロー

欧州種、フランスのボルドー地域原産、偶発実生、熟期8月下旬〜9月上

旬、紫黒色円形1・5〜2・5g、糖度17〜22度、樹勢中位、耐病性やや弱。

カベルネソービニヨンに並ぶ赤ワインの主要品種。世界のワイン用ブドウの第2位を占める。ボルドー地域の上流にある重粘土の石灰質土壌に適す。熟期は早く豊産。酸味やタンニンは少なく、まろやかである。国産赤ワインの3位（6・5%）を占め、この赤ワインの優しい味わいが日本人に好まれている。ワインの熟成は早い。日本の粘土質土壌によく合い、長野の桔梗が原、山梨の八ヶ岳山麓にすぐれたワインがある。やや果皮が薄く、栽培は降雨を防ぐ工夫が大切である。長野、山梨を中心に、日本の赤ワインの主力品種に育つ可能性が高く、徐々に生産が拡大しつつある。

メルロー

キャンベルアーリー

キャンベルアーリー

米国型雑種、米国のキャンベル交配（1892年）、ムーアアーリー×（ベルビレーデ×マスカットハングルグ）、熟期8月中旬、紫黒色円形5〜7g、糖度15〜18度、樹勢中位、耐病性強。

日本には1897年に導入され、デラウェアと並んで戦前までわが国の主要品種であった。現在は東北、北海道に多く栽培面積は5位である。香りが強く米国系のフォクシー香が特徴である。生食醸造兼用種であり、赤ワインの4位（6・3%）を占める。本種の遺伝子を受け継いだ巨峰が巨大粒の種なし品種として主要品種になったため、本種は地方的品種になり、順位は下がったが、耐寒性があり、栽培容易なため赤ワインの原料として地方的需要がある。フォクシー香が強く、大都会にはあまり普及しない地方的ワインである。

巨峰

欧米雑種、静岡の大井上康交配（1942年頃）、石原早生×センティニアル、4倍体、熟期8月中旬〜9月上旬、紫黒色倒卵形10〜15g、糖度16〜20度、樹勢強、耐病性やや強。

日本の主要品種。栽培面積は1位。主に生食用である。赤ワインとしてわずか（1・6%）に利用されている。醸造用品種は粒が小さいほど果皮の内表面積が大きく、色素、香成分が豊富になる。大きい粒の品種ではいいワインができないので普通は使われないが、栽培量が多いので巨峰産地では本種のワインも造られている。親の石原早生はキャンベルの変異種だから巨峰にもフォクシー香があり、欧州種の赤ワインとは香りが異なる。キャンベルと同じく、地方的ワインとして九州や他の西南暖地で醸造されている。栽培は容易で長野、山梨にもある。

カベルネソービニヨン

欧州種、フランスのボルドー地域原産、ソービニヨンブラン×カベルネフランの自然交雑と判明（1990年代のDNA解析）、熟期9月下旬〜10月上旬、紫黒色円形1〜2g、糖度18〜23度、樹勢中位、耐病性弱。

カベルネソービニヨン

栽培面積世界1位の赤ワイン用最高品種。晩熟で温暖な気候を必要とする晩熟種で収量は少ない。タンニンが豊富で芳醇な香りを持ち、リッチでヘビーな赤ワインの代表であり、長期熟成に耐える。ボルドー地域が有名だがカリフォルニア、チリなどでもすばらしいワインが造られている。

日本は湿潤・多雨な気候のため、栽培がむずかしく5位（2％）とわずかである。寒冷地には向かない。雨量の比較的少ない盆地で限定的に質のいい赤ワインができるが、残念ながら、メルローのほうが日本では栽培しやすい。

ヤマソービニオン

ヤマソービニオン

欧亜雑種、山梨大学作出（1978年）、ヤマブドウ×カベルネソービニヨン、熟期9月上旬、紫黒色円形2〜3g、糖度18〜22度、樹勢強、耐病性強。

片親が野生種だから強健で栽培容易、豊産である。着色良く濃厚な赤ワインになる。縄文時代の遺跡の中からヤマブドウの種が多量に見つかっており、ワインを造っていた可能性もある。本種は病気に強いので防除が簡単で耐寒性もある。

ヤマブドウのスパイシーな香りを持ち、やや野性的だから新酒は飲みにくいが、カベルネの性質もあり、ある程度長期熟成すると飲みやすい赤ワインになる。ポリフェノールもたくさん含まれている。赤ワインの原料（1・1％）としてはわずかだが省農薬・省力栽培が可能で山梨、長野県、東北方面で栽培されている。

ブラッククイーン

欧米雑種、新潟の川上善兵衛交配（1927年）、ベーリー×ゴールデンクイーン、熟期9月中〜下旬、紫黒色短楕円形2〜3g、糖度18〜20度、樹勢強、耐病性強。

マスカットベーリーAを作出した川上善兵衛の品種で、栽培面積は少ないが貴重な品種である。非常に色が濃く、豊かな酸味、滑らかなタンニンを持つ辛口赤ワインになる。完熟させることによりさらに品質が高まる。香りはやや薄いが、樽熟成させるとスパイシーになる。赤ワインの6位（1・6%）を占める。他の赤ワインとブレンドして濃厚さを加えることができるので、本種の価値は高い。新潟、長野、山梨などで栽培されている。

ブラッククイーン

ツバイゲルトレーベ

ツバイゲルトレーベ

欧州種、オーストリアの交配種（1912年）、リンベルガー×サンローラン、熟期8月中旬、紫黒色円形1〜2g、糖度18〜22度、樹勢中位、耐病性やや強。

早熟な赤ワイン用品種で、最初はドイツとイギリスで栽培された。現在はオーストリアで最も広く栽培されている。豊産である。耐寒性も強く、日本では北海道に定着している。ワインの色は濃く、味はやや淡白だが香りが良く、品質はすぐれている。ヤマソービニヨン、キャンベルアーリーなどより、純欧州種だからワインの品質が高く、北海道に適している。まだ281tとわずかだが、栽培容易で今後伸びる可能性が高い。ただし、ツバイゲルトレーベは、日本人にはむずかしい名前でなじみにくい。やさしく発音できる短い品種名にしたらもっと普及するのかもしれない。

ピノノワール

ピノノワール

欧州種、フランスのブルゴーニュ地域原産、交配親不詳、熟期8月下旬〜9月上旬、紫黒色円形1〜2g、糖度20〜23度、樹勢中位、耐病性弱。

歴史あるブルゴーニュの代表的赤ワイン用品種。極上ワインのロマネコンティを頂点に、畑名のついた数々のグランクリュー・ワイン（特級畑のワイン）がある。ボルドーのカベルネソービニヨンと双璧だが、本種は収穫量も少なく、土地条件を敏感に反映するから、幅広い適応性があるカベルネに比較して、気むずかしい品種の筆頭である。日本でも本種の赤ワインファンが多数おり、各地で栽培に挑戦している。果皮が弱く好天に恵まれないと裂果しやすい。暑い地域では凡庸なワインになってしまう。北海道の気温がやや高くなり、本種がつくりやすくなった。希望はあるが、栽培努力が必要な品種である。

カベルネフラン

カベルネフラン

欧州種、原産はフランスのボルドー地域、またはスペインのバスク地方、偶発実生、熟期9月中～下旬、紫黒色円形1・5～2g、糖度17～22度、樹勢強、耐病性やや強。

近年のDNA鑑定でカベルネソービニヨン、メルロー、カルメネールの親になったとされている。赤ワイン用品種の世界17位。フランスが多く、メルローとブレンドされ、軽やかなタンニンで味わいはおとなしい。カベルネソービニヨンより早熟で、涼しい地域でも完熟する。強さよりエレガントさ、清涼感が特徴。新世界各地でも栽培されており、日本では高温、多湿に強いため、カベルネソービニヨンより栽培しやすく、山梨の数か所で栽培され、ワインは定評がある。食の嗜好のライト化に適し、ジワジワと人気が高まっている。

シラー

シラー

欧州種、南フランスのローヌ渓谷、偶発実生、熟期9月上旬～下旬、紫黒色円形1～3g、糖度18～22度、樹勢強、耐病性やや強。

ローヌ川流域の偉大な赤ワイン用品種。銘酒であるエルミタージュ、コート・ロティーなどを生む。色濃く、香りはリッチでタフ。長期熟成するとすばらしい、濃厚なワインになる。萌芽は遅いが成熟は早い。収量はやや多い。酷暑、乾燥地のオーストラリアではシラーズと呼ばれ、アデレードに近い、広いバロッサ渓谷のワインが有名。アルゼンチン、カリフォルニアでも栽培されている。

日本での栽培はこれからであるが、耐病性もあり、栽培も比較的容易で、ワインの色も濃く、色づけの目的で、南フランスのようにブレンド用に使うワイナリーもある。

プティヴェルド

欧州種、フランスのボルドー地域、偶発実生、熟期9月下旬～10月中旬、紫黒色円形1～2g、糖度18～22度、樹勢中位、耐病性やや弱い。

最晩熟で、果皮が厚く、完熟するとタンニンが強いワインになる。ボルドーブレンドに数%使い、濃い色調のスパイシーなワインになる歴史的な品種。温暖なオーストラリアでは単一品種のワインができる。日本では山梨の丸藤葡萄酒工業がこの単一品種の赤ワインを造り、金賞に輝いた。本格的なフランス料理と合わせたが、ボルドーワインに負けないタンニンのしっかりしたワインだった。新世界を始め、世界各地の赤ワイン産地で本種は近年見直されている。栽培面積はまだわずかだが、気候に恵まれれば、カベルネソービニヨンをしのぐ赤ワインが日本でも可能であると実感できた。

プティヴェルド

ドルンフェルダー

欧州種、ドイツの交配（1955年）、ヘルフェンシュタイナー×ヘロルドレーベ、熟期8月下旬～9月中旬、紫黒色円形1～3g、糖度18～22度、樹勢中位、耐病性やや強。

ドルンフェルダー

ドイツで赤ワインの色づけ用品種として作出された。交配の親も交配種であり、複雑な4品種の遺伝子を受け継いでいる。ワインはニワトコの果汁のような濃いルビー色で濃厚な色調と黒果実を思わせる果実香がある。リッチな余韻があり、タンニンが強く、やや重い。甘口ワインはキイチゴやチェリー香がある。収量はやや多く、耐寒性があり、北海道の余市などの気候に適す。本来はブレンドする色づけ用品種だが、本種のみで造る本格的濃厚赤ワインもある。これは重厚な赤ワインソースの肉料理に負けない味わいで、料理によく合う。

アルモノワール

欧州種、山梨県果樹試験場作出（1988年）、カベルネソービニヨン×ツバイゲルトレーベ、熟期9月下旬～10月上旬、紫黒色短楕円形2g程度、糖度18～19度、樹勢中位、耐病性やや

強。

着色良好で栽培容易な赤ワイン専用種である。アルモはフランス語で調和の意。濃厚でタンニンも多く、フルーティーなワインになる。色は同地で栽培したカベルネソービニヨン、メルローより濃く、味のバランスもいい。品質検討会での酒質の評価も高く、日本の気候風土に適した品種といえる。

耐寒性も強く、東北、北海道でも可能だが、やや熟期が遅い。最高品質のカベルネソービニヨンが加味された品種であるから、長期熟成タイプの本格的赤ワインになる可能性があり、赤の日本ワイン用品種として、将来性が期待できる。

アルモノワール

甲斐ノワール

欧米雑種、山梨県果樹試験場作出（1969年）、ブラッククイーン×カベルネソービニヨン、熟期10月上～中旬、紫黒色短楕円形1～2g、糖度18～22度、樹勢中位、耐病性強。

1990年に登録された赤ワイン用専用種である。着色良好で豊産、病気に強く、栽培は比較的容易である。ただし、晩腐病には注意が必要である。

ワインは濃厚な赤紫色になり、カベルネソービニヨンによく似た香りがある。日本の気候に合う本格的な赤ワイン専用種を目指した育種の成果であり、マスカットベーリーAのワインより、カベルネソービニヨンを交配の親に使ったことで、いちだんとワイン専用欧州種の味わいに近づいた品種である。しかも栽培しやすい品種であるから、これからの普及が期待される。

甲斐ノワール

ビジュノワール

欧亜雑種、山梨県果樹試験場作出（1986年）、（甲州三尺×メルロー）×マルベック、熟期9月上旬、紫黒色円形2～3g、糖度20～23度、樹勢中、耐病性やや強。

熟期が早いので晩霜にあわず、秋雨や台風の影響を受けにくい。色つきが抜群に良く、耐寒性がある。果肉が厚く、果粒に弾力があり果粉が多い。ワインは酸少なくまろやかで、色素が濃くボディーがある。ワイン用品種の改良種として、本種も甲斐ノワール同様に全国的に期待が高い。

白ワイン用品種の品種特性

白ワインの特徴

白ワインは黄緑色品種と赤色品種で造るワインです。黒色ブドウで造る赤ワイン用品種は果皮の内側に色素があるから赤いワインになります。果実をつぶす時点で果皮を除去してしまえば、赤ワイン用品種であっても、少しは色素が残りますが、ブラッシュワインと呼ばれる褐色～黄金色の透明感ある白ワインもできます。

ドイツの傑作品種ケルナー

フランスのシャンパーニュでは、赤ワイン用品種のピノノワールと白ワイン用のシャルドネを混醸してシャンパンを造っていますが、発酵時に果皮を除去するから白いシャンパンになります。ピノノワールの果皮を短時間残して、ロゼのシャンパンを造ることもできます。

赤ワインはタンニンを多く含み、渋みが強いからコクがあり、ワイン通は赤ワインを好みます。しかし世界的には飲みやすい白ワインも人気が高く、大雑把にいえば、白ワインと若干のロゼワインが50％、赤ワインが50％という比率で世界のワインは消費されています。

歴史の長い欧州世界では赤ワインが優勢ですが、日本のような歴史の浅いワイン新興国では、軽い口あたりの白ワインがより好まれています。

日本ワインをリードする甲州。DNA解析から欧亜雑種であることが判明。耐病性が強くて皮が厚く、栽培しやすい

国産白ワイン用ブドウ品種

日本での主な白ワイン用品種は**表1－2**のとおりです。国税庁の発表（２０２０年）によれ

表１－２　主な醸造ブドウ(白ワイン用)品種一覧

品種名	系統	交配親	熟期	果粒形	果粒重(g)	糖度(度)
シャスラー	欧州種	不詳(原産スイス)	9月上～中旬	円	2～3	16～19
シャルドネ	欧州種	ピノー×グアイスブランの自然交雑	9月上～中旬	円	1～2	18～22
ケルナー	欧州種	トロリンガー×リースリング	9月中～下旬	円	1～2	18～21
ミューラートルガウ	欧州種	リースリング×マドレーヌ・ロワイヤル	8月下旬～09月中旬	円	1～2	18～22
ソービニヨンブラン	欧州種	不詳(原産フランス)	9月上旬	円	1～2	18～21
リースリング	欧州種	不詳(原産ドイツ)	9月下旬～10月中旬	円	1～2	18～22
ピノブラン	欧州種	不詳(原産フランス)	8月中～下旬	円	1～2	18～22
セミヨン	欧州種	不詳(原産フランス)	9月中～下旬	円	2～3	18～22
シルヴァーネル	欧州種	不詳(原産オーストリア)	8月下旬～9月上旬	円	1～2	18～22
甲斐ブラン	欧州種	甲州×メピノブラン	9月中旬	短楕円	約2	18～20
トラミナー	欧州種	不詳(原産イタリア)	8月下旬～9月上旬	円	1～3	18～22
バッカス	欧州種	ショイレーベ×ミューラートルガウ	9月中～下旬	円	1～2	18～22
ヴィオニエ	欧州種	不詳(原産フランス)	9月中～下旬	円	1～2	18～22
アルバリーニョ	欧州種	不詳(原産スペイン)	9月中旬	円	1～2	18～22
ピノグリ	欧州種	ピノノワールの突然変異種	8月下旬～9月中旬	円	1～2	18～22
マルヴァジア	欧州種	不詳(原産ギリシャ)	9月中旬	円	1～2	18～22
シュナンブラン	欧州種	不詳(原産フランス)	9月中～下旬	円	1～2	18～22
プティマンサン	欧州種	不詳(原産フランス)	9月下旬～10月中旬	円	1～2	18～23
ミュスカデ	欧州種	不詳(原産フランス)	9月中旬	円	1～2	18～22
トレッビアーノ	欧州種	不詳(原産イタリア)	9月中旬	円	1～2	18～22
ゲヴェルツトラミネール	欧州種	不詳(原産フランス)	8月下旬～9月上旬	円	1～3	18～22
甲州	欧亜雑種	自然交雑(山梨県の原産種)	9月下旬～10月中旬	楕円	3～6	16～23
甲州三尺	欧亜雑種	不詳(原産山梨県甲府市)	8月下旬～9月上旬	楕円	4～6	17～19
竜眼	欧州種(東洋系)	不詳(原産中国)	9月下旬～10月中旬	短楕円	10～12	16～18
ヤマブラン	欧亜雑種	ピノノワール×(ヤマブドウ×ピノノワール)	9月中～下旬	円	1～2	18～22
サンセミヨン	欧米雑種	笛吹×グロセミヨン	8月下旬～9月上旬	短楕円	2～4	19～21
セイベル9110	直産雑種	ヴィニフェラ×米国野生種	8月中～下旬	先尖り楕円	2～3	18～19
モンドブリエ	欧米雑種	シャルドネ×カユガホワイト	9月下旬～10月上旬	円	1～3	19～23
デラウェア	欧米雑種	偶発実生(原産米国)	7月中～下旬	円	1.5～2	17～23
ナイアガラ	米国型雑種	コンコード×キャサディー	8月下旬～9月上旬	円	3～5	15～21
ポートランド	米国種	チャンピオン×ルテー	8月上旬	円	3～6	17～22

注：①『ブドウ品種総図鑑』植原宣紘編著（創森社）をもとに作成
　　②このほか、国内で下記の白ワイン用醸造ブドウが栽培されている
　　　セイベル5279、ザランジュンジェ、マスカットオットネル、ブドウ山梨48号、万力、
　　　シェーンベルガー、信濃リースリング、エーレンフェルザー、ユニブラン、シャルドネコライユ、
　　　ライヘンシュタイナー、ヴァイスブルグンダー

ば、国産白ブドウは約1万113t（45・3％）で、甲州（15・1％）、ナイアガラ（12％）、シャルドネ（6・5％）、デラウェア（6・2％）、ケルナー（1・7％）、セイベル9110、竜眼、ソービニヨンブラン、ポートランド、ミューラートルガウが上位10品種です。

その他、リースリングリオン、シャスラー、リースリング、ピノブラン、ピノグリ、セミヨン、シルヴァーネル、甲斐ブラン、トラミナー、バッカス、ヴィオニエ、アルバリーニョ、マルヴァジア、シュナンブラン、プティマンサン、ミュスカデ、トレッビアーノ、ゲヴェルツトラミネール、ヤマブラン、モンドブリエなど多数の品種があります。

世界じゅうで栽培されているシャルドネ

このうち、甲州、ナイアガラ、デラウェアなどは生食・醸造兼用種です。すべてのブドウ品種はワインにすることができます。しかし、香り、味などに個性があって、生食用にはいいが、ワインには適さない品種も多い。ワインを造るには定評あるワイン用専用種を使うほうが正解です。

シャルドネの収穫果

甲州種は白ワイン用の第1位です。千年の歴史を持つ山梨原産の固有品種で、近年DNA解析から71・5％は欧州種、28・5％は中国の野生種であり、「欧亜雑種」であることが判明しました。そのため耐病性が強く、果皮が厚く、栽培が容易です。収穫時期を選び、醸造法の工夫で欧州種にある柑橘系の香りを引き出すことにも成功し、日本を代表する白ワインになってきています。

山梨県が甲州種の主産地で今では250haに減少していますが、再度栽培面積を増やし、和食に合う白ワインとして、国内のみならず海外にも輸出しようと官民を挙げてがんばっています。中国、アジア諸国が発展してきたので、ワインの需要も増え、欧州だけではなく広くアジア地域にも日本のすぐれた甲州ワインを供給していきたいものです。

白ワイン用の代表種の特性

甲州

欧亜雑種（71・5％が欧州種、残りが中国野生種のダヴィディ・ダビデ）、山梨原産、熟期9月下旬〜10月上旬、紫紅色楕円形3〜6g、収量最多、糖度16〜23度、強樹勢、強耐病性。

約千年前に中国から種で運ばれてきたと推定されている日本最古のブドウ品種。白ワインの第1位で15・1％を占める。果皮は厚く裂果しない。粗着で省力品種。多湿で降雨の多い日本の気候に耐える。醸造技術の進歩でワインの品質が向上し、和食に合う日本のオリジナル品種として定着し、海外にも輸出されるようになった。

甲州

ナイアガラ

ナイアガラ

米国型雑種、コンコード×キャサディー、米国原産、熟期8月下旬〜9月上旬、白黄色円形3〜5g、収量多、糖度15〜21度、樹勢中位、耐病性強。

1893年に導入され、長野、東北、北海道が主産地。品質は良、多汁で酸もある。白ワイン2位（12％）。甘口ワインが多い。特有な米国系のフォクシー香が強く日本人には好まれる。ジュース、ジャムにもなる。強健で栽培容易。栽培面積は第6位（2014年）。

世界の白ワインは淡い上品な香りの辛口が多く、米国系のワインの強烈なフォクシー香は、白人には敬遠されるが、日本ワインとして栽培容易な本種は長く愛され続け、定着している。

デラウェア

デラウェア

欧米雑種、米国原産（1850年頃）、偶発実生、熟期7月中〜下旬、紫赤色円形1・5〜2g。糖度17〜23度、樹勢中位、耐病性強。

白ワイン4位（6・2％）、ジベレリン処理の種なし生食用品種だが白ワインにしても香りよく飲みやすい。完熟させるとややフォクシー香が出るが、早期に収穫して加糖し、やや甘口ワインにするとドイツワインに似たいい香りになり、人気が高い。栽培は容易。栽培面積は3位である。最早熟の種なし品種として、日本を代表する主要大衆品種である。

　果皮は厚く裂果は少ないが密着小房であり、多雨の際、粒の押し合いで裂果がみられることもあり、簡易被覆や防水性の紙カサをかけるとより安全である。

シャルドネ

欧州種、フランス原産、ピノー×グアイスブランの自然交雑、熟期9月上~中旬、黄緑色円形1~2g、糖度18~22度、樹勢中位、耐病性やや弱。

　世界の白ワイン用品種の代表格。いろいろな風土になじみ、世界じゅうに普及している。日本の3位（6・5%）。九州から北海道まで普及しつつあり、増加傾向が顕著である。純欧州種であるから防除に手抜かりがあるとべと病などの病気になりやすい。日本にとって国際水準のワイン造りに欠かせない重要品種であり、国際ワイン・コンクールで優勝するような高品質のワインも生まれている。寒冷地では酸が高く、スパークリングワインにも可能性がある。甲州に次いで、本種の順位が2位に上がってくる日も近い。

シャルドネ

ケルナー

欧州種、ドイツ原産（1969年）、トロリンガー×リースリング、熟期9月中~下旬、黄緑色円形1~2g、糖度18~21度、樹勢強、耐病性やや強。

ケルナー

　ドイツの交配品種で傑作種である。リースリングに似た独特な香りがあり、リンゴ、グレープフルーツ、マンゴーの香りもある。地域適応力の幅が広い。耐寒性が強く、豊産性。北海道で普及している。日本の5位（1・7%）だが1991~2000年にかけて伸びてきた品種。一時北海道で大栽培されたミューラートルガウよりつくりやすく、将来性がある。発芽が遅く、晩霜にたいする抵抗力が強い点が長所である。樹勢が強いので、摘葉、摘心、摘果などのきめ細かい管理が必要である。

セイベル9110

直産雑種、フランスのセイベル交配（ヴィニフェラ×米国野生種）、熟期8月中~下旬、黄緑色楕円2~3g、糖度18~19度、樹勢中位、耐病性強。

　直産雑種とは欧州種と米国野生種の台木を交配し、接ぎ木せずにフィロキセラ（根アブラムシ）抵抗性のあるブドウ品種をつくることを目指したものである。本種はそのなかで最も普及した品種である。この白ワインはフルーティーで爽快な香りがある。台木の性質から耐病性が強く、豊産、栽培が容易であるが、ワインとしては野性的で品質は欧州種に劣り、だんだん栽培が減少しつつある。日本の8位（0・7%）である。耐寒性も強く、北海道では普及したが、栽培技術が向上しつつあるから、徐々に品質のいい純欧州種に植え替えられていくようである。

竜眼

竜　眼

欧州種（東洋系）、中国東北部原産、自然交雑種、熟期9月下旬～10月中旬、紫赤色短楕円形10～12g、糖度16～18度、豊産、樹勢強、耐病性やや強。

日本では長野県に多く、白ワインの9位（0・7%）である。生食醸造兼用種である。大房で果皮は厚く、貯蔵性、輸送性が高い。ワインに香りは少ないが甲州に似てあっさりしていて淡白、酸はマイルドであり和食に合う。糖度はあまり高くない。今までは甲州の親と思われていたが、遺伝子解析の結果、直接的な関係はないことがわかった。栽培は容易であり、裂果もなく、収穫量も多く、強健である。果房は外観美麗で、藤の花に似て観賞用にもよく、長野では善光寺平に多く栽培され、「善光寺ブドウ」と呼ばれ、親しまれている。

ソービニヨンブラン

ソービニヨンブラン

欧州種、フランスのボルドー地域原産、サヴァニャンの子孫という説がある。熟期9月上旬、黄緑色円形1～2g、糖度18～21度、樹勢強、耐病性やや弱。

ロワール川上流のプィイフュメ地区の辛口白ワインが1970年代に有名になり世界に広がった。ことにニュージーランドで大人気になり、シャルドネに次ぐ白ワインの世界的な地位を得つつある。日本では6位（1%）とまだわずかであるが、期待は大きく、今後伸びる品種である。

18世紀に本種とカベルネフランが自然交雑してカベルネソービニヨンが生まれた。青草の香りとさわやかな酸、フルーティーでフレッシュな軽い白ワインが人気である。グレープフルーツに似た香りもあり、甲州でもこの香りが発見され、「きいろ香」ワインが登場している。

ポートランド

米国種、ニューヨーク農試（1914年）作出、チャンピオン×ルテー、熟期8月上旬、白黄色円形3～6g、糖度17～22度、樹勢中の上、耐病性強。

ポートランド

ミューラートルガウ

極早熟、耐寒性強く、北海道が指定した優良品種（1973年）である。密着房で摘粒すると裂果を防ぐことができる。日本人好みの甘さと強いフォクシー香がある。主に生食用であるがワインにもなる（0・9％）。ブドウ栽培面積は14位である。

栽培は容易であり、寒冷地の北海道の余市、仁木町に多く、東北でも栽培されている。欧州種とはワインの香りが異なるので、地元のワイン好きには人気があるが地方消費にとどまる傾向が強い。米国種は日持ち、輸送性が弱く、品質に問題があり、北海道には本州のブドウが空輸されるので、米国種の栽培は減少しつつある。

ミューラートルガウ

欧州種、ドイツの交配、リースリング×マドレーヌ・ロワイヤル（1882年）、熟期8月下旬～9月中旬、黄緑色円形1～2g、糖度18～22度、樹勢中位、耐病性やや強。

成熟の遅いリースリングを早熟化し、豊産性でつくりやすく、フルーティーな香りの白ワインになる。一時リースリングより栽培面積が増えたが、品質はリースリングのほうがよりすぐれており、ドイツでは本種は2位（2013年）に後退した。北海道でも普及したが、最近はよりつくりやすいケルナーのほうが伸びてきている。ワイン用の交配新品種の評価は、このように長期間を要するので、栽培がむずかしいリースリングが再評価されたことは、栽培歴史の重みをかみしめなければならない。ドイツワインの総輸出量にまで影響し、世界的評価を左右したのである。

ピノブラン

欧州種、フランスのブルゴーニュ地域原産、交配親不詳、熟期8月中～下旬、黄緑色円形1～2g、糖度18～22

度、樹勢強、耐病性やや強。

豊産である。ピノグリの変種ともいわれ、シャルドネに似ていて長い間区別がつかなかった。早熟で寒地向き品種。高級白ワインの専用種。発泡酒の原料にもなっている。ワインはあっさりした香りでシャルドネより軽い。

中央ヨーロッパに多く、ドイツ、オーストリア（ヴァイスブルグンダーと呼ばれる）などで栽培されている。イタリア北部ではピノビアンコと呼ばれている。日本でも人気が高くなりつつあり、北海道などで少量だが、いいワインができている。

ピノブラン

リースリング

欧州種、ドイツのライン川上流域の野生種、交配親不詳、熟期９月下旬～10月上旬、黄緑色円形１～２g、糖度18～22度、樹勢中位、耐病性やや弱。

極甘口を始めとするドイツの偉大なワインを生む、最も有名な白ワイン用品種である。寒冷地、冷涼地に適し、栽培はむずかしく、収量も少なく晩熟だが、花のような上品な香りがすばらしく、心地よい甘みがある。トロッケンベーレンアウスレーゼはクローバーのハチミツに似た香りと、キリッと際立った酸味がある銘酒。ドイツでは交配種のミューラートルガウが一時普及したが、１９９６年に一位に返り咲いた。世界各地に5万ha弱栽培されている。北海道での栽培は困難だが、上品な香りが生きる。たとえ少量であっても可能性は高い。一方、本州の暖地では香りが立たない。

リースリング

セミヨン

欧州種、フランス原産、交配親不詳、熟期９月中～下旬、黄緑色円形２～３g、糖度18～22度、樹勢中位、耐病性弱。

フランスのボルドー地域の白ワイン用品種として古くから有名である。老舗のサドヤ酒造場は日本ワイナリーの草分けであったがセミヨンの白ワインで始まった。ボルドーの貴腐ワインはソーテルンとバルザックが有名である。本種とソービニヨンブランが使わ

セミヨン

れている。果皮が弱く貴腐菌がつきやすい。収量は多いが、栽培は耐病性が弱くむずかしい。耐寒性も弱く、暖地向きである。歴史ある品種だったが、人気あるシャルドネに押されて最近は本種の影が薄くなっている。

アルバリーニョ

欧州種、スペイン北西部のガリシア地方原産、交配親不詳、熟期9月中旬、黄緑色円形1～2g、糖度18～22度、樹勢強、耐病性強。

イベリア半島で栽培されている白ワイン用ブドウ。欧州種だから雨に弱いという日本人の常識があるが、本種は高温多湿地でもよく育つという。ペルゴラと呼ばれる棚栽培もあり、海岸近くで栽培され、「海のブドウ」とも呼ばれている。果皮は厚く、種が多い。収量は少ない。ワインは青リンゴ、アプリコットなどの香りがあり、生き生きした酸味がある。バランスのとれた軽やかな辛口ワインになる。プティマンサン、ヴィオニエ、ゲヴェルツトラミネールに似ている。ワイン愛好家に見直され、新世界でも伸びている。日本では新潟、大分などのワイナリーが本種に挑戦している。

アルバリーニョ

バッカス

欧州種、ドイツの交配品種（1930年代）、ショイレーベ（シルヴァーナ×リースリング）×ミューラートルガウ、熟期9月中～下旬、黄緑色円形1～2g、糖度18～22度、樹勢強、耐病性やや強。

バッカス

ドイツ読みは「バッフス」だが、酒の神様にちなんで「バッカス」として紹介する。ドイツのラインヘッセンで盛んに栽培されている。日本では北海道が適地であり、栽培が定着している。マスカット香に近い香りとハーブ香が特徴で、甘口、中口の果実味のある白ワインになる。ニワトコの花の香りやミネラルも感じられる。豊産で病気にも強く、栽培しやすい。ワインはミューラートルガウより個性的な香りで、ケルナーとともに、北海道を代表する白ワイン品種になりそうである。

モンドブリエ

欧米雑種、山梨県果樹試験場交配（1996年）、シャルドネ×カユガホワイト（2016年登録）、熟期9月下旬～10月上旬、黄緑色円形1～3g、糖度19～23度、樹勢強、耐病性強。

白ワインで人気の高いシャルドネは

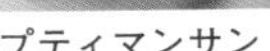

プティマンサン

モンドブリエ

べと病に弱く、これにカユガホワイトというべと病に耐病性が強い品種を交配して選抜した国産品種である。糖度は非常に高く、香りはマスカット香に近く、豊かな味わいで酸も適量である。専門家による試飲会でも高評価を得ている。東北地方でも耐寒性があり、栽培可能である。フランス語で世界に輝くという意。その他、国産品種は「甲斐ブラン」（白）「甲斐ノワール」（赤）など意欲的に交配品種を作出・登録しており、今後の普及が期待されている。

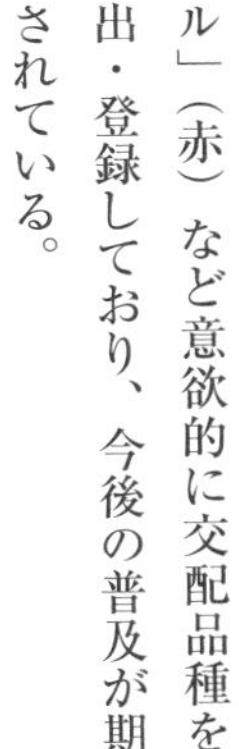

プティマンサン

欧州種、フランス南西部のポー地域原産。交配親不詳、熟期９月下旬～10月中旬、黄緑色円形１～２g、糖度18～23度、樹勢強、耐病性強。

ピレネー山脈のふもとの深い土壌、水はけのよい土地でつくられている白ワイン用ブドウ。小房、小粒で熟するのに時間がかかり、高い糖度は完熟しても酸がかかり、高い糖度は完熟しても酸が高く下がらない特性がある。果皮は厚く、降雨による病気に強いところなどに着目して、栃木県や長野県の一部のワイナリーで貴重な単一品種のワインを造っている。

ゲヴェルツトラミネール

ゲヴェルツトラミネール

欧州種、フランスのアルザス地方原産（１８７０年代より）。交配親不詳、熟期８月下旬～９月上旬、黄緑～灰色を帯びたピンク色円形１～３g、糖度18～22度、樹勢中位、耐病性やや弱。

ゲヴェルツは、ドイツ語の「芳香」の意。高い芳香を持ち、バラやライチのフローラルな香りにたとえられる。果皮は肉厚。ハンガリーやスイス、イタリア、オーストラリア、アメリカなどの比較的冷涼な土地で栽培されており、日本では北海道で手がけられ、独特の個性的な芳香を持った白ワイン用品種として注目されている。

醸造用ブドウの品種選定にあたって

日本のワインは、全体的に見ると、近年生産も消費も漸増しています。新規のワイナリーも増加傾向です。しかし、世界経済の低迷も懸念されるなか、輸入ワインの関税は下がり、国際競争に勝ち抜かなければならない厳しい状況にもあります。

そのなかで生き残るためには、すぐれた品質のワインをリーズナブルな価格で提供することが基本です。そのため、ブドウ栽培と醸造技術を向上させ、国際的に流通しているワインに負けない品質の日本ワインを目指す必要があります。

品種選定にあたっては、変化の激しい気象下で、安定的に生産できる日本固有の個性を主張できる品種を柱に据えるべきでしょう。さらに一歩前進して、高品質ワインになる可能性の高い品種を選び、小規模だからできる栽培技術を集中させる方向もあります。九州から北海道まで、ワインの酒質が向上して、各地の個性を主張するワインが産声を上げ始めています。

ものづくりにかける日本人の感性と執念には驚くべきものがあります。日本ワインの96・8％は、中小のワイナリーが占めています。純日本ワインはワイン総需要の数％に過ぎませんが、熱意を込めた造り手の個性が光る良質の日本ワインが登場しつつあります。

世界にはすばらしいワインがキラ星のごとく存在しています。ここではワイン醸造用品種を赤白の計35種選び、さらに品種一覧表を作成して紹介しましたが、日本ワインの造り手のなかにはこれ以外の品種についても挑戦しようとする姿を私は見ています。失敗を恐れず夢を追うワインの造り手の情熱に敬意を表します。

渋みのある欧州種タナー

園地を開設し、苗木を植えつける（2年目）

早熟、豊産のミューラートルガウ

第2章

気象・立地条件とブドウ生育予測

農研機構北海道農業研究センター
根本 学

垣根に雨よけのビニールカバーをかける（岡山県赤磐市）

ブドウ栽培地の立地と気候

地域差のある気候

ワイン用にブドウが栽培されているおおよその場所として、国内のワイナリーの位置を**図２－１**に示す。日本の国土は南北に細長く、ワイン用にブドウが栽培されている最北の北海道名寄市から最南の沖縄県恩納村まで約２４００km、緯度差で約18°あります。

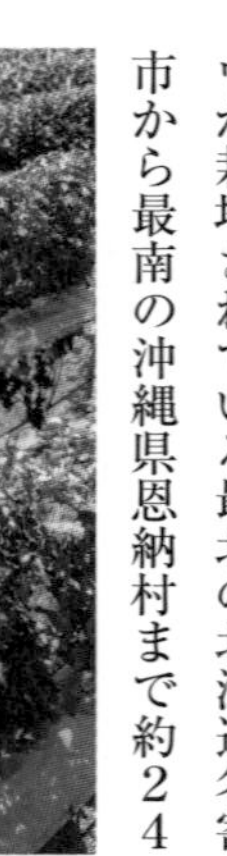

垣根仕立て（10月、山梨県北杜市）

これは欧州だと、ノルウェー（オスロ）から、スペイン（マドリード）間の距離に相当する空間的な広がりがある。ユーラシア大陸の東に位置する弧状列島で、太平洋とその縁海であるオホーツク海、日本海、東シナ海に囲まれています。脊梁山脈の存在と、南方からの暖流（黒潮、対馬海流）と、北方からの寒流（親潮、リマン海流）の影響を受けて、各地の気候に大きな地域差が生じています。

海外の醸造用ブドウ産地と比較した日本の気候の大きな特徴として、国内では、梅雨がないとされ比較的降水量の少ない北海道でさえ、生育期間の降水量が多いことが挙げられます（**図２－２**）。ブドウの果実品質を高めるには、適度な乾燥ストレスが必要なことから、水はけの良い土地を選び、適宜圃場の排水性を高める処理を行うことが重要です。

晩熟のバッカス（北海道富良野市）

有効積算気温に基づく区分

生育に寄与する気温

醸造用ブドウ栽培地の気象に基づく区分の一つとして、世界で広く知られているウインクラーインデックス（Winkler Index）で日本を区分した

図２－１　日本国内のワイナリーの所在地（委託醸造元を含む）

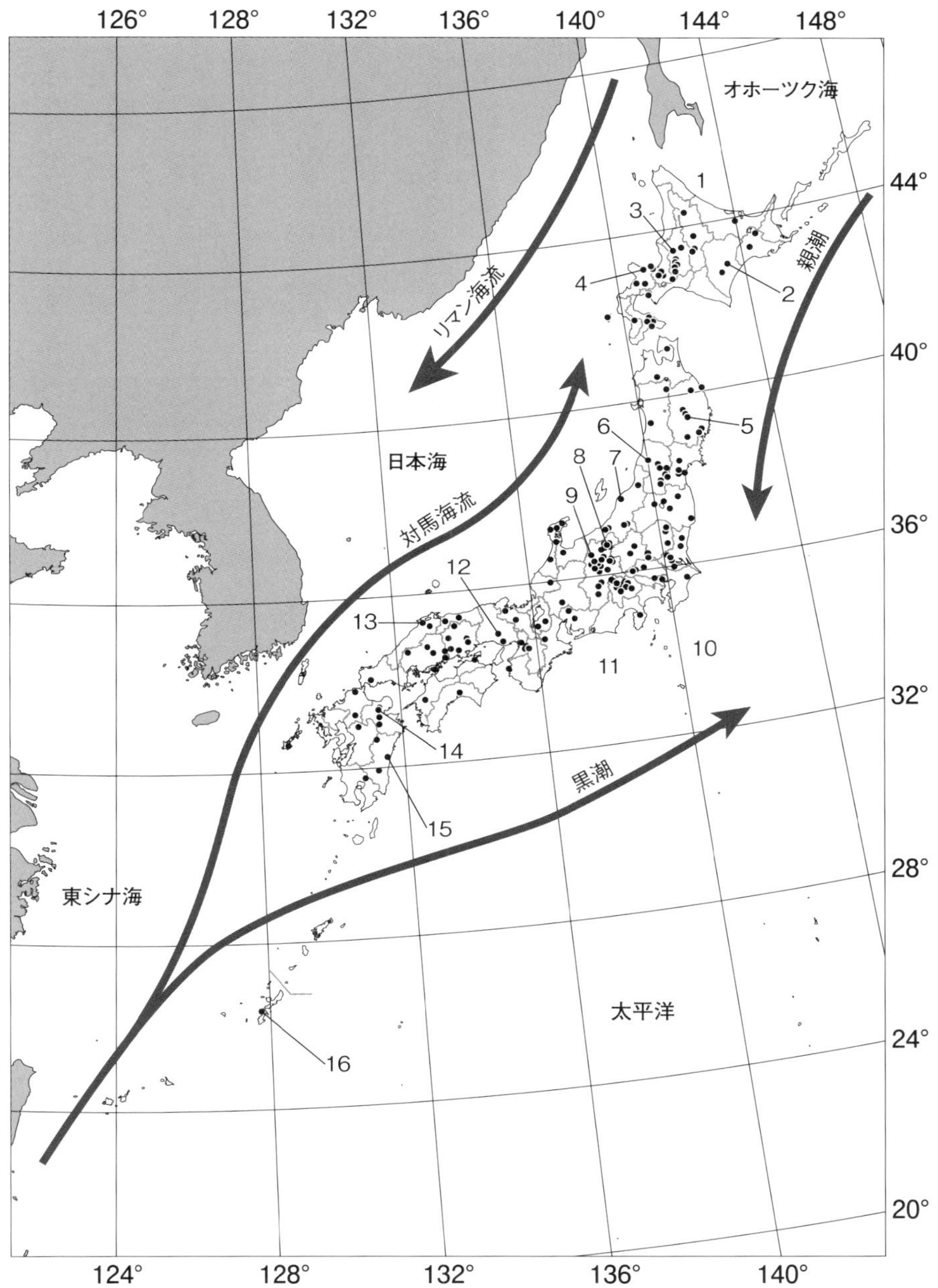

注：①ワイン用にブドウ栽培がされている位置。数字は 56 ページ以降の地名番号と対応する
　　②2020 年４月筆者調べ

ものが図２－３です。

ウインクラーインデックスとは、およそブドウの生育期間に相当する４～10月（南半球では10～4月）の有効積算気温に基づいた区分です。有効積算気温とは、気温がある一定の閾値を超えたぶんだけ、つまり、作物や植物の生育に寄与すると考えられる気温のみを積算していったものです。

図２－２　海外産地と国内の有効積算気温と降水量の比較

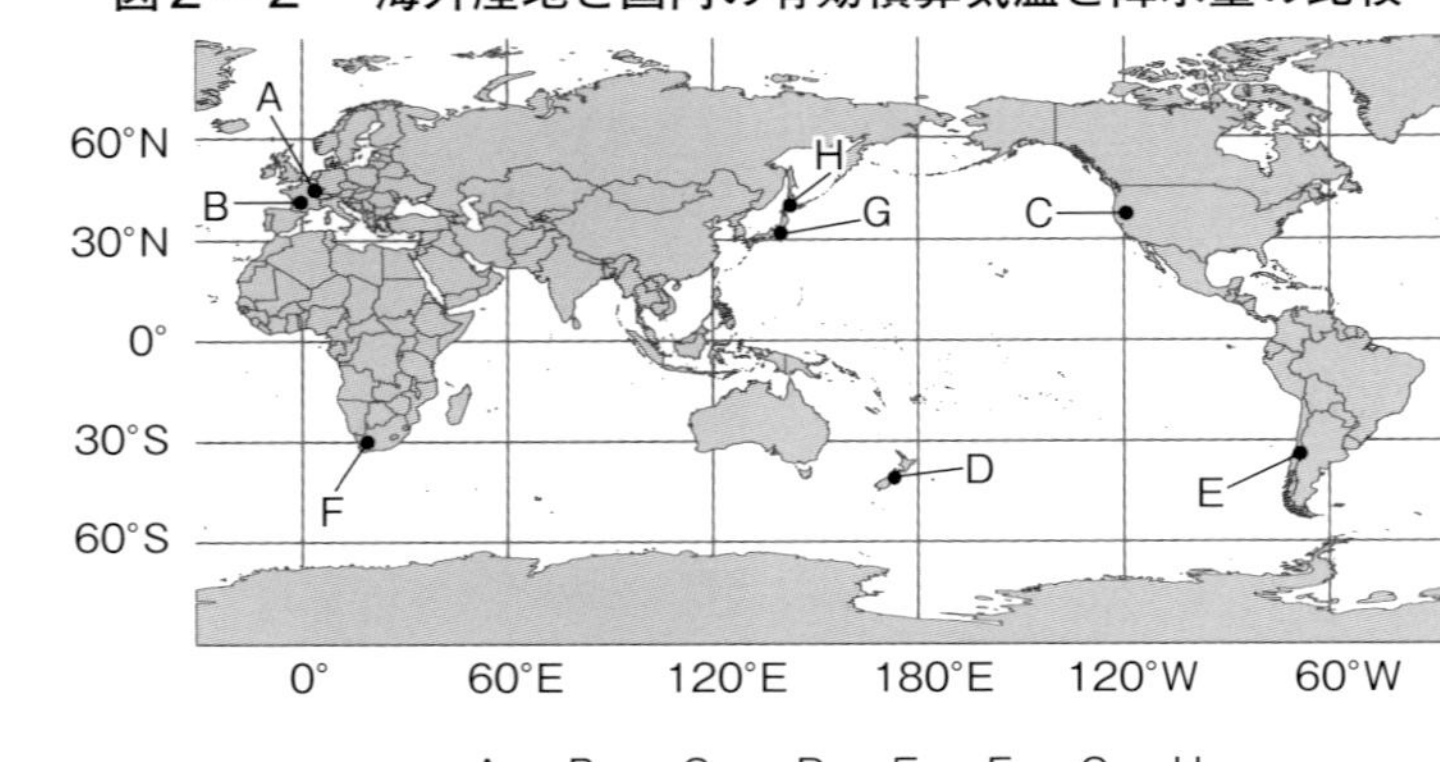

注：①暖候期（北半球：4－10 月、南半球：10－4 月）の積算値
②気象データは気象庁の平年値（1981－2010 年）を使用
③2020 年４月筆者調べ

ここでは日ごとの平均気温を対象に、10℃を超えた値を積算しています。この値に基づいたウインクラーによる区分は**表２－１**のとおりです。

最近10年間の気象に基づくこのウインクラーの区分では（**図２－３左**）、北海道東部の一部や山間部でToo Cool、北海道の平野部から青森県の下北半島などでリジョン（地域 Region）Ⅰ、東北地方北部にリジョンⅡが広がり、東北地方南部から長野県の盆地でリジョンⅢ、新潟県の海岸部から北関東北部、中国四国地域の山裾にリジョンⅣが広がり、その他の、沖縄を除く多くの地域がリジョンⅤ、沖縄県はToo Hotとなっています。つまり、南北方向の緯度差18度という地理的空間の広がりに応じて、有効積算気温で８５０℃・日以下から、２７００℃・日以上まで、日本各地の有効積算気温が大きく異なります。

ちなみに、ウインクラーの区分を、１９８０～１９８９年の気象に基づい

図2－3　有効積算気温に基づくウインクラー（Winkler）の区分

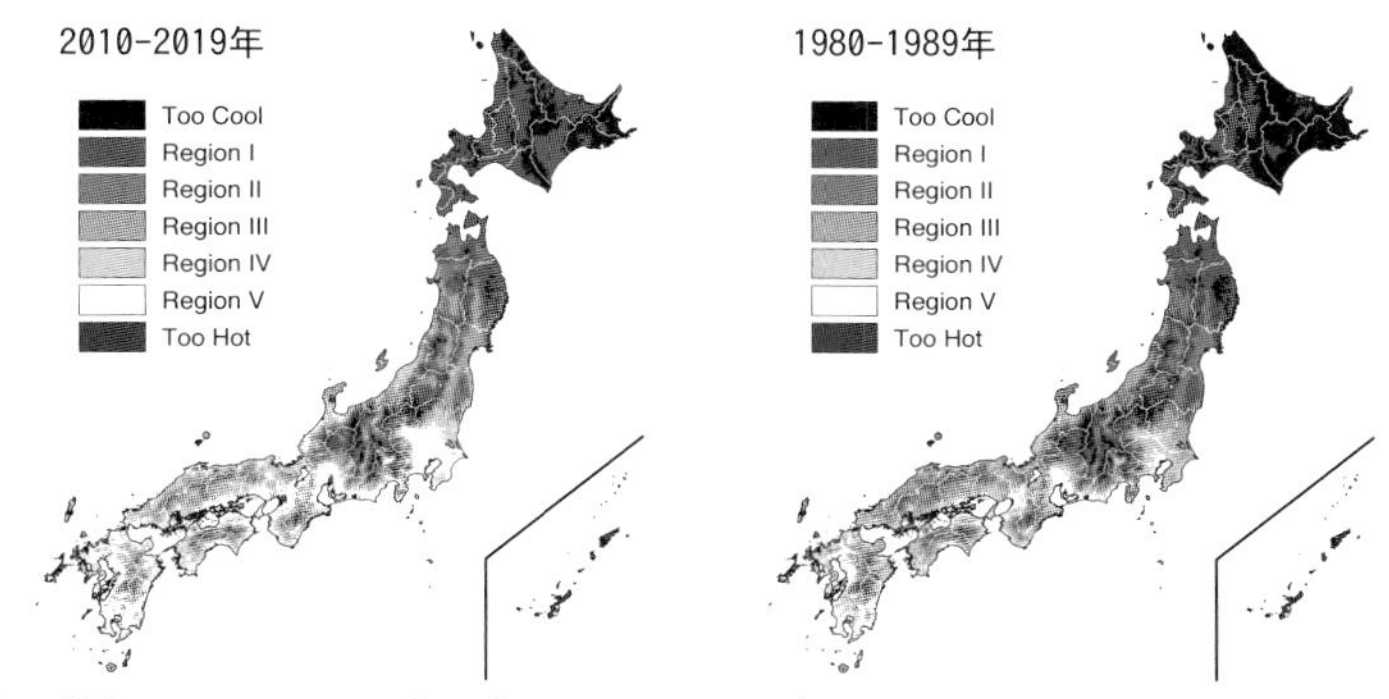

注：①左：2010～2019年　右：1980～1989年
　　②2020年4月筆者調べ

て図示したものが、**図2－3右**になります。この1980年代（**図2－3右**）から2010年代（**図2－3左**）の30年間にかけて、沖縄と九州南部を除く多くの地域では、区分が一つ暖かいものに変化しています。

これは気候変動による気温の上昇により、4～10月の有効積算気温が、およそ300℃・日程度、30年間で増加していることを意味しています。実際に、北海道ではToo CoolからリジョンⅠに区分される地域が広がり、欧州系ブドウが栽培しやすくなったことにも対応して、2000年頃からワイナリー数の増加が著しくなっています。

表2－1　ウインクラーの区分

区分	有効積算気温［℃・日］
Too Cool	<850
Region Ⅰ	850-1389
Region Ⅱ	1389-1667
Region Ⅲ	1667-1944
Region Ⅳ	1944-2222
Region Ⅴ	2222-2700
Too Hot	>2700

品種選定の一指標

なお、ブドウも品種による生育の早晩性の違いがありますが、ウインクラーインデックスの各区分にたいして、適したブドウ品種が考えられています。例えば、リジョンⅠでは、フランスのシャンパーニュやブルゴーニュがこの区分に分類され、シャルドネやピノノワールが適合しているとされます。

しかしながら、日本国内では、シャルドネは九州のリジョンⅤに区分される地域でも栽培され、ワインコンクールで受賞する高品質のワインが生産されています。つまり、仕立て方や栽培管理の工夫により、ウインクラーインデックスの区分における適合品種によらず、高品質のブドウ栽培が可能であることが実証されているといえます。

ウインクラーの区分は、世界のワイン産地との気候の比較や、品種選定の

図２－４　北海道の4-10月平均気温の推移

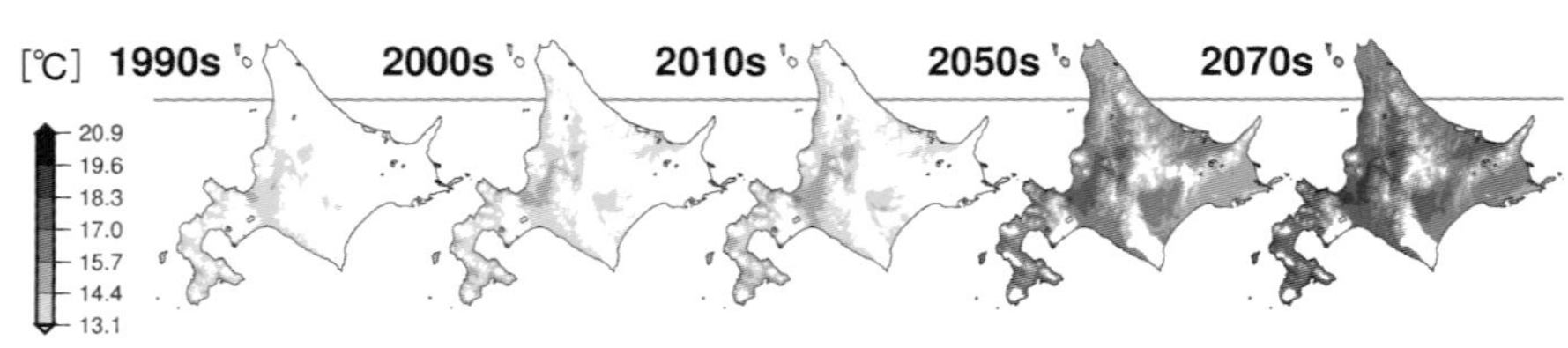

注：①13.1℃～20.9℃は欧州系ブドウの栽培適温範囲
②冬季に低温、夏季に降水が多くて栽培に適さないとされる場所は除かれている
③Nemoto et al. 2016の図を改変（2020年４月）

目安とするには参考になりますが、絶対的な指標ではなく、適した品質で収穫可能な潜在性を示す一指標として捉えたほうがよいでしょう。もちろん、自分が栽培している土地や、これから栽培を考える土地について、気象条件を把握しておくことは重要です。また、前述のように温暖化も進行しているため、気候変動とブドウの経済樹齢の両面を考慮した長期的な栽培計画が重要になります。

冷涼な北海道では、１９９０年代以前は欧州系ブドウの栽培はごく一部の地域を除いて栽培がむずかしいとされていましたが、１９９０年代以降、栽培適温域の拡大傾向が顕著で（**図２－４**）、ピノノワールやシャルドネの栽培も広がりつつあります。２０５０年代には、高標高の山岳地域を除き、全道が欧州系ブドウの栽培適温域に入る一方で、現在の主生産地では、気候変動に合わせた品種変更の選択が求められる可能性が指摘されています。

収穫期のシャルドネ（10月、北海道三笠市）

利用可能な気象データ

気象庁地域気象観測システムデータ

通称アメダスの名前で知られます。全国約１３００地点（気温と降水量を測定している地点は約８５０地点）で測定されている気象データは、気象庁

直産雑種セイベル13053（北海道富良野市）

のwebサイトから、csv形式でダウンロードして利用することができます。

●過去の気象データ・ダウンロード

https://www.data.jma.go.jp/obd/stats/etrn/

農研機構のメッシュ農業気象データ

農業・食品産業技術総合研究機構（農研機構）が開発した、気象庁の観測データと予測データから作成される全国1㎞の気象データで、1980年以降のデータが利用可能。データ取得のためのエクセルファイルやプログラミング言語python用のライブラリが用意されており、国内の任意地点の気象環境を把握するのに便利です。利用登録が必要だが、無料での試用が可能です（2022年3月時点）。

●メッシュ農業気象データ（公開用wiki）　https://amu.rd.naro.go.jp

なお、本章の気象図のほとんどはメッシュ農業気象データを用いて作成しました。

生育期間における気候の目安

栽培適地の基準

最近10年間（2010～2019年）における、4月から10月（ブドウの生育期間とする）の平均気温、降水量、日照時間を**図2－5**から**図2－7**に、冬の積雪の多さを示す目安として2月の平均積雪深を**図2－8**に示します（いずれも2020年4月、筆者調べ）。

マンズ・レインカット栽培（9月、長野県小諸市）

ちなみに、国内の果樹栽培適地の目安としては、生育期間の降水量が1200㎜以下、気温が14℃以上、冬季にマイナス15℃以下にならないこと、という基準が設けられています。実際には、この基準を満たさない場所でも栽培技術で対応し、醸造用ブドウは日本各地で栽培されています。

多降水にたいしては、圃場の排水性を向上させる技術（暗渠、明渠、深耕、心土破砕、高畝）や、レインカットやグレープガードといった降水による濡れを回避する技術により対応が行われています。

冬季の低温は、積雪があれば回避できるし、気温にたいしては除葉による房温度のコントロールが広く行われて

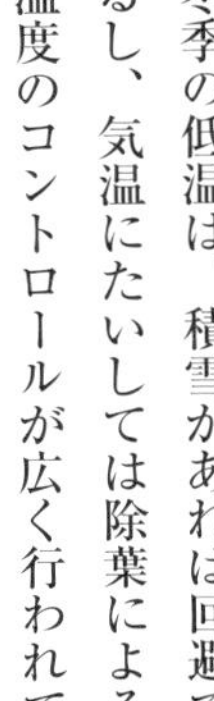

います。新しい技術として、副梢を利用して生育期を後ろにずらすことにより、熟期の果房温度をコントロールする技術があります。

図2－5　4〜10月平均気温
（10年間平均（2010〜2019年））

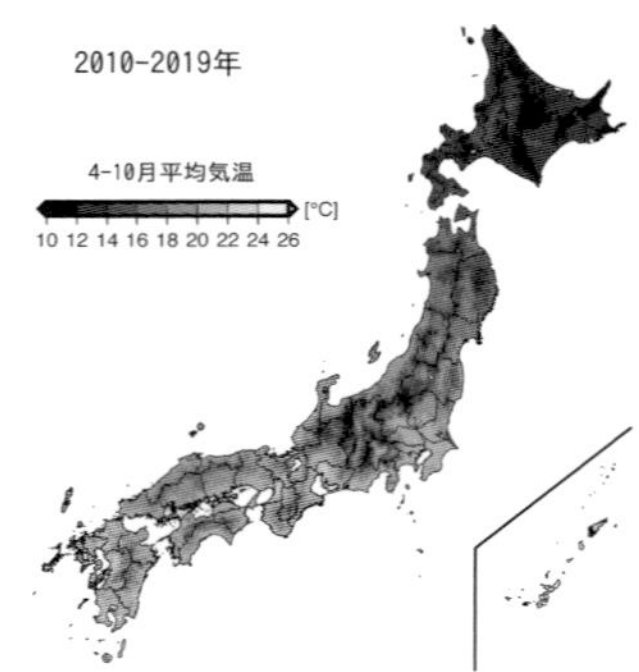

図2－6　4〜10月降水量
（10年間平均（2010〜2019年））

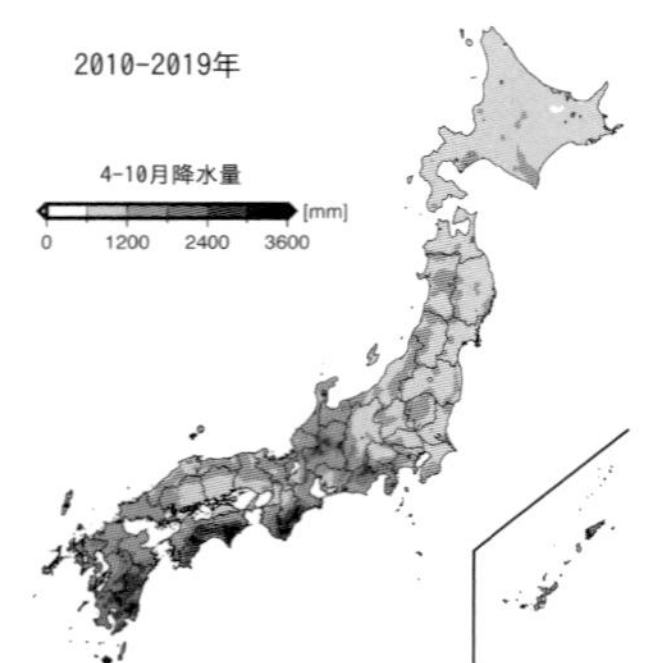

図2－7　4〜10月日照時間
（10年間平均（2010〜2019年））

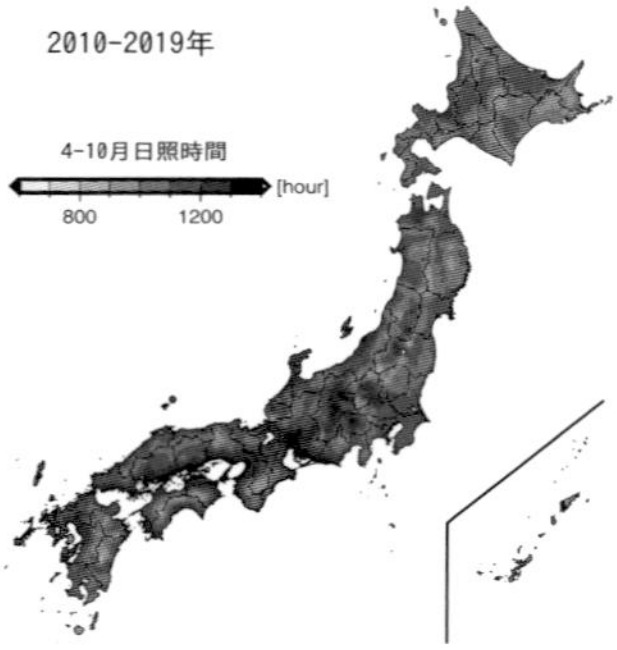

図2－8　2月平均積雪深
（10年間平均（2010〜2019年））

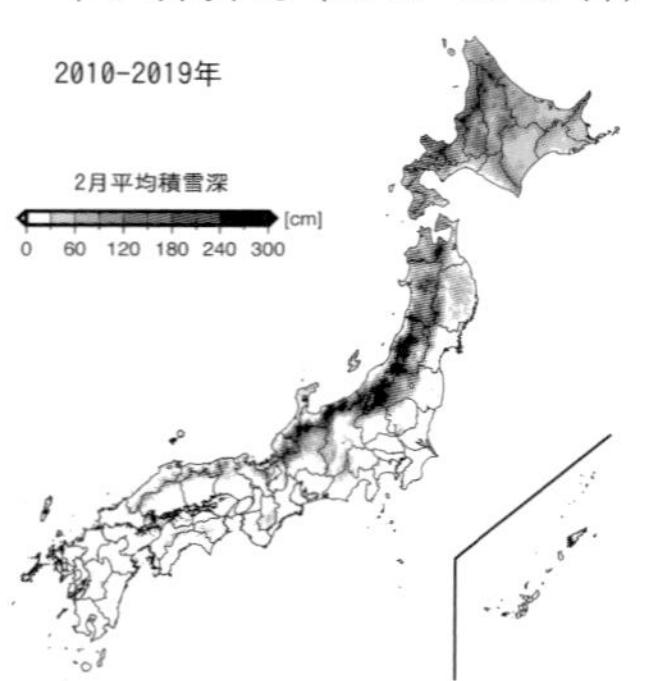

気温と降水量、日照時間

生育期間の各地の平均気温は、山岳域を除いて、10℃から26℃の範囲内にあります。基本的に高緯度、高標高の地域で気温が低いが、春から夏にかけてオホーツク海高気圧の影響を受けて冷たく湿った空気が流れ込みやすい北海道の太平洋側では、より北側にある内陸の空知総合振興局管内や上川総合振興局管内よりも気温が低くなっています。

降水量は、台風の影響を受けやすい九州南部から四国、紀伊半島、伊豆半島までの太平洋側で顕著に多く2000㎜を超えます。

梅雨がないとされる北海道ですが、生育期間の降水量は600㎜は超え、本州と比べて極端に降水量が少ないというわけではありません。山梨県や長野県から東北地方にかけての内陸部では、北海道と同程度か、むしろ少ない地域も存在します。

日照時間は日本海沿岸と山形県から山梨県と長野県にかけての内陸部、瀬戸内海で非常に多くなっています。

積雪

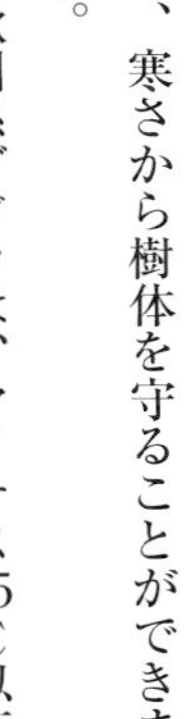

積雪深は能登半島や本州の沿岸部を除く日本海側と、北海道の中央部から日本海側で顕著に多くなっています（図２－８）。積雪が多いと、雪の重みでブドウ樹が物理的ダメージを受けてしまうため、利用可能な樹形が限られます。一方で、積雪に覆われることで、寒さから樹体を守ることができます。

欧州系ブドウは、マイナス15℃以下の低温で凍害を受ける危険性がありますが、樹体が積雪に十分に覆われていれば、積雪下の樹体温度はさほど低温にはなりません。北海道の多雪地域では、①マイナス15℃以下となりうる冬の寒さの緩和と、②物理的ダメージを低減させるために、主幹を低い位置に下げることが可能な、片側水平短梢剪定による垣根栽培が主流です。剪定は、積雪が深くなる前までに終了させて、枝おろしする必要があります。

北海道東部では冬の寒さがよりいっそう厳しいが、積雪が少ないため、樹体を積雪下で保護することができません。そのため、耐寒性の高い山幸などの交配品種が広く栽培されています。

雪による重みは樹体だけでなく、垣根形状をつくるための架線にも影響します。積雪の重みにより架線が引っ張られることで、垣根の中柱や角柱が傾いてしまうため、冬季は架線のテンションを緩め、地上付近におろします。

積雪が柱の上端に達しない場所では、架線を柱の上端に持ち上げる場合もあります。この作業も、先に述べた剪定作業と同様に、積雪が深くなる前までに完了させる必要があるため、北海道の多雪地域では収穫後から根雪の始まる11月末くらいまでは非常に忙しくなります。

もちろん、春の消雪後に針金を元の位置に張り直す作業が必要です。これら一連の多雪地特有の作業（枝おろし、架線の整理、棚上げ（最下段の架線への結束））にかかる作業時間は、年間作業全体の約25％にも及びます。

収穫後、根雪となる前に剪定を終える（11月、北海道岩見沢市）

ブドウ樹は雪に埋もれることで、厳しい寒さによる凍害から守られている（２月、北海道三笠市）

消雪直後のブドウ樹（４月、北海道三笠市）

霜・風

このほか気をつけなければならないこととして、春の遅霜により、萌芽後に低温に遭遇し、当年の芽や葉が凍害を受けることがあります。

一度被害を受けると回復できなかったり、当年だけでなく翌年以降も収量にも影響が出る可能性があり、致命的な被害となります。特に近年、温暖化により萌芽の時期が早まっていることが、かえって遅霜に遭遇するリスクを高めている可能性があります。霜の発生は、冷気が滞留しない場所を選ぶことで被害を軽減できる可能性があります。

適度に風通しが良いことは、病気の発生を防ぐうえで効果が高いが、強過ぎる風は枝が折れるなど、ブドウ樹に物理的なダメージを及ぼす場合があります。また寒冷な場所では、凍害を助長する可能性があります。新しい圃場を選定する際には、通年での風向風速にも考慮するとよいでしょう。

代表的な地点の気象

国内で醸造用ブドウの生産量の多い都道府県や最北・最南の地点など、特徴的な気象条件を持つ16地点を選び、各地の気温、降水量、日照時間、積雪深の月別値を農研機構の「メッシュ農業気象データ」を用いて**図2－9**にまとめました。

なお、各地の気象は、当該地から代表的なワイナリーの圃場位置のものを使用しており、同じ地名を持つ気象庁のアメダス地点の値とはいくぶん異なります。

北海道

生育期（4月から10月）平均気温は12～16℃、有効積算気温は1100～1200℃・日、日照時間は1100～1200時間、降水量は700～900㎜。国内最北に位置し、冷涼な気候と、積雪の存在が大きな特徴です。降雪の多くは北西季節風に伴うもので、日本海側で積雪深が大きく、太平洋側では60㎝以下と少ないです。

北海道日本海側

1．名寄　3．空知　4．余市

冬季の積雪はおおむね100㎝を超えるが、日本海側に位置していても、離島や海岸に近く海洋の影響を強く受ける地域では積雪が少なめで、冬の気温も内陸と比べて暖かいです。生育期間初期の4～6月に日照時間が多く降水量が少ない特徴があります。近年は、冬季降水量が減少し、夏季降水量、特に本州で梅雨期後半以降の7～8月の降水量に増加傾向が見られます。高緯度ほど、5～6月の遅霜に遭遇するリスクが高くなります。

図2－9　各地の月別気象値

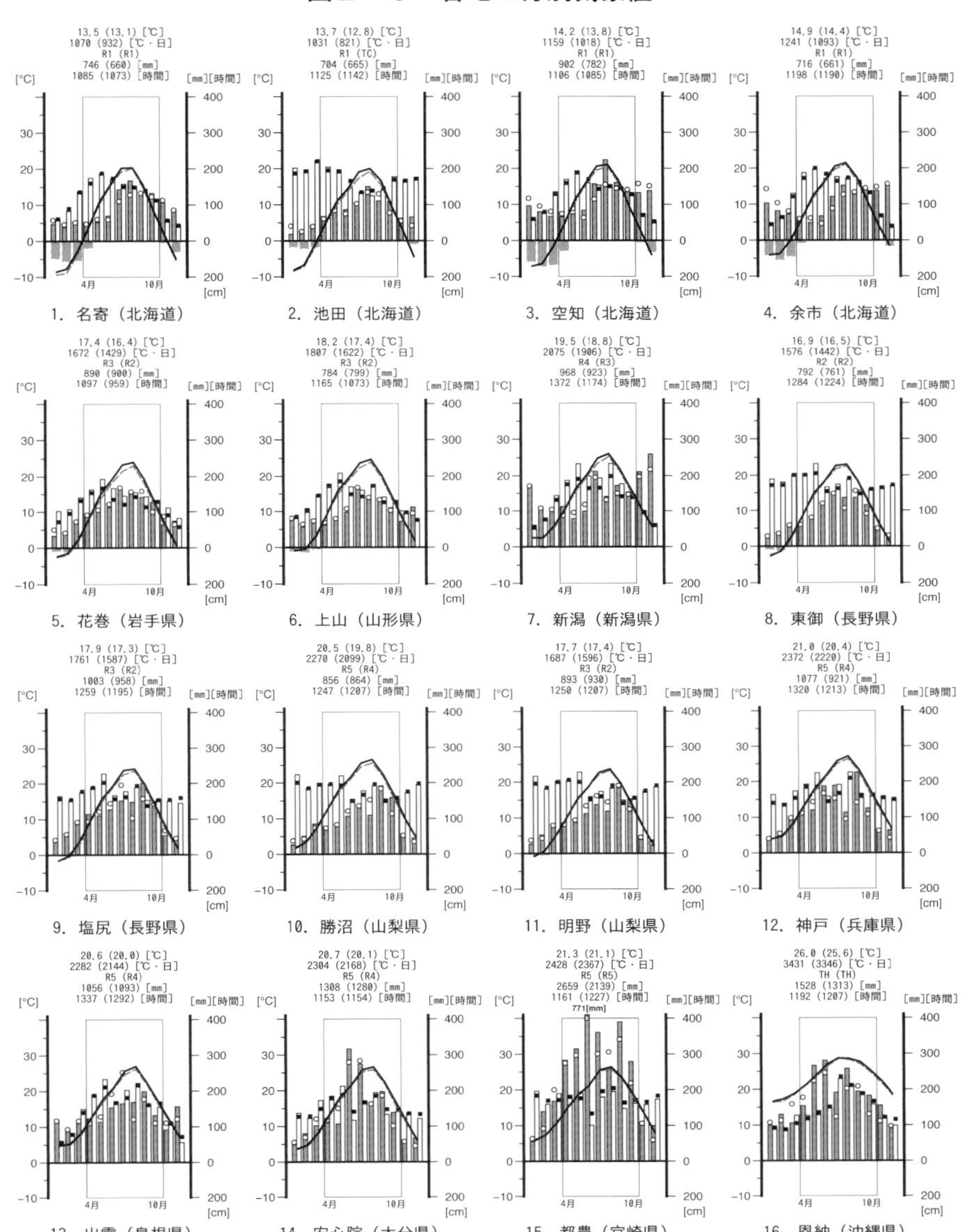

注：①平均気温：折れ線グラフ(実線：最近10年　破線：平年値)
②降水量：灰色棒グラフ(最近10年)、白抜き丸は平年値
③日照時間：白抜き棒グラフ(最近10年)黒四角は平年値
④平均積雪深：下向き灰棒グラフ(最近10年)
⑤最近10年：2010-2019年　平年値：1981-2010年
⑥2020年４月筆者調べ

北海道太平洋側

2．池田

冬季は日本海側とは対照的に、積雪量は少なく、60㎝に満たない場所が多いです。冬季は晴天が多く、冬季の日照時間が全国で最も多い地域の一つですが、そのぶん放射冷却が卓越しやすく、冬季の最低気温はマイナス20℃以下となることもあります。積雪によるブドウ樹体の保温効果が期待できないため、耐寒性の強い交配品種が広く栽培されています。また、7月前後は、オホーツク海高気圧からの東寄りの気流が寒流（親潮）に冷やされて形成される海霧や背の低い雲の影響を受けやすく、日本海側やより高緯度の内陸部よりも日照時間が少なく、積算気温も低いといった特徴があります。

成熟期中盤のケルナー（10月、北海道三笠市）

東北

5．花巻　6．上山

生育期平均気温は14～18℃、有効積算気温は１２００～１８００℃・日、日照時間は１１００～１２００時間、降水量は８００～９００㎜。日本海側では積雪が深くなる地域が多いが、ワイナリーの多くは、内陸の盆地や平野部など、積雪深が比較的少ない場所にあります。北海道ほど冬の寒さは厳しくありませんが、冬季の晴天夜間に最低気温がマイナス15℃くらいまで冷え込むことがあります。

日本海沿岸部（中部以南）

7．新潟　13．出雲

生育期平均気温は18～21℃、有効積算気温は１６００～２３００℃・日、日照時間は１２００～１４００時間、降水量は９００～１６００㎜。冬季の積雪は、高標高で多い場所もありますが、海岸に近いところでは少ないです。降水量は１２００㎜を超える場所が多いが、夏の日照時間が国内で最も多い地域の一つです。

長野県

8．東御　9．塩尻

生育期平均気温は16～20℃、有効積算気温は１０００～１６００℃・日、日照時間は１１００～１３００時間、降水量は８００～１０００㎜。降水量は日本国内では少なく、日照時間も多い土地です。冬季の日照時間がきわめて多く、収穫後の越冬養分の蓄えや、春の萌芽期以降の生育にも良い影響が期待されます。山梨県よりやや冷涼であり、高標高地域では春の遅霜に注意する必要があります。高山村では、村内の標高差（300～800m）による積算気温の違いを生かして、さまざまなブドウ品種が栽培されています。

山梨県

10．勝沼　11．明野

山梨県内でブドウが栽培されているのは、主に甲府盆地とその周辺部に限られます。生育期平均気温は18℃～22℃、有効積算気温は1500～2300℃・日、日照時間は1200～1300時間、降水量は800～1000㎜。長野県と同様に、降水量は日本国内では少なく、日照時間が通年で多い場所です。積算気温は、甲府盆地東部の甲州市勝沼の2300℃・日から、甲府盆地北西部の北杜市明野の1700℃・日となっており、標高により気温条件が大きく異なります。近年は高標高地域へのブドウ栽培の拡大が顕著です。

垣根仕立て（10月、山梨県北杜市）

雨よけ栽培（7月、大分県宇佐市）

瀬戸内

12．神戸

生育期平均気温は18～23℃、有効積算気温は2100～2500℃・日、日照時間は1200～1400時間、降水量は800～1400㎜。日本海沿岸部とともに、夏季の日照時間がとても多いです。冬季の日照時間も多く、冬季降水量が少ない点が、日本海側（沿岸部）と大きく異なる点です。

九州

14．安心院　15．都農

生育期平均気温は18～23℃、有効積算気温は2100～2500℃・日、日照時間は1100～1200時間、降水量は1200～3000㎜。梅雨前線の影響を受ける6～7月の降水量が特に多いです。九州南部では、梅雨前線と低気圧の通過の影響を受けやすいこと、台風の通過に伴う東側斜面での降水量が多いことが加わり、夏季降水量は2000㎜を超えます。

沖縄

16．恩納

生育期平均気温は24～26℃、有効積算気温は3300～3600℃・日、日照時間は1100～1300時間、降水量は1300～1600㎜。最寒月の月平均気温が15℃を超えます。そのため、休眠覚醒のための低温要求が必要なブドウ品種の生育はむずかしく、休眠性のほとんどないリュウキュウガネブが自生しています。梅雨前線の影響を受ける5～6月の降水量が特に多いです。

醸造用ブドウの生育予測

発育ステージの予測

生育状況を把握

日本は海外産地と比べて降水量が多く、多湿な環境にあります。そのため、病害虫の発生リスクも高く、適切な防除管理が、醸造用ブドウの安定生産には欠かせません。特に開花期のやわらかい花穂への灰色かび病などの感染を防ぐための防除管理は、その年の収量に大きく影響します。

ブドウの開花（甲斐ノワール）

しかしながら、年々の気象変動による生育の違いにより、年によって開花期は2週間以上も変動することがあります。また、品種ごとに早晩性の違いもあるため、多品種の栽培管理をしたり、畑が分散したりしている場合などは、重要防除期を見逃さないよう、ブドウの生育状況の把握に特に注意する必要があります。

そこで畑での気象データを基に、開花期やベレゾン（果粒軟化）期などの発育ステージを気象データから予測することは、醸造用ブドウの栽培管理において有効な手段と考えられます。

作物の発育ステージを予測する方法としては、有効積算温度に基づくものや、発育予測モデル（例えば、杉浦他1991）によるものがあります。

果粒肥大期終盤の着色の始まり（岡山県新見市）

有効積算温度による方法

前者の有効積算温度による手法は、ウインクラーの区分で使われているものと同様で、植物の発育が進むとされるある一定以上の気温（10℃がよく使われる）について、日々積算していくものです。

例えば、ブドウの萌芽期から開花期

までの積算温度をあらかじめ調べて決めておくと、毎日の気温データを基に有効積算気温を計算することができ、いつ頃開花するかを判断することが可能となります。

気温データは、自分の畑で観測して得られるのがいちばんですが、観測データが得られない場合は、最寄りの気象庁のアメダスデータや、メッシュ農業気象データなどで代用すればよいでしょう。

成熟期中盤のソービニヨンブラン（9月、北海道余市町）

発育予測モデルによる方法

後者の発育予測モデルの手法は、単位時間当たり（例えば1日や、1時間）ごとの発育速度（Developmental Rate：DVR）について、気象要素を変数として計算し、その積算値を発育指数（Developmental Index：DVI）として考えるものです。

例えば、萌芽のDVIを0、開花のDVIを1とすると、萌芽日からの日ごとのDVRを積算して1に達した日を開花日の推定日とします。ブドウに限りませんが、一般に作物や植物の発育と乾物重量の増加とその環境温度には、**図2－10**のような関係が知られています。つまり、ある温度以上では気温が高いほど発育が速いが、その発育速度が頭打ちとなる温度が存在します。なお、有効積算温度に基づく方法では、高温時に発育が頭打ちとなることが表現されません。

この発育予測モデルを数式に表すと以下のようになります。

図2－10　温度と作物の発育速度、乾物重の増加量の関係

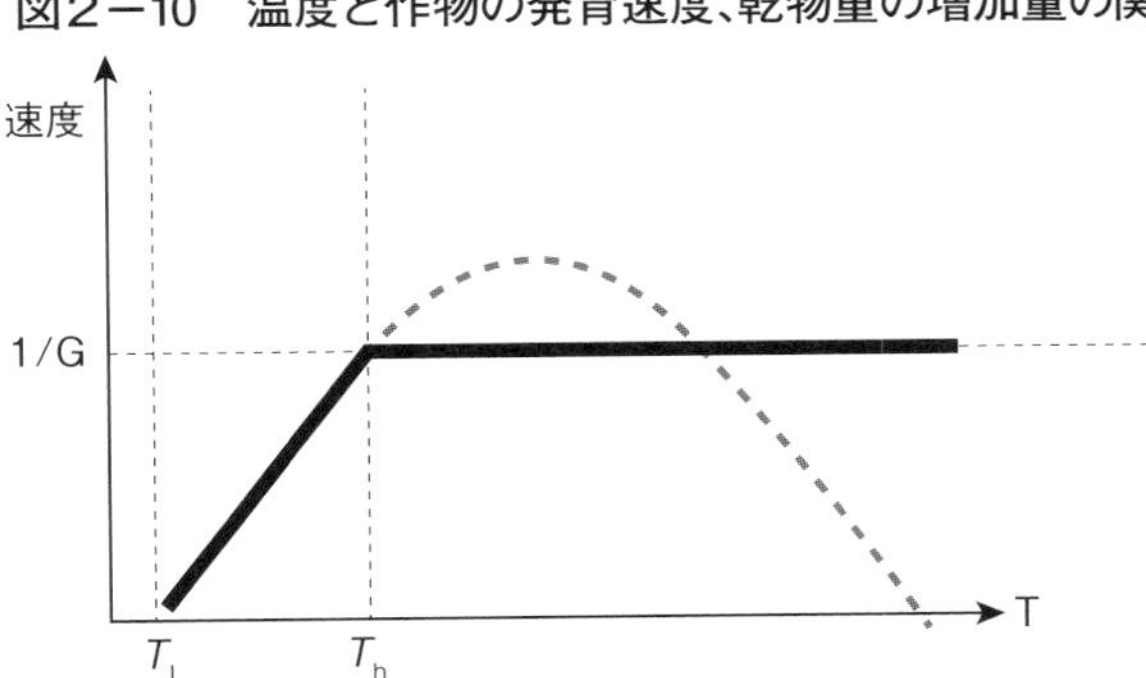

注：①実線：発育速度　　破線：乾物重量増加量
　　②T_l, T_h, 1/G は本文中の式（2）の変数に対応

（1）　DVI（発育指数）＝DVR（発育速度）

$$DVR = (T - T_l)/(T_h - T_l) \cdot 1G \quad (2)$$

ここで、Tは日平均気温、T_lは生育下限温度、T_hは生育が頭打ちになる温度、Gは次の生育ステージに到達する最短日数の意味を持ちます。ワイン用ブドウの場合、T_lとT_hはおよそ10℃と19℃とされるが、品種によって多少異なるようです。

品種による早晩性の差は、主にGによって表現されます。式（2）の変数T_l、T_h、Gを求めるには、ブドウの生育期のデータと気象データのセットを、多く集める必要があります。この方法による推定式の推定精度は、萌芽期から開花期までは3日程度、開花期からベレゾン期（果粒軟化期）は6日程度とされます。

晩熟のサンジョヴェーゼ（9月、山梨県笛吹市）

果汁成分の予測

ベレゾン期以降、ブドウ果粒中の糖度は増加し、酸度は低下していきます。アルコール濃度10％以上のワイン醸造時に補糖しないためには、十分な糖度（BRIXで20程度）に達することが必要ですが、ワインは酸味も味の重要な要素であるため、酸度が低下し過ぎるのも好ましくありません。

春先、枝の切り口から樹液が滴るブリーディング現象（北海道三笠市）

一方で冷涼な地域では、晩生品種を栽培すると糖度が上がらず、酸度も高いままで収穫することとなります。品種によっても特性が異なり、気象条件からの醸造用ブドウの各種果汁成分の予測については、精度の高い推定はまだ実現できておらず、よりいっそうの研究的な取り組みが必要です。

翌年の萌芽の予測

ブドウは落葉果樹に分類されますが、落葉果樹の年間の生活環は、発芽期から落葉期までの生育期と、落葉後の休眠期とから成っています。

生育期には、萌芽・展葉—新梢成長—開花・結実—果粒肥大—ベレゾン—成熟を得てブドウを収穫するためには、ある一定以上の温度と日射量が必要です。その後、落葉した後の休眠期は、自発休眠と他発休眠とに分かれますが、前者の休眠の完了には一定の低温を経験することが必要であり、これを低温要求量と呼びます。後者は、自発休眠は完了しているが、生育環境の不良（低温など）により生育期への移行が遅れている状態です。

このように落葉果樹には生育期と休眠期の温度条件が存在し、両者が落葉果樹の栽培北限と南限を規定することとなります。

落葉期の醸造ブドウ栽培見本園（山梨県甲府市）

自発休眠を打破する低温の目安として、7・2℃という温度が使われ、ブドウ（生食用の巨峰の場合）低温要求時間は400時間と他の落葉果樹（カキ：700時間、モモ：1200時間）と比べて少ないが、気温が10℃を下回ることが少ない沖縄県ではこの低温要求量を満たすことはできず、低温要求性がほとんどない品種に栽培が限られます。

発芽、展葉（植えつけ3年目、アルモノワール）

＊

ここで述べた発育ステージの予測、果汁成分の予測、翌年の萌芽の予測が精度良く行えるようになると、当年の栽培管理に役立つだけでなく、現在および将来の気候条件下において、最適な栽培品種選択を考える際に有効な情報となります。これを早期に実現するためには、日本各地で栽培される醸造用ブドウの生育や果実成分に関するデータを共有・蓄積していくことが重要です。

〈参考文献〉

阿部ら 2020：『北海道のワイナリー』、北海道新聞社、160pp、北海道

井上ら2019：山梨県内の標高が異なる圃場における'シャルドネ'および'メルロー'の生育および果実成分の差異・日本ブドウ・ワイン学会誌、30、111—120

大垣ら1987：『果樹園芸』文永堂出

版、東京、330pp
鹿取2016：日本ワイン北海道・虹有社東京都131pp
岸本ら2017：マスカット・ベーリーAの副梢果房を用いた赤ワイン醸造におけるマストとワインの成分組成・日本醸造学会誌112、442—451
鬼頭ら2018：ブドウ栽培に関する気象指標を用いた日本の地理的分類、日本ブドウ・ワイン学会誌、29、23—31
杉浦ら2012：果樹の生育変化と異常・地球環境17、75—81
日本ソムリエ協会2020：日本ソムリエ協会教本J．S．A．：日本ソムリエ協会東京都749pp
根本2019：気象データを活用したワイン用ブドウ栽培支援システム、果実日本74（3）、67—72
農研機構、メッシュ農業気象データ利用マニュアルVer.4、農研機構webサイト https://www.naro.affrc.go.jp/publicity_report/publication/pamphlet/tech-pamph/130315.html（2020年4月10日）
農研機構、ワイン用ブドウ栽培支援情報システム利用マニュアル第2版・農研機構 webサイト https://www.naro.affrc.o.jp/publicity_report/publication/pamphlet/tech-pamph/130066.html（2020年4月10日）
北海道農政部2019：北海道農業生産技術体系（第5版）、北海道農業改良普及協会札幌541pp
松井1989：日本原産野生ブドウの生理・生態学的特性・日本醸造協会誌84、687—693
戸塚ら2018：新ワイン学・ガイアブックス東京288pp
髙橋ら2017：日本のワイン・イカロス出版東京465pp
中川・堀江1995：イネの発育過程のモデル化と予測に関する研究：第2報幼穂の分化・発達過程の気象的予測モデル日本作物學會紀事64、33—42
三澤ら2013・垣根仕立栽培による「甲州」ブドウおよびワインの品質特性、日本ブドウ・ワイン学会誌、24、145—152
Jones et al.2010:Spatial Analysis of Climatein Winegrape Growing Regionsinthe Western United States. AmericanJournal of Enology and Viticulture,61(3),313-326
Gladstones2011:Wine,Terroir and Climate Change.Wakefield Press, Kent Town290pp
Nemoto et al. 2016: Prediction of climatic suitability for wine grape production under the climatic change in Hokkaido. Journal of Agricultural Meteorology. 72, 167-172.
Winkler et al.1974:General Viticulture 2nd Edition.（望月ほか（訳）2017：ブドウ栽培総論（改訂版）山梨県ワイン酒造組合）

第３章

園地の開設と植えつけの実際

山梨県ワイン酒造組合
齋藤 浩

植えつけ３年目の園地（垣根仕立て栽培、ケルナー）

開園の目的と栽培地の選定

ブドウはしたたかな植物

養分を蓄える

そもそもブドウとは、どんな植物なのでしょう？

樹が葉を落としている休眠状態の時期に、植えつけから5～6年経った樹を、別の場所に移し替えようと幹のまわり直径30～50㎝を掘り起こして抜きます。すると根はブチブチと切れてしまいます。初めて見る人は、

「そんなに根を切ったら、ブドウが枯れてしまうのでは？」

と心配になるかもしれません。しかしながら、それだけでブドウは枯れることはありません。それくらい根を切ってしまっても、十分移植に耐えるのです。

そもそもブドウというのは、ものすごくしたたかな植物です。冬の間に植え替えておけば、翌春には新芽がたくさん出てきます。

根（マスカットベーリーA）

根を切り詰める

樹自体が養分を蓄え、栄養貯蔵庫

ブドウは樹そのものが栄養貯蔵庫の役目を果たしていて、自身に蓄えた養分で枝葉を出します。枝葉が出れば光合成が始まって、花や実をつける。そして全体を維持するために、新たに根が生える。そんな植物なのです。

根の深さ

日本でブドウを植えると、根の深さはせいぜい1～1・5m程度です。ところが海外では3～7mくらいまで伸びることもあります。この違いは日本の土壌と降水量が関係します。降水量が少なく砂礫の多い海外の産地では、ブドウの根は地下水を求めて地中深くどんどん伸びていきます。

しかし、海外でも粘土質の多い産地では、根はせいぜい80㎝ほどにしか伸びません。というのも、それ以上深い場所へ伸びても空気がないので窒息してしまうからです。このような土壌や気象状況を有する日本では、あまり深い場所まで根は伸びません。

では、このことが不利になるかというと、必ずしもそうではありません。根が80㎝くらいしか伸びない産地のワインが、世界的に評価されている事例もあるのです。

雨が降らない銘醸地

地中に余分な水分が多過ぎると、地上では枝葉がいたずらに繁茂し始めます。このような条件がずっと続くとあまり花芽をつけなくなり、果実もよく熟さず結果的にいい実をつけなくなってしまいます。ブドウの生育を見ると、葉が出て新しい枝が伸び始め、その新しく伸びた枝に花が咲き、果実が実ります。

新梢が伸び始める（カベルネフラン）

この枝が伸びてゆくまでの過程を「栄養成長」、そして花が咲き、いよいよ果実が甘く熟すまでの過程を「生殖成長」といいます。ブドウの育つ土壌にあり余る水分と栄養分がたくさんあると、ずっとこの栄養成長が勝ってしまい、実を熟させることがおろそかになってしまいます。

適度なストレスがなければブドウはおいしくならない。人間も同じです。ですから諸外国の銘醸地というのは、何かしらブドウにとってのストレスのある場所であることが多いのです。例えば米国カリフォルニア州のナパバレーでは、4月から10月の終わりまで、ほとんど雨が降りません。だからブドウに適度なストレスを与えつつ、必要最低限なぶんだけ水分を供給することができるのです。つまり生育をコントロールできる。新大陸の産地には、そんな利点があるのです。

一方、日本はブドウの成長期である春から夏にかけ、大量の雨が降ります。降ってしまった水分を土から抜くことは容易ではありません。ですから、ある程度水はけのよい土地を探したいものです。

栽培方式は棚か垣根か

昔話の「さるかに合戦」を思い出してみてください。

「早く芽を出せ、柿の種。でなけりゃお前をちょん切るぞ！」

かにはそうやって、柿に毎日水をやって、成長を促します。その樹がほかの家よりも早く太く、大きくなることが勤勉のあかし。私はそこに日本人の植物にたいする感性がよく現れていると思います。

棚栽培に見るような「疎植大木の一本仕立て」というのは、1本でものすごい面積を占有します。1本がどこまでたくさん実をつけるかを追求する。一方、垣根栽培というのは、それとは全く違った手法でブドウを育てる様式です。

まず、棚栽培の利点と欠点について考えてみましょう。栽培するブドウ品種、例えば山梨の甲州のように、生育が旺盛な品種については棚栽培が適していると思われます。このように旺盛な品種を狭い範囲で栽培しようとすると、前述のように栄養成長が勝り、満足のゆく収穫が得られないことになります。

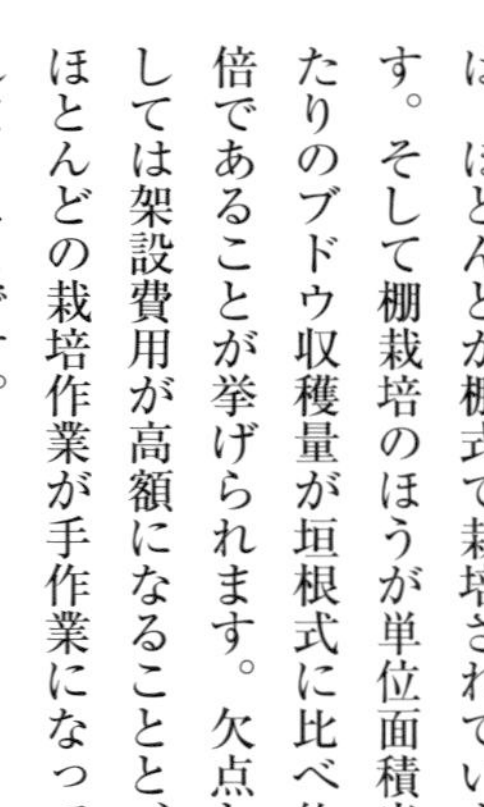

棚栽培（甲州）

現在、日本で多く栽培されている甲州、マスカットベーリーAなどの品種は、ほとんどが棚式で栽培されています。そして棚栽培のほうが単位面積当たりのブドウ収穫量が垣根式に比べ約倍であることが挙げられます。欠点としては架設費用が高額になることと、ほとんどの栽培作業が手作業になってしまうことです。

一方、垣根式栽培では摘心など一部機械化が可能となります。果実の実る位置が一様であり、また新梢の誘引など、棚式の場合は手を頭上に上げなければならないのにたいし、立った姿勢のまま作業ができるため、作業性も軽減できます。単位面積当たりの収穫量は少ないのですが、全体の作業時間から費用対効果を考えると棚式を上回っているようです。

垣根栽培（シャルドネ）

ブドウ栽培に適した条件

近年、「自分で醸造用のブドウを栽培し、やがてワインを造りたい」との思いで、就農を目指す人が全国的に増えています。

醸造用ブドウは自営農園用なのか、受け入れ先となるワイナリーとの契約栽培用、もしくは委託醸造用なのか、見当をつけたうえで、栽培適地を探していかなければなりません。

好条件の候補地は少ない

開園を思い立ったら、まず探さなければならないのが、ブドウを栽培する農地。自前の農地や、親戚縁者、知り合いに、土地を譲ってくれる人、もしくは貸してくれる人がいればよいのですが、なかなかそういうつてがないこともあるでしょう。

その場合、地方の農村を訪ねて候補に挙がってくるのは、かつては耕作されていたけれど、やむなく放置されてしまった遊休荒廃地というケースが少なくありません。というのも、野菜や果樹の栽培に適した好条件の耕作地を手放す人は少ないので、高齢者が栽培を継続していたり、後継者が週末だけ通って親を手伝っていることが多いのです。

幾何学模様の垣根栽培が広がる（フランス・ブルゴーニュ）

「それでもワインを造りたい」という人たちに紹介される候補地は、急傾斜だったり、車道から少し離れていたり。あまり好条件とはいえない場所が多いのですが、それでもそこを借りて、果敢に栽培を始める人もいます。

では、具体的にどんな条件を満たした場所が適しているのでしょう？

気候の目安

気温

ブドウは世界じゅうで広く栽培されていますが、北半球では北緯20～50度、南半球では南緯20～40度の間に主要産地が存在しています。これらの産地は平均気温10～20℃の範囲内にあります。

北半球の主要産地では、極寒地では最低気温がマイナス20℃を下回ることもありますが、雪の下や地中に枝を埋めることで、凍害を防いでいます。

降水量

欧州系のブドウは一般的に乾燥を好み、米国系ブドウは湿潤に強い性質があります。全体的に見ると年間降水量５００～１６００㎜の地域に主要産地が存在しています。日本はブドウの生育期間に降雨が多いので、事前にアメダスなどの統計資料から検討することが望まれます。

日照時間

生育期の4～10月の日照時間が、１５００時間程度必要となります。

風の強さ

強い風の多い所は、葉がこすれたり枝が折れたりする原因になるので、地域の気象をよく調査しておきます。

農地の検討

農地の傾斜

一般的に「日当たりの良い、南向きの傾斜地」が適しているといわれているが、夏場日中の気温が30℃を超える地域では、高温障害が起きることがあります。南面に限定せず、見晴らしよい丘や、緩やかな傾斜地であることが望まれます。

土壌の種類

ブドウは他の果樹に比べ、土壌適応性は広く、極端な排水不良地でないかぎり、栽培が可能です。日本は火山灰地が多く、肥沃なために樹勢が強くなることが多いので、ブドウの生育に応じた肥培管理が望まれます。

水はけ

地下水が高い場所や水はけが悪い場所の場合、水の「逃げ道」をつくるため、明渠や暗渠による排水対策が必要となります。

土壌を理解し、
必要に応じて施肥

まず地質と土壌を知る

自前の土地でも親戚縁者に借りた土地でも、悪条件の遊休荒廃地でも、日本で栽培を始める前に確認すべきことがあります。それは、これから作付けを始める場所の地質と土壌。畑の基盤となる土壌の特定と性質です。その地域は、火山灰土か堆積土か、水はけは良いのか悪いのか。

その手がかりとなるのが、農研機構のHPに掲載されている日本土壌インベントリーです。全国の農地の土壌についての情報が網羅されています。さらにその地域で主に栽培されている作物や、作付け条件、基本的な施肥量の情報までわかるようになっています。

例えば火山灰土には、いくつか種類がありますが、そのなかでどんな火山灰か。さらにそこは農地として使われている場所なので、どんな性質の畑なのか知ることができます。

前作から読み取れること

とはいえ、誰もが諸条件のそろった好立地の圃場で栽培を始められるわけではありません。そんなときは、いかに土壌や水はけを改良していくかが、課題となります。

また、新たに醸造用ブドウを植えつける前に、同じ場所でどんな作物を栽培していたかも、農地を選定するうえで大きな判断基準になります。その場所が醸造用ブドウの栽培に適しているか否か。同じ場所で以前は何をつくっていたかがある程度目安になります。

桑畑の場合

かつて養蚕が盛んだった頃、傾斜のある畑の多くには、桑が植えられていました。桑というのは霜に弱い作物で、ジメジメした土地を嫌います。か

園地の環境と圃場の規模・整備

全国に広がるワイナリー

改めて日本全体を見渡してみると、山梨、長野、山形……。実際に醸造用ブドウの栽培が盛んなのは、内陸の盆地が多いことがわかります。

標高の低い中央の平地は水田で、斜面が果樹園になっている。周囲を高い山に囲まれているぶん、雨雲が遮られ、雨量が少ないためです。さらに夏場は暑いので、成長に必要な積算温度も得られます。

内陸部にワイナリーが増加（京都府京丹波町）

ワイナリーが増えた理由

そもそも山梨には、千年以上前から甲州というブドウが存在していたのに、明治期に入り西洋の食文化が持ち込まれるまで、誰もお酒にしようとしなかったのはなぜでしょう？　それは日本には潤沢に水があるから。果実を搾ってまで飲もうという必然性がなかったのです。

ワインの起源は、収穫したブドウが野生酵母のはたらきで、お酒になったことが始まりといわれています。水が少ない地域では、ブドウが大地から吸い上げた水分が水代わりとなり、保存性を高めるためにワインを造るようになったわけです。

中世になると、アルコールは労働者のカロリー源としても重宝されました。また、キリスト教とのつながりも深いので、布教と一緒に広まっていきましたが、水が豊富で、米から酒を造っていた日本では、長い間ブドウを育てて搾り、発酵させるという必然性はなかったのです。

それでも日本では、果実が豊富で比較的雨の少ない山梨、長野、山形県を中心に、徐々にワイナリーが増えていきました。

それに拍車をかけたのは、遊休荒廃地の解消事業でした。かつて筆者が所属していたメルシャンでは、２００３年に長野県上田市に地元の農地をお借りして椀子（まりこ）ヴィンヤードを開きました。ここは遊休荒廃地解消のモデル事業でもあったので、開園直後から全国から役人や議員の人たちが続々と視察に訪れていたのを記憶しています。

●メルシャン椀子ヴィンヤード
https://www.chateaumercian.com/winery/mariko/

地域により異なる条件

もともと醸造用ブドウの栽培が盛んな地域以外にも、続々とワイナリーが設立されるようになりました。国税庁の調査によると、全国で日本ワインの生産量が最も多いのは、序章でも触れていますが山梨県で５５０３kℓ。続いて２位は長野県で３５９９kℓ。３位は北海道で３２９４kℓ。４位は山形県の１３７０kℓとなっています。

メルシャンの椀子ヴィンヤード（長野県上田市）

２０１９年（令和２年調査分）、日本のワイナリーは３６９。全国47都道府県のうち、奈良県と佐賀県、沖縄県以外、すべての都道府県にワイナリーが存在しています。最もワイナリーが多いのは、山梨県85、続いて長野県55。ワイナリーの新設が目覚ましい北海道42、山形県17、岩手県11と続いており、日本全体を見渡すと上位5道県が約半数を占めています。

また、栃木県のココ・ファーム・ワイナリーは、農福連携型のワイナリーとして有名。南国宮崎県で25年以上の歴史を持つ都農（つの）ワインなど、個性的なワイナリーも各地にあります。

一方、本州では、なかなか地続きの広い農地を借りることがむずしいうえに、地主は離農して農地を手放しても、元の住居に住み続けることが多いので、新規にそこで耕作を始める人は、別に住居を借り、畑に通わなければなりません。また、北海道の農家には、だいたい大きな倉庫があります。これを生かしてそのままワイナリーをつくることもできます。

北海道でいま、新興ワイナリーが増えているのにはわけがあります。もともと畑作や酪農が盛んで、１ha単位のまとまった農地の購入や貸借がしやすい。近年、北海道でワイン造りを始める人が増えている背景には、そんな環境や制度上の違いもあるのです。

●日本ワインファンサイト
https://nihonwine-fun.nta.go.jp/about/

●ココ・ファーム・ワイナリー
https://cocowine.com/

●都農ワイン
https://tsunowine.com/

酒造免許と醸造量

専業なら「年間6kℓ」が目安

醸造用ブドウを栽培して、ワインを製造し、販売するには酒造免許が必要です。それには最低限の醸造量が定められていて、普通免許は6kℓ、ワイン特区の場合は2kℓになります。

ワイン特区の考え方は、どちらかというと「宿やお店で自家製のお酒を出したい」という地元のホテルや民宿、レストランの経営者のために設立された制度で、お米の産地ではどぶろく特区、リンゴの産地ではシードル特区が生まれています。

酒造免許は、年間6kℓ以上の醸造量が必要

ですから本業のかたわら、副業として自家製ブドウでワインを造る方たちにとって、2kℓというのは適正な醸造量ですが、ワイン専業でこの量で生計を立てるのはむずかしいでしょう。自らブドウを栽培してワインを醸造、販売することで生計を立てるには、最低でも年間6kℓの醸造量というのが目安になります。

6kℓに必要な原料ブドウ

では、6kℓのワインを醸すには、どれだけの原料ブドウが必要になるのでしょう?　通常1kgのブドウから750mℓのワインができます。この割合で計算しますと、6000÷0・75＝8000で、約8tのブドウが必要になります。

仮に垣根栽培でスタートして、10a当たり1tの収穫が見込めるとしましょう。すると最低80a、できれば余裕を持って1haの農地があれば「年間6kℓ」を確保できる計算になります。とはいえひと口に1haといっても、地続きでこれだけの広さの農地を確保するのは本州ではかなりむずかしく、北海道もしくは長野県の一部しかないというのが現状でしょう。

農地の確保

例えば、すでにブドウの樹が植えられていて、「誰か借りてほしい」という場所に新規で参入したとします。その場合、そこに植えられたブドウもそっくり引き継ぐことになります。

山梨県の場合ですと、生食用の品種と、甲州、マスカットベーリーAなど、生食・醸造兼用品種が植えられている場所もあるので、そこを引き継いで既存の醸造品種を生かして、生食用品種は少しずつ改植していく……そんな方法で生産量を上げていくやり方もあります。

一方、新しいワイナリーが続々と登場している長野県東御市では、かつて桑園だった農地を整備して、27haに及ぶワインの生産団地を造成しました。新規就農者を積極的に招き入れ、国内有数のワインの製造拠点を目指しています。このように、地域によってはワイン造りを目指す新規就農者の支援に力を入れている自治体もあります。

また、当然ながら農地（購入・賃借）は農地法に則って農業委員会に申請し、許可を受ける必要があります。さらに公的機関、団体の協力を得て農用地利用集積計画を取りまとめ、農地の権利移動を円滑に行うこともできます。なお、新規就農者への種々の就農支援制度についても把握しておきたいものです。

つねに情報収集を怠らず、気になる場所があれば現地を訪れ、担当者や先に就農した先輩の話を聞くなどして、拠点を検討し決めていきます。

開園にあたり、必要なもの

新規就農者として、栽培する農地が決まったら、さしあたって以下の設備や車輌、機械が必要です。

住宅と施設

住宅など

農地が決まったら、その近くに住まいが必要になります。借りた農地と住宅がセットになっている場合は、その家を確保。そうでなければ農地から近いところの農家の空き家を探します。

一般的な農家には母屋とは別に作業場や倉庫などの施設があるので、ゆくゆくは倉庫を改築して、醸造所にしたい。そんなビジョンも描きながら、物件を探すとよいでしょう。

車輌と装備

農機具などは現代の農業に不可欠ですが、多額の資金を投じなければならないこともあり、新規就農者にとって大きな課題です。最初は最低限必要なものだけをそろえ、経営を軌道にのせて充実させていくことが大切です。

軽トラ

軽トラは農機具や肥料、資材、収穫物の運搬に欠かせません。

トラクタ

野菜畑のように畑全体を深く掘り起こすことはないので、あまり大型のものは必要ありません。耕耘だけが目的ならば20馬力もあれば十分ですが、トラクタを動力として駆動する除草機、夏場に伸びた枝の摘心を行うバリカンのような機械、収穫物を運ぶ運搬車など多様な用途で使えるので、30馬力程度のものをそろえておいたほうがよいでしょう。

SS（スピードスプレイヤー）

SSはタンクに農薬や液肥を積んで、園内を走行しながら一斉に散布するマシン。果樹農家の必需品です。苗木を植えつけて間もない最初の1年は、背中に背負うタイプの動力噴霧器（動噴）で十分なのですが、2年目からは枝葉も伸びてくるので、必要になります。

小規模な園地の場合は、軽トラの荷台に乗ってそこから動噴で散布する方法もあります。しかし30a以上の畑で散布するなら、SSを使うのが望ましいでしょう。

そのほか

先々に必要となるのが、園地通路や株間の除草機、垣根の側面を上部の葉を同時に剪定するリーフカッターなど。なお、垣根仕立てを架設するときの資材は第4章や巻末の付属資料②で触れます。

苗木の需給事情と健苗確保

苗木の調達にあたって

東日本大震災以降、東北をはじめ各地に新設ワイナリーが誕生しました。と同時に、それらの生産者が苗木不足に陥る現象が続いていました。それまで醸造用ブドウの苗木の需要は一定数だったのに、いきなり苗木屋さんに2～3倍のオーダーが舞い込んでもすぐには対応できない。それにはブドウ樹ならではの理由があります。

ウイルスフリー苗が必須

例えば、冬の時期生産者が増殖したい品種の穂木を苗木屋さんに持参して、「これで苗木をつくってほしい」と依頼します。苗木屋の担当者は冬の間に台木とその穂木を接いで、春になると自前の畑にそれを植えつけ、1年間そこで育てます。そして翌春ようやく苗の配布が始まります。つまり穂木を渡して注文してから、2年先にやっと自園に植えつけることができる。それくらいタイムラグがあるのです。

台木栽培が必須な理由

ブドウはなぜ、台木に穂木を接いで接ぎ木栽培しなければならないのか？　それには歴史的な背景と理由があります。ブドウは挿し木をすれば、発根活着できるので、栽培が始まった紀元前数千年前から19世紀まで、ヨーロッパを中心に自根栽培が行われていました。

野生種が持つ抵抗性

ところが、１８６０年代にフィロキセラ（ブドウネアブラムシ）が、北米からヨーロッパに運ばれてしまいました。ヨーロッパ系のブドウは抵抗性がなく、天敵も存在しなかったので、フィロキセラはヨーロッパ全土に広がり、ブドウの樹はことごとく枯れ始めました。

このピンチを救ったのが台木栽培でした。１８８０年代に北米の野生種を調査した結果、数種の野生種がフィロキセラにたいする抵抗性を持つことが判明したのです。これらの野生種を交雑して台木品種が生まれ、これに穂木を接いで栽培することで、ヨーロッパではブドウ全滅の危機を脱することができたのです。

日本でも台木輸入で安定栽培

日本では、ブドウ栽培が始まった明治初期、北米から輸入されたブドウの苗木とともにこの害虫が持ち込まれてしまいました。それと一緒に北米起源のカビ病菌も日本に持ち込まれてしまいました。

当時、日本では積極的にブドウ栽培を普及させていたのですが、カビによる病害、根はフィロキセラにより衰弱するというダブルパンチを受け、普及はなかなか進みませんでした。その後、明治末期から大正初期にかけ、抵抗性のある台木が輸入され、ようやく安定した栽培が可能になったのです。そのため、現在は世界じゅうで台木による栽培が主流となっています。

有効な台木品種

台木品種の分類

ブドウに多様な品種があるように、台木にも穂木の性格や植えつける土壌、栽培の目的などによって、さまざまな品種があります。大きく分けると穂木の樹勢を旺盛にする「喬性台木」、反対に樹勢を抑える「矮性台木」、その中間の性質を持つ「半矮性台木」に大別されます**（表３－２）**。

同じブドウでも生食用の品種には、テレキ５ＢＢや１２０２など、半矮性の台木が推奨されてきました。しかし、醸造用ブドウには粒の肥大や玉張りの良さはあまり要求されないので、穂木品種の樹勢を抑える矮性台木が有効と考えられています。以下、日本の醸造用ワインに適した台木を紹介します。

矮化性台木の主力品種

グロワール（リパリア・グロワール・ド・モンペリエ）

矮性台木。醸造用品種では、肥沃な

圃場で有効な台木の一つ。特に新梢伸長が旺盛で樹勢コントロールがむずかしい、垣根仕立てで有望。

3309（リパリア×ペストリス3309）

半矮性台木。耐乾性が強く、メルローの果実品質が良好だが、カベルネソービニヨンの一部系統（337など）の接ぎ木では、枯死する場合も。注意が必要です。

101-14（ルペストリス101-14）

半矮性台木。垣根仕立ての場合は、主枝の延長が可能な短梢剪定コルドンでの活用が見込まれます。

グロワール

3309

テレキ５BB

テレキ５BB（ベルランディエリ×リパリア・テレキ５BB）

日本で最も普及している半矮性台木。耐乾性、耐寒性が強く、環境適応性が広い。若木時は新梢が旺盛に伸びるので、実止まりが悪くなりやすい。湿潤な肥沃地では施肥量を抑える必要があります。垣根仕立てでの実績は少なく、穂木品種の樹勢コントロールがむずかしいといわれています。

テレキ５C（ベルランディエリ×リパリア・テレキ５C）

準矮性台木。低湿土壌の栽培に適しています。火山灰土壌には不向き。耐寒性が強く、中部ヨーロッパからドイツ北部の寒冷地に普及。日本では北海道で多く利用されています。

苗木注文の留意点

健全な苗を用意する、つまり健苗確保が、ワイン造りの第一歩です。では、苗木の注文はどのように行えばよいのでしょう?

入手先と入手時期

それは信頼のおける苗木業者にお願いするのがいちばんです。メールや電話、FAXなどでカタログを送っていただいて、そのなかから「植えたい」と思う品種を選んで発注します。

注文はいつでも受けつけてはいますが、ほとんどが予約販売のかたちをとっており、送付時期が通常11月から翌年の2月頃です。

表３－２　台木品種の特性

台木品種	台負け	耐寒性	耐乾性	耐湿性	石灰抵抗性	根群	発根
リパリア・グロワール・ド・モンペリエ（純）	極くする	やや強	やや弱	強	弱	細・浅	良
ルペストリス・デュ・ロット（純）	しない	強	極強	弱	やや強	太・深	良
ベルランディエリ レッセギー１号（純）	する	強	強	強	極強	やや深	不良
リパリア× ルペストリス 3309	少ない	極強	極強	中	やや弱	中	中
リパリア× ルペストリス 3306	ややする	強	強	極強	やや弱	中	中
リパリア× ルペストリス 101 － 14	ややする	強	やや弱	やや弱	弱	浅	良
ムルベードル× ルペストリス 1202	しない	弱	強	極強	弱	太・深	良
ルペストリス× カベルネ・イブリッド・ブラン	しない	弱	やや弱	やや強	弱	太・深	良
シャスラー× ベルランディエリ 41 － B	ほとんどしない	中～弱	やや弱	やや強	やや強	太・深	極不良
ベルランディエリ× リパリア・テレキ 5BB	ややする	強	極強	やや弱	極強	やや浅	中
ベルランディエリ× リパリア・テレキ 5C	する	極強	強	強	強	中～深	中
ベルランディエリ× リパリア・テレキ 8B	する	強	強	中～強	やや強	中	不良
ベルランディエリ× リパリア SO.4	する	強	強	強	強	強やや深	良
ベルランディエリ× リパリア 420A	少ない	極強	極強	中～強	強	細・中	極不良
モンティコラ× リパリア 188-08	ややする	強	極強	強	?	やや深	不良

注：①フィロキセラ抵抗性については、日本では問題なく全品種利用できるため割愛した
②「ブドウ品種解説」（植原葡萄研究所）から抜粋
参考文献　土屋長男著「実験葡萄栽培新説」
植原宣紘「ぶどうの台木を考える」山梨の園芸 1947 年６月号 P25 ～ 31
土屋長男「ぶどうの台木　SO.4 とは」山梨の園芸 1949 年８月号 P58 ～ 59
P.GALET「PRECIC　D'AMPELOGRAPHIE　PRATIQUE」MONTPELLUIER　1971
Winkler「GENERAL VITICULTURE」University of California 1974

カタログにも載っていない特殊な品種を植えたい……そのようなときは穂木を探して苗木業者に託し、接ぎ木してもらうという受注生産方式もあります。この場合、採穂（11～12月）前までに注文。苗木業者は注文を受けてから接ぎ木・養成を行うため、引き渡しは1年後になります。

　また、自分で接ぐ方法もありますが、そうなると台木が必要です。ですが苗木業者は、あまり台木だけの販売は行っていません。特殊な穂木はオーダーする側が用意しなければなりません。その際、穂木そのものが健全であることが必要です。

　ウイルスに感染した樹を植えつけると、最初から生育が悪かったり、高品質なブドウを生産したりすることができません。

接ぎ木苗を植えつけて育成

ウイルスフリー苗が主流

　知り合いのブドウ農家がすばらしい樹を栽培していて、みごとなワインを醸造している。そこにお願いして穂木を分けていただく、そんなこともあります。しかし、いただいた穂木が健全かどうか、個人レベルで見きわめるのはむずかしいのです。

　とにかく良質で健全な苗木を入手するには、信頼できる苗木業者にオーダーするのがいちばんです。苗木のタグ（証紙）に品種名とともにウイルスフリー（VF）と記されていれば安心できます。苗木業者の多くは山形県や山梨県などブドウの産地に存在していて、遠方の産地にも全国へ発送しています。日本果樹種苗協会や地元の先輩に事情をよく聞いて、発注するとよいでしょう。

タグのついた健全な苗木

●菊地園芸（山形県）
http://www.kikuchi-engei.jp
●中山ぶどう園（山形県） http://nakayamabudouen.blog.fc2.com/
●植原葡萄研究所（山梨県）
http://www.uehara-grapes.jp/
●日本果樹種苗協会（東京都）
http://www.kasyukyo.or.jp

感染樹を減らす努力を

最初に植えたのがウイルスフリーの

苗であれば、ずっと健康に生き続けるかというと、決してそんなことはありません。栽培途中にウイルスに感染することもあります。数ある苗木のうち数本は確実にかかります。その密度をいかに低く抑えるか。そのために生産者は改植をしなければなりません。

例えば、葉が急に赤くなる樹が見つかったとします。それは根から抜いて焼却処分して、そこには新しい苗を植えることで、感染は抑えられます。

ところが、せっかく買った苗がもったいないからといって、そのまま放置しておくと、畑にだんだん蔓延してしまいます。

最初の1本を見つけたら、すぐ抜き去って健全なものと置き換えます。新型コロナと一緒でウイルスは目に見えないので、放置するとすぐ広がってしまうのです。

植えつけの準備と植えつけ方

植えつけは春植えがメイン

ブドウの植えつけ時期には、秋植えと春植えがありますが、日本では春植えが主流になっています。というのもブドウの苗木というのは、冬の間湿らせておくと寒さに耐えることができますが、乾燥して寒さに遭遇するととても弱いのです。そのため、一般に春植えのほうが安全です。冬の厳寒期を過ぎて、萌芽が始まるまでの3～4月が、植えつけ適期となります。

苗木にシートをかけ、寒さや乾燥を防ぐ

業者から苗木が秋に届いた場合は、春まで仮植え（仮伏せ）しておきます。深さ30cm程度の長めの穴を掘り、苗木を斜めに寝かせ、上から土をかけておきます。寒冷地では、さらにその上からわらやこもをかけ、寒さと乾燥から守るようにします。

栽植密度

栽植密度は、一般に品種、台木の種類、気候、地質と土壌、地形、仕立て方式などによって異なります。

畝間

垣根仕立てでは、畝間は狭くすると栽植本数が増えるため、収量が増加します。しかし、垣根の下部に十分に日が当たらず、スピードスプレーヤー、

表3－3　醸造ブドウ栽植密度の目安

仕立て	剪定方法	整枝方法	畝間（m）	株間（m）	栽植密度（樹／10a）	備考
垣根	長梢	（ギュイヨ）	2.0 ～ 2.5	1.0 ～ 1.5	266	500
	短梢	（コルドン）	2.0 ～ 2.5	1.0 ～ 2.0	200 ～ 500	旺盛な品種はさらに株間を広げる
棚	長梢	X型・自然整枝	6.75（3間）	9.0（4間）	15 ～ 18（甲州3～8）	旺盛な品種はさらに株間を広げる。樹冠の拡大に応じて適宜縮間伐を行う
	短梢	一文字型整枝	2.25（1間）	9.0 ～ 18（4 ～ 8間）	25 ～ 50	

注：①10年生樹までの栽植密度の事例（山梨県果樹試験場）、1間は2.25m（7尺5寸）。1間は「ひとま」と読み、杭から杭までの間を示す

②「山梨県醸造用ブドウ栽培マニュアル」（山梨県ワイン酒造組合）

畝間、株間を決めて栽植本数を割り出す

トラクタなど頻繁に利用する管理機械を操作しにくくなります。逆に畝間を広くし過ぎると栽植本数が少なくなったり、除草に時間を要したりして園地の有効利用につながりません。

株間

垣根仕立てでの株間は、長梢か短梢か、または結果母枝を片側1本残すのか、両側に分けて確保するのかなどを検討します。日本では新梢伸長が旺盛であることから、いくぶん疎植的に株間を1・5mの間隔に広げる傾向にあります。

栽植密度

垣根仕立てでの栽植密度は、片側1本の長梢剪定栽培の場合、畝間約2・0～2・5m、株間約0・75～1・0m、10a当たり約400～660本の苗木を植えつけます。

両側2本の長梢剪定栽培の場合、畝間2・0～2・5m、株間1・5m、10a当たり270～330本が目安ですが、地力に応じて植える本数を調整しましょう。

短梢剪定の場合の栽植密度は、畝間2・0～2・5m、株間1・0～1・5m、10a当たり約260～500本が目安となります。

参考までに、垣根仕立て、棚仕立てでの栽植密度を紹介します（**表3－3**）。仕立てや土壌、樹勢などに応じて、適切な栽植密度にしていきたいものです。

根を切り詰める

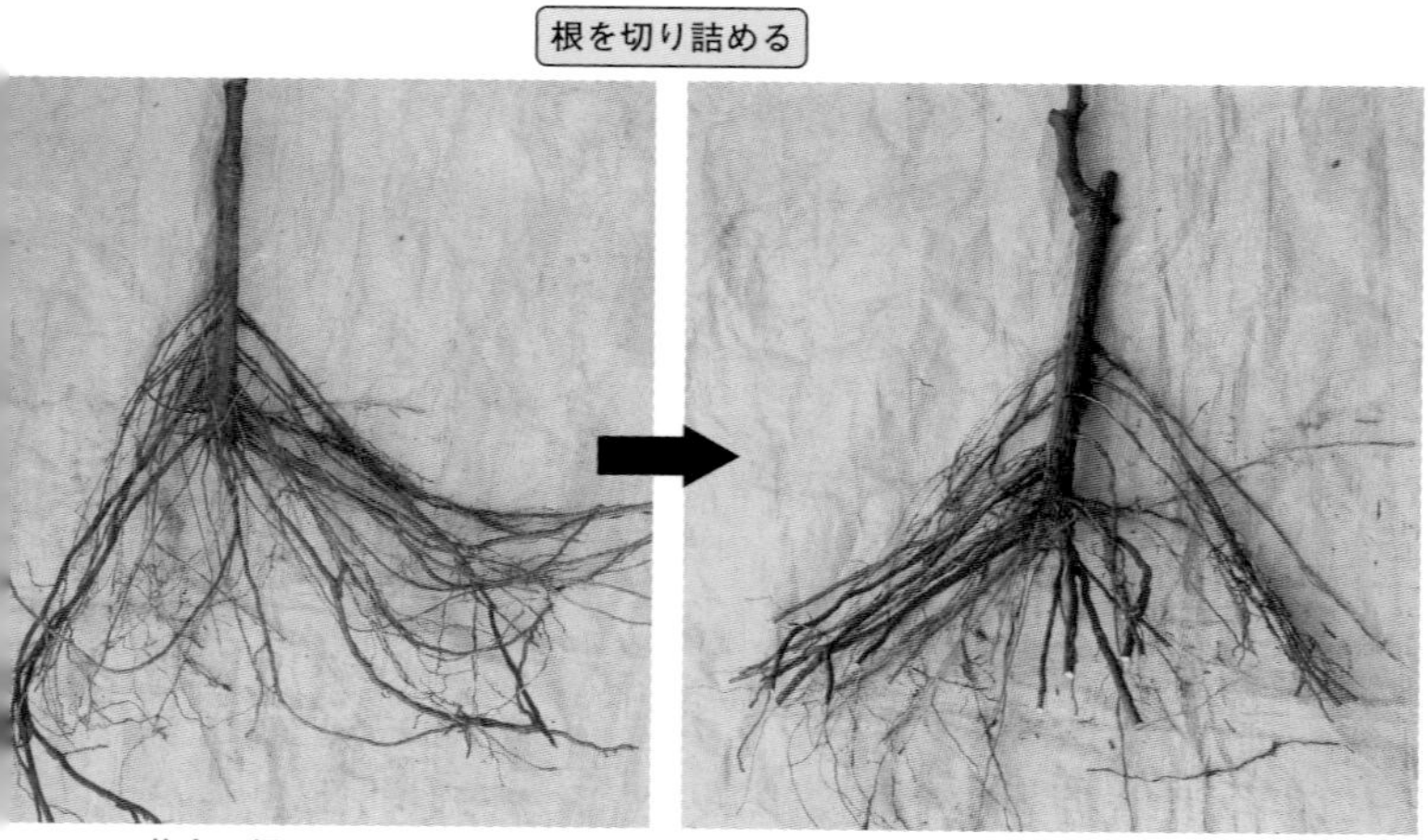

苗木の根

根を切り縮める

植えつけの手順

垣根仕立て栽培の場合

根を切り詰める

苗木の根をおおよそ握りこぶしの長さに切り縮めます。苗木の根の部分をギュッと握って、それ以上長く伸びている根をハサミで切り落とします。この苗木は水に十分浸しておきます。

植え穴を掘る

苗木の根を放射状に広げても直径20cm程度です。この根より一回り上の大きさが植え穴の直径になります。余裕をもって直径約30cmの植え穴を掘ります。深さは苗木の接ぎ木部分を地上に出さなければならないので中央部を盛り上げ、中央部から20〜25cm程度にします。

苗木を植えつける

この苗木を穴の中央部に植えつけた後、穂木の部分を地上部30〜50cm付近の充実した芽の上で切り詰め、しっかりと支柱を添えます。

苗木のまわりに土で簡単な土手をつくり、たっぷり灌水します。水が引いた後、今度は苗木のまわりの土を株元に寄せて盛り上げます。このとき、接ぎ木部分まで覆ってしまってもかまいませんが、活着後は接ぎ木部分が見えるまで盛り土を取り除かなければなりません（**図3－1**）。

さらに乾燥防止のため、わらなどの被覆物を敷いてもよいでしょう。こうすることにより、水分が保たれますので、苗木の活着率が高まります。

図3－1　苗木の植えつけ

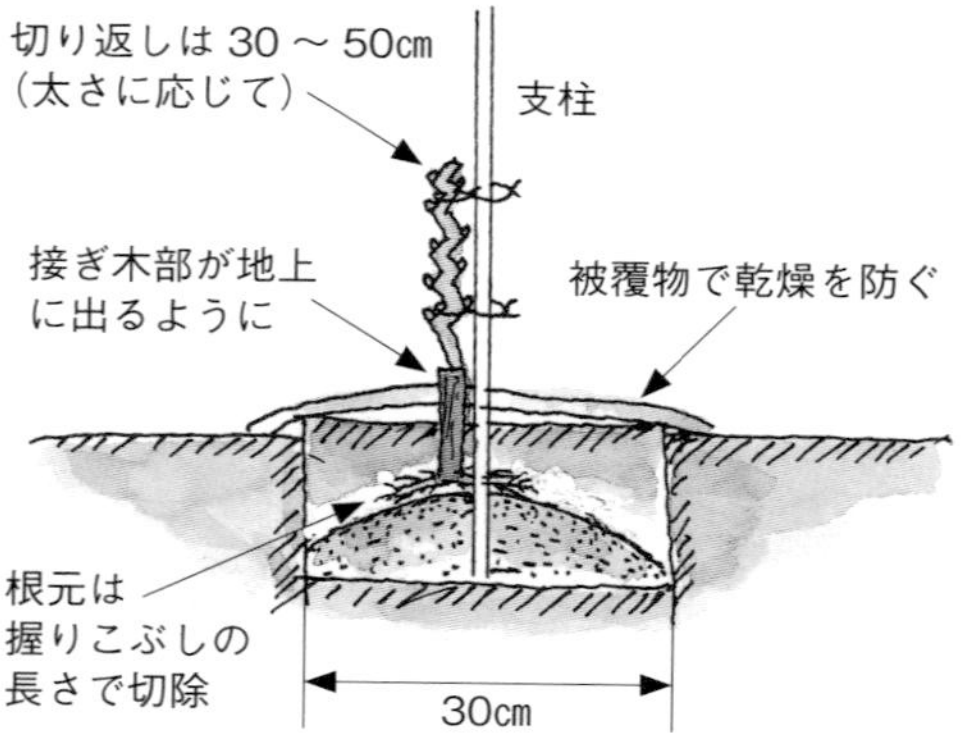

切り返しは30〜50㎝
（太さに応じて）
支柱
接ぎ木部分が地上
に出るように
被覆物で乾燥を防ぐ
根元は
握りこぶしの
長さで切除
30㎝

なお、醸造用ブドウは強い勢いの伸長は好ましくないので、植えつけのときには窒素成分の施用を控えます。土壌改良のために堆肥を施用せざるをえない場合、窒素成分の少ないパーク堆肥を施用します。

植えつけ

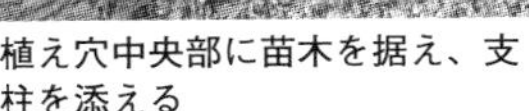

植え穴中央部に苗木を据え、支柱を添える

土を埋め、土手をつくり水を与える

また、植えつけ1～3年は、徒長を防ぐために生育を観察しながら肥培管理を行う必要があります。ただし、養水分の競合を避けるために、灌水や株まわりの除草を行うようにします。

なお、北海道での植えつけ時期は晩霜のおそれが少なくなる5月上～中旬とし、接ぎ木部分が地上より10㎝程度の高さになるように浅植え、および斜め植えにします。

斜め植えにするのは苗木の高さを低くし、積雪に覆われることによって樹体温度を低下させず、凍害を受ける危険性を避けるためです。

植えつけ１年目の発芽、展葉

棚仕立て栽培の場合

植えつけ場所を決め、直径１m程度の穴を掘り、先を切り落とした根を放射状に広げて伸ばします。掘り上げた土に堆肥や苦土石灰を混ぜ、しっかりと植えつけます。

苗木の穂木の部分は、地上部30～50㎝付近の充実した芽の上で切り詰め、支柱を添えます。たっぷり灌水した後、乾燥防止のために盛り上げ部分にわらなどの被覆物を敷きます。乾燥が続く場合は、定期的に灌水します。

なお、垣根仕立て栽培と同様に植えつけ後の施肥は必要なく、灌水や株まわりの除草を適宜行います。

施肥の前に土壌診断を

土の状態を把握

植えつけ前に「有機質堆肥を入れま

しょう」と指導している栽培マニュアルもありますが、前作が大量に養分を吸収する作物だとすると、かなり肥料分が残っている可能性があります。施肥量は畑の土壌や前作によって異なるので、まず開園1年目には土壌分析を行って、土の状態を把握します。

畑からサンプルの土壌を取り、地元のＪＡ（農協）や肥料業者にお願いすればできるはずです。植えつけ時に有機質堆肥を入れるかどうかは、その前の土壌診断の結果を見て決めます。

植えつけ２年目（垣根仕立て）

ちなみに私たちが苗木を植えるときは、植えつけ後、ブドウの生育や葉の色を見ながら施肥の判断をします。まずは土中に元から存在している成分を吸収させるようにします。過剰に肥料を投入すると、土壌に浸透した養分を抜くことはできません。

そのため、肥料は土壌診断の結果を見て少しずつ与えること。特に微量要素は足りないぶんだけを施すようにします。単肥でも複合肥料でもけっこうです。ですから苗を植えつけるとき、穴に堆肥や肥料を投入することはありません。基本的にそこにあった土を植え穴に戻すだけ十分です。

樹の様子を見て施肥

ブドウのなかでもこと醸造用ブドウに関しては、「肥料の入れ過ぎに注意」してください。それでも樹がなんだか元気がない、夏の暑さに負けて弱っている……そのようなときは、土に肥料を投入して根から養分を吸わせるのではなく、葉っぱに直接液肥を噴霧する「葉面散布」を行うほうが有効です。

いつ、どんな肥料を、どれくらい入れるべきか。同じ分析結果を見ても、その判断は農家によって異なります。毎年同じ肥料を入れ続け、結局窒素やカリが過剰になっている畑が多いのも確かです。効かないぶんは土中にどんどんたまっていきます。

生食用と違い、醸造用ブドウは、生産性よりも品質を追求する作物です。大きな粒や玉張りよりも、ワインになったときの高い香りや味わいが最終目標です。

葉色をよく見て、「緑が濃過ぎるな」と思ったら「来年は窒素を控えよう」。そんなふうに樹の様子を見ながら、施肥量を決めていきます。

（執筆協力・三好かやの）

第4章

整枝剪定と仕立て方の基本

山梨県ワイン酒造組合

齋藤 浩

結果母枝を結束して誘引

ブドウ樹の形態と主な器官

ブドウ樹は、毎年収穫を終えた冬の時期、樹液の動かない休眠期に不要な枝を切除し、栽培様式に応じた芽を残して剪定することで、春に芽吹き、展葉とともに新梢を伸ばして新たに果実を実らせます。

剪定は、より健康な樹を育て、より健全な果実を得るためになくてはならない作業ですが、これを的確に行うためにもブドウ樹の部位の名称を覚えるようにします。

図４－１　ブドウの株の構成

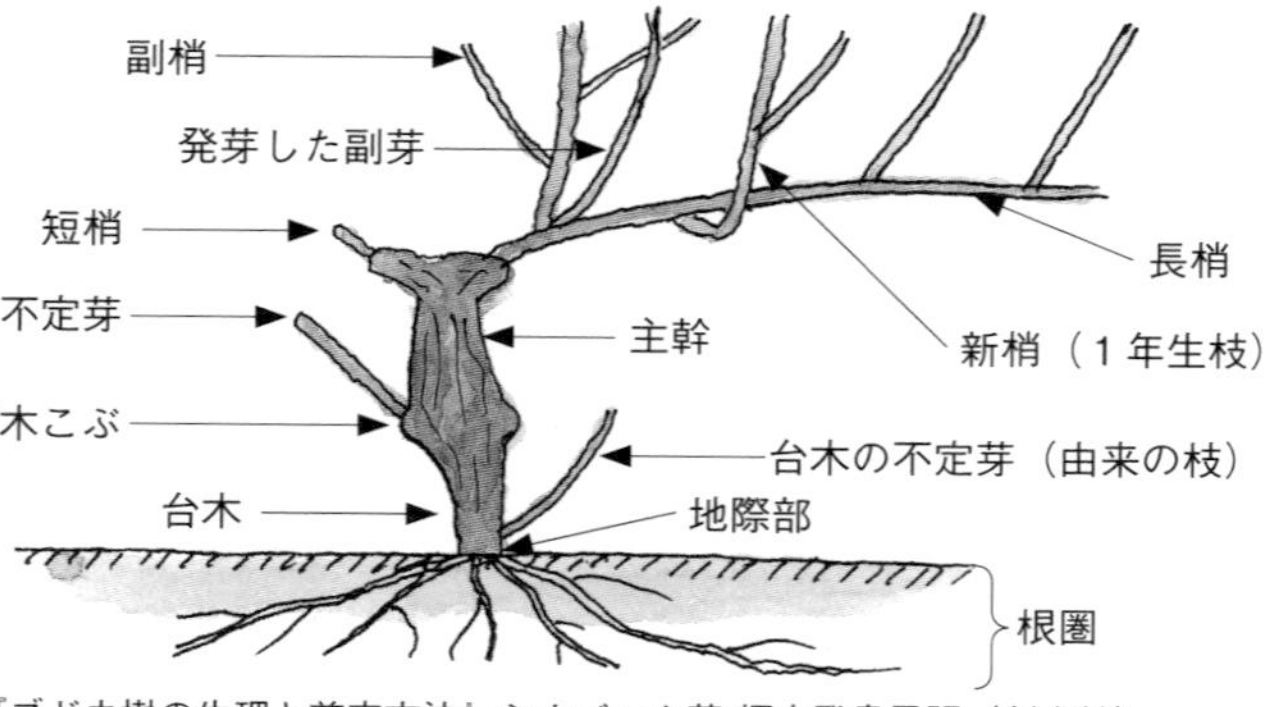

副梢　発芽した副芽　短梢　不定芽　接ぎ木こぶ　台木　主幹　長梢　新梢（１年生枝）　台木の不定芽（由来の枝）　地際部　根圏

注：『ブドウ樹の生理と剪定方法』シカバック著 榎本登貴男訳（創森社）

ブドウの株の構成

株の部位

ブドウの株の構成を述べます（図４－１）。

地上部：主幹、枝、葉など

地下部：根圏。根を主体とした植物の地下部

主幹：ブドウ樹全体を支える幹

結果母枝：長梢の結果母枝

予備枝：翌年の結果母枝を確保するための短梢

新梢：春に萌芽し、伸ばす新梢には果実を実らす結果枝

副梢：新梢に形成された芽から出た枝

副芽：主芽のほかに複数存在する副芽が発芽したもの

不定芽：台木、または2年枝より古い不定芽から伸びた新梢

接ぎ木こぶ：台木と穂木の接続部

台木：通常はアメリカ原産種間の交雑で生まれたもの

台木の不定芽：台木の不定芽から伸びた枝

ブドウの枝の組織

以下はブドウの枝の縦断面（図４－２）です。樹皮は水を通さず、かびな

どの病害から内部を守るはたらきがあります。

樹液は、維管束と節壁の中だけを流れます。髄は新梢の表面が青いうちは生きた細胞で構成されていますが、木質化が始まると細胞は枯死します。すると枝をかなり強く曲げても、折れることのない柔軟性が生まれます。

枝の部分

節：枝、または葉の付着する部分
節間：節と節の間の部分

図4－2　ブドウの枝組織（縦断面）

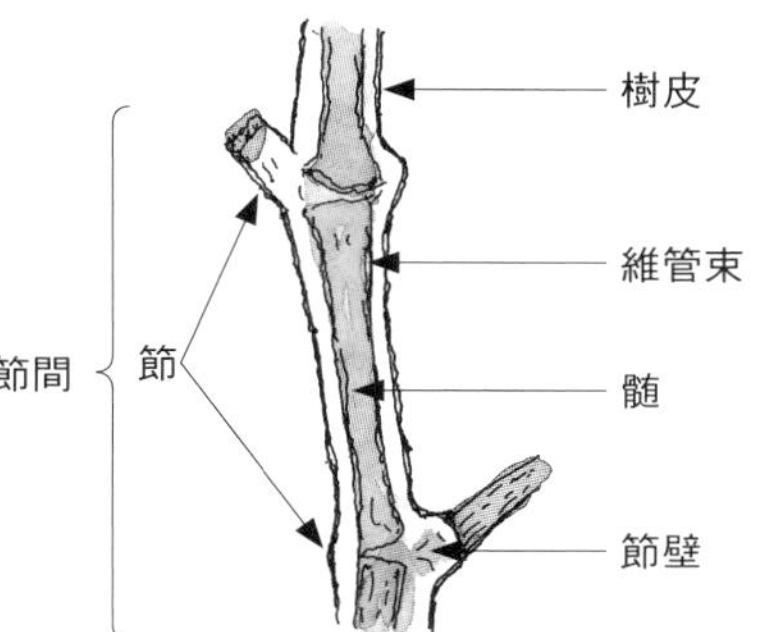

注：『ブドウ樹の生理と剪定方法』
シカバック著 榎本登貴男訳（創森社）

樹皮：樹の外側の表皮
維管束：木部と師部からなる複合組織。養分、水分の通路となり、植物体を強固に保つ
髄：枝や茎の中心にあるやわらかい細胞
節壁：節のところで髄を分断する壁

ブドウの芽の特性

ブドウの芽の見きわめは、剪定作業を行ううえで、最も重要なポイントです。

枝の横断面

本当に小さなふくらみの中に、翌シーズンに新梢を伸ばし、果実を実らせる組織としての芽が、ひっそりと芽吹きの春を待っています（図4－3）。

図4－3　ブドウの芽の状態

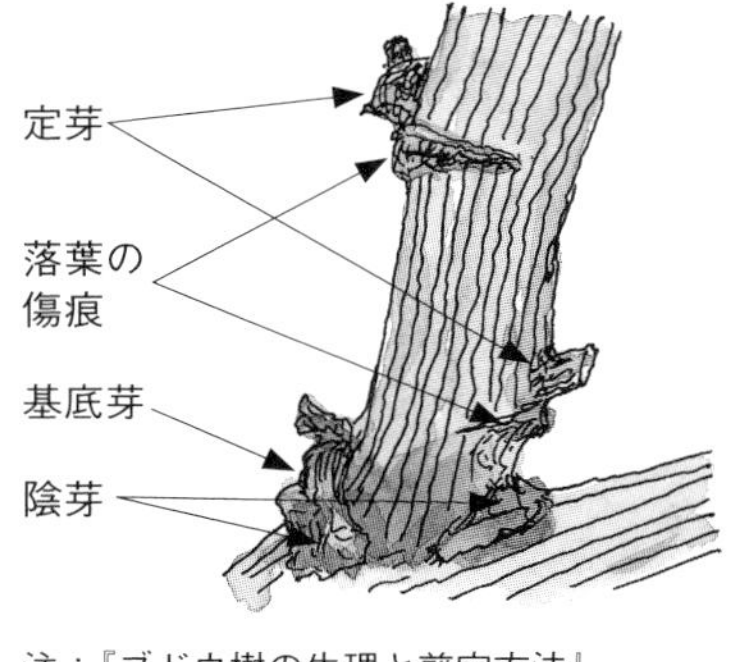

注：『ブドウ樹の生理と剪定方法』
シカバック著 榎本登貴男訳（創森社）

陰芽と基底芽

芽：枝、葉、花などの器官に生育する組織。発生の位置によって頂芽、腋芽、不定芽に、また生ずる季節によって冬芽などに分ける
陰芽：芽が伸び出さないで、そのままの状態にあるもの。潜芽ともいい、

新梢のつけ根に複数ある

基底芽：最初の定芽の反対側のさらに基部に近いところについている

長梢に剪定した結果枝の陰芽が発芽することは非常にまれですが、短梢に剪定され、上部の芽を失うと陰芽が発芽する可能性があります。

また、短梢剪定では通常二つ芽を残すので、陰芽が発芽することはめったにありませんが、芽を一つだけ残した短梢では、しばしば基底芽が発芽します。こうした現象は、ブドウの樹勢と品種によっても異なります。

複数の芽がついた枝では、下方の芽の発芽を抑制するホルモンが出ます。そのため、上方の芽を摘芽すると、下方の芽が発芽しやすくなります。こうした影響は、特に同じ側の芽に強く出る性質があります。

主な仕立てと剪定の特徴

棚仕立てと垣根仕立て

醸造用ブドウの栽培には、主に棚仕立てと垣根仕立てがあります。棚仕立ては日本で長い間、生食用ブドウを中心に行われてきた栽培方法で、醸造用ブドウのなかでは甲州やマスカットベーリーAなどに用いられています。

かつてヨーロッパでは、株を盃形にする株仕立て（コブレ　Goblet）が長く行われてきました。それは支柱もワイヤーも使わず、一株に数本の腕枝を残して前年の枝を短梢剪定し、伸びた枝を摘心し、上部をまとめて縛るというローマ時代から連綿と続くブドウの仕立て方法です。

棒仕立て

また、ドイツのモーゼル地方では古くから棒仕立てが行われてきましたが、近年は減少傾向にあります。

時代は下り19世紀後半、フランスの東部地域で丈夫な金属製のワイヤーを試験的にブドウの垣根栽培に使うようになりました。そして時を同じくしてフィロキセラの被害があったことで、接ぎ木苗の改植が大々的に行われたのです。

これにより垣根仕立てが急速に広まりました。新梢が垂直方向に伸びるので、作業が単純で初めての人でも管理がしやすく、新梢管理に機械を導入しやすいのが特徴です。

かつては棚仕立てが主流

日本で醸造用ブドウの栽培が始まった明治初期、垣根栽培も同時に導入されました。アメリカやヨーロッパから輸入したブドウ苗木は日本各地に送られ、垣根仕立てで栽培されたのですが、大部分は失敗してしまいます。それは醸造用品種の苗木と一緒に、フィロキセラも導入してしまったためでしたが、このときは原因がわかりませんでした。

棚仕立て

当時、山梨県ではすでに甲州が棚仕立てで栽培されていたので、あまり外国産の品種は入っていませんでした。このとき「ブドウを栽培するなら、やはり棚栽培。日本に垣根栽培は向かない」という既成概念が広まったためか、長い間垣根栽培は普及しませんでした。

垣根仕立て

日本で本格的に垣根仕立てのブドウ栽培を始めたのは、日本のワインメーカーでした。メルシャンは甲州市勝沼の城の平の試験場で、１９８４年に導入していますが、この頃から国内でも垣根仕立てが徐々に広まっていきます。

国税庁調査では、醸造用ブドウは２０２０年には棚栽培が69・7%、垣根栽培が30・3%となっています。

近年の「日本ワイン」ブームも手伝って、各地に新興ワイナリーが増えていますが、そこでは最初から垣根仕立てを採用するケースが多いようです。また、新規就農者がこれまでブドウを栽培していた園地を借り受けて栽培する場合は、すでに植えられている棚仕立ての甲州、マスカットベーリーAをそのまま引き継いだり、生食用品種の樹を、少しずつ欧州系の品種に改植して栽培するケースも見られます。

長梢剪定と短梢剪定栽培

垣根仕立てには、長梢剪定（フランス語でギュイヨ　Guyot）と短梢剪定（コルドン　Cordon）があります。

短梢剪定は、長梢剪定より芽かき作業に時間がかかりますが、ほかの管理作業については慣れない人でも比較的容易にできることから、大規模な栽培に適しています。どちらの方式を選択するかは、各品種の特性と作業性によって違ってきます。

フルーツゾーン（第２ワイヤー下部）

どちらの剪定方式であっても地面から高さ約０・８ｍ前後の位置（フルーツライン）に果房がつくように、結果母枝の高さを約０・７ｍ前後に配置します。そうすることで収穫時には果房が一列に並び、収穫作業がスムーズに行えます。そして毎年同じ高さ、範囲で枝を切り戻し、いちばん下のワイヤーの高さを越えない位置で、同じ作業を何十年も繰り返します。

長梢剪定の場合、注意しなければいけないのは、結果母枝を出す位置がけっしていちばん下のフルーツラインの高さを越えないことです。もしこの高さを越えてしまうようなことがあると、結果母枝は下方に曲げて誘引しなくてはならなくなります。このような樹形は避けなければなりません。

垣根仕立ての基本構造

垣根仕立ては、大がかりな棚や資材を必要とする棚仕立てに比べ、資材費が少なく、比較的容易に設置できるのが特徴です。一般的な垣根仕立てのトレリス（格子状の枠組み）の基本構造を**図４－４**で紹介します。

以下は山梨県で行われているトレリスの基本構造です。

垣根の両端には、アンカーで固定した太い隅柱を立て、その間の５～６ｍ置きに支柱（中柱）を設置し、各支柱の間にブドウの枝を固定する３～５段のワイヤーを通します。

いちばん下のワイヤーは、地上から60～80cmの位置に張ると作業がしやすくなります。２～３段目のワイヤーは、それぞれ40～60cmずつ上に張ります。そして最上段のワイヤーは、結果母枝から伸びる新梢を地面から２ｍ前後で摘心するので、同じ高さの２ｍ前後に張ると作業がスムーズになります。

図４－４　垣根仕立てのトレリス基本構造
（両側２本の長梢　ギュイヨドゥーブル）

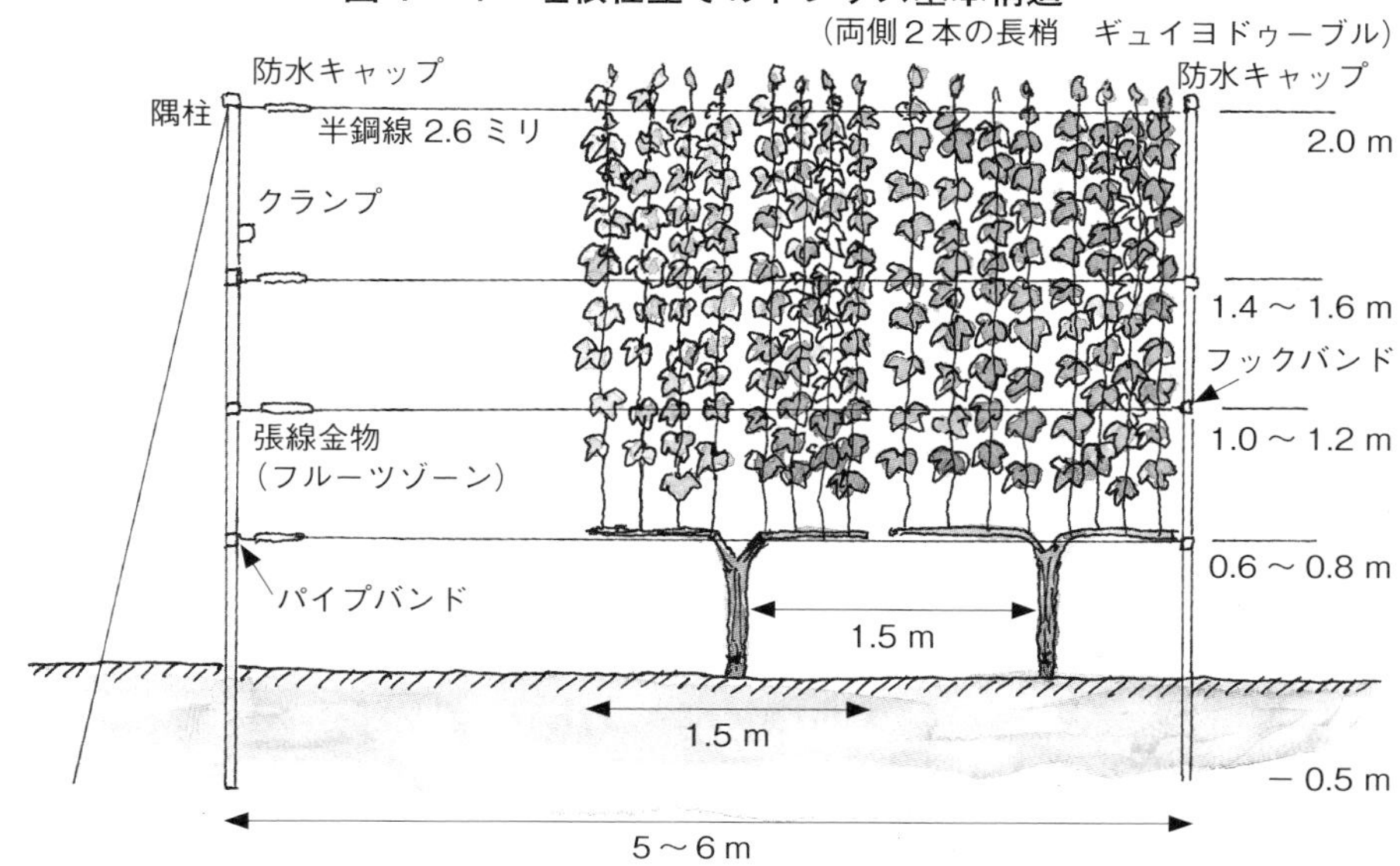

注：「山梨県醸造用ブドウ栽培マニュアル」（山梨県ワイン酒造組合）を加工作成

垣根の組み立て

垣根仕立ての生育

なお、垣根仕立てに用いる単管の隅柱（鋼管）は亜鉛にアルミニウム、マグネシウムを入れて混合した鋼材。さびることなく耐久性にすぐれており、地面に打ち込むタイプです。資材メーカー（新洋など）では、資材の取り扱いや設計、組み立てについての相談に応じます。

棚仕立ての基本構造

棚仕立てでは果実の収量、品質、樹勢コントロールのしやすさなどの面から適していると考えられます。

山梨県で生食用ブドウの栽培者のほ

とんどが設置しているのが、甲州式平棚。杭から杭までの間の一間が2・25m（7尺5寸）で構成され、高さは1・7～1・8m。隅柱にコンクリート製の支柱や太い丸太を使ったもので、設置するためには熟練の技が必要だったり、垣根仕立てより経費がかかったりします。

そこで、山梨県農政部とJAフルーツ山梨（フルーツ山梨農業協同組合）を代表としたグループで考案したのが新甲州式低コスト平棚。平地で直径48mmの単管と直交クランプをつなぎ、簡易に組み立てるものです。

甲州式平棚の設置

甲州式平棚仕立ての生育（甲州）

新甲州式低コスト平棚。側面をネットで覆う

樹齢と改植

ブドウ樹は、垣根仕立てでは約3年かけて結果母枝を施設全体に配置できるようにして樹体を大きくします。

成木期に達した後でも、10～20年は若い樹は盛んに枝梢を伸ばし根域を拡大します。30年を超えると生育は落ち着き、栄養生長と生殖生長のバランスが保たれ、果房・果粒の大きさが一定になります。

50年を超えると老木期に入り、栽培管理しだいのところがあるとはいえ、樹勢が低下し、収穫量が減少してきます。山梨県内では樹齢100年を超える甲州も健在ですが、ブドウの品質、ひいてはワインの品質のことを考えて一般的には改植を検討する必要があります。

樹齢 18 年の成木

樹齢およそ 50 年の古木

垣根仕立ての剪定方法

ブドウの剪定作業は、冬の厳寒期を過ぎてから行うのが基本ですが、面積が広く本数が多い場合は、落葉後から始めます。

ただし結果母枝の剪定は、時期が早過ぎると結果母枝が枯れ込むおそれがあるので、先に予備剪定を行い、厳寒期を過ぎてから本剪定を行うやり方もあります。以下、それぞれの仕立て方を紹介しましょう。

長梢剪定後の状態

長梢剪定栽培の手法

前年に伸びた長梢をワイヤーに沿って長く伸ばし、そこについた6～10芽を残して水平に寝かせ、翌年の結果母枝として利用する方法です。結果母枝に残した新芽から発芽した新梢を上方に伸ばし、誘引します。

前にも触れたとおり主幹の片側1本だけ伸ばす長梢剪定栽培をフランス語でギュイヨ・サンプル（シングル）、両側に2本の新梢を伸ばす長梢剪定栽培をギュイヨ・ドゥーブル（ダブル）と呼んでいます。

海外の銘醸地では、片側1本を伸ばす長梢剪定栽培はフランスのブルゴーニュなどに多く見られる方法で、両側2本を伸ばす長梢剪定栽培はボルドーなどで採用されています。また、日本のワイナリーでは、両側2本の長梢で栽培しているところが多いようです。

なお、20世紀初頭、フランス・シャラント地方の栽培家プサール氏によって考案されたギュイヨ・プサールという方法もあります。これは結果母枝を伸ばす長梢の位置を、毎年主幹の右側と左側で交互に交換するやり方です。

片側1本の長梢剪定

片側1本の長梢剪定は、**図４－５**に示したとおり主幹の両側にある主枝の先端から、長梢の結果母枝を、片側1本だけ伸ばす方法です。

長梢を片側に長く伸ばし、そして反対側に短く切り詰めた短梢の予備枝を残しますが、これが翌年の予備枝、または結果母枝となります。結果母枝と同じ側の主枝の下に不定芽があれば、これもまた予備枝として残します。

主幹の片側に結果母枝を伸ばしてい

くので、株間を０・７５~１ｍあけて植えつけます。

翌年以降も、長梢と短梢の位置を、同じ方向に取りながら栽培します。

両側２本の長梢剪定

両側２本の長梢剪定は、**図４-６**のとおり主幹の両側に伸びた２本の主枝の先端から、２本の結果母枝（長梢）を両側に配し、結果母枝から伸長した新梢を上方へ伸ばします。その内側の主幹に近い位置に、1~2芽の予備枝（短梢）を残します。また、主枝の下部に不定芽があれば、これも1芽残して予備枝とします。

毎年結果母枝が両側に広がるので、先端が隣の枝と重ならないように、株間を１・５ｍにして植えつけます。また、２本の主枝の間が広がらないように、できるだけ主幹に近い芽を予備枝として残すようにしましょう。

図４－５　片側１本の長梢剪定基本形
（垣根仕立て）

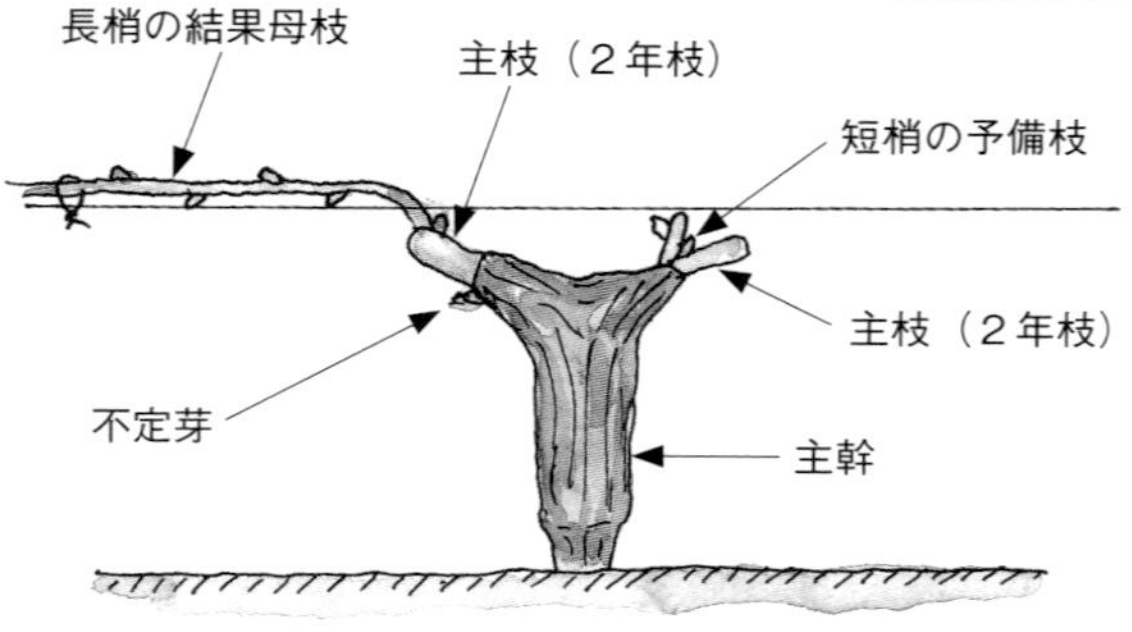

注:「山梨県醸造用ブドウ栽培マニュアル」（山梨県ワイン酒造組合）

図４－６　両側２本の長梢剪定基本形
（垣根仕立て）

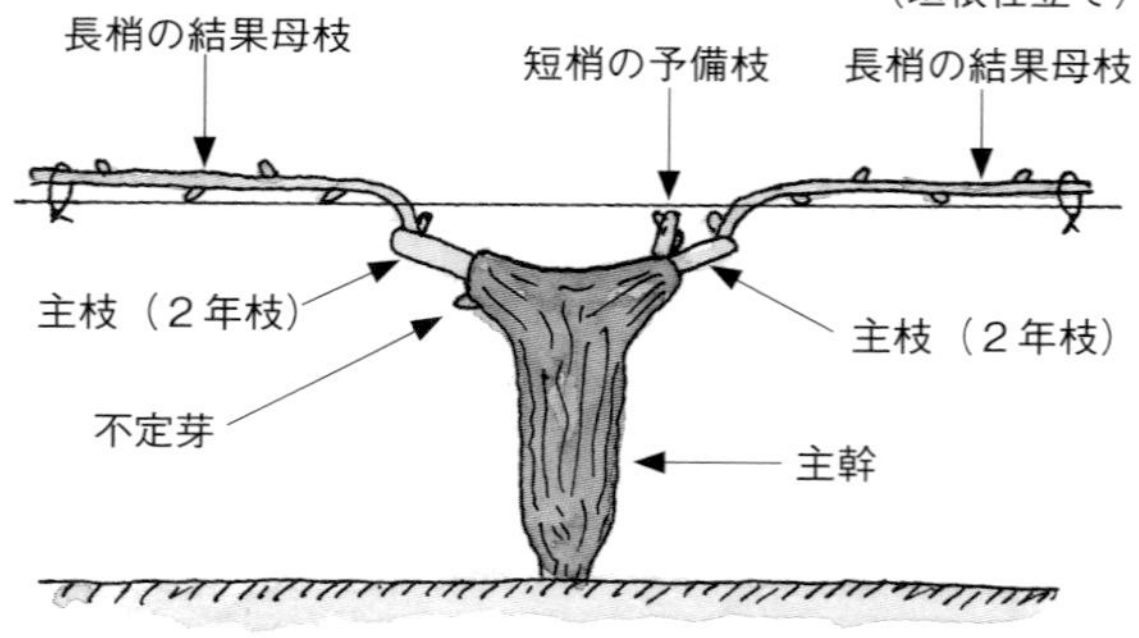

注:「山梨県醸造用ブドウ栽培マニュアル」（山梨県ワイン酒造組合）

1年目

1年目は、植栽時に切り詰めた枝から伸長した生育の良い新梢を1本残し、他の新梢をかき取ります（芽かき）。伸びた新梢が下のワイヤーを越えたら、横に張ったワイヤーに結束し誘引します（**図４-７**）。この新梢は翌年の結果母枝になるので確実に育てます。もし、地力のある場所で1年目から充実した新梢が伸びてきた場合は、生育の良い新梢を2本残し、翌年の結果母枝として誘引します。

2年目

2年目は、最下段のワイヤーから下10~20㎝前後に発生した、新梢を結果

図4－7　長梢剪定１年目の管理
（垣根仕立て、両側２本）

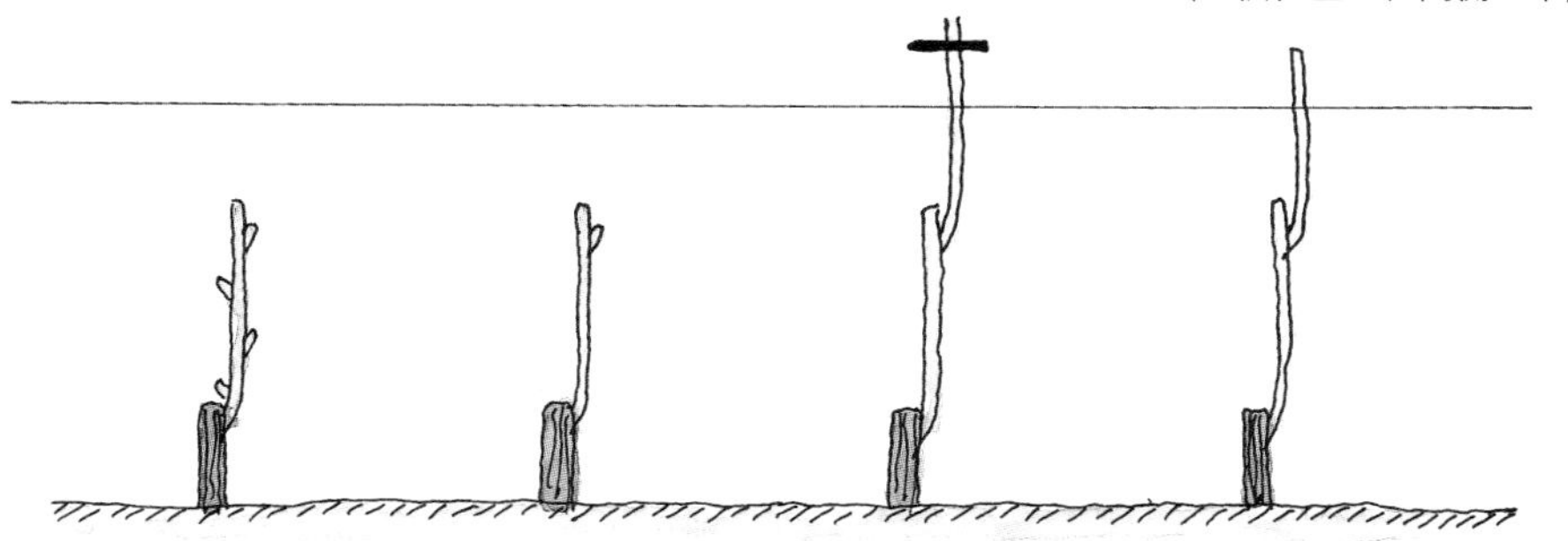

図4－8　長梢剪定２年目の管理
（垣根仕立て、両側２本）

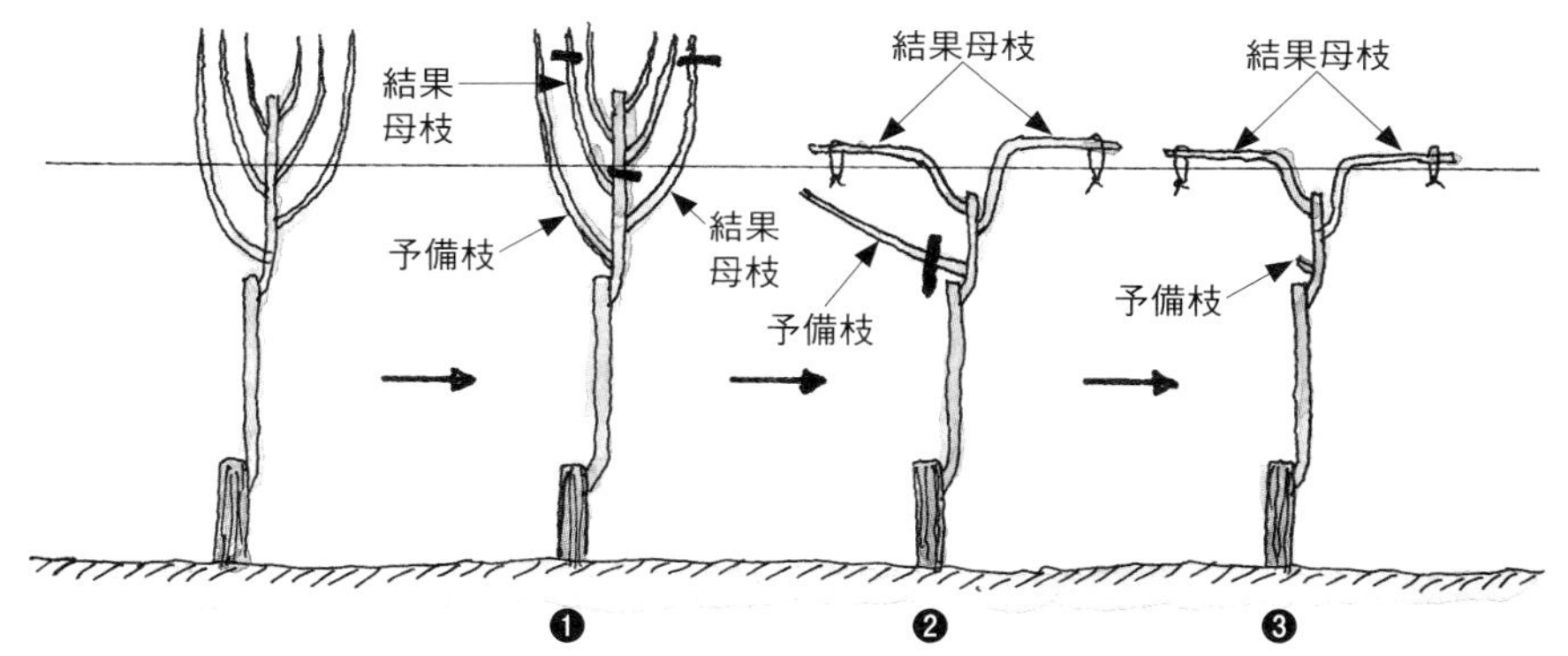

注：「山梨県醸造用ブドウ栽培マニュアル」（山梨県ワイン酒造組合）

母枝として2本、それとは別に1本予備枝を残し、残りの枝をカットして取り除き剪定します。春になり樹液の流動が始まって枝がやわらかくなったら、結果母枝を両側へ倒し、先端を隣の枝と重ならない長さでカットして、ワイヤーに誘引します。

誘引の際、樹勢の強い品種の結果母枝は、折れやすいので注意します。

❶ワイヤー下の結果母枝①を2本選び、下に1本予備枝②を残します。

❷結果母枝①と予備枝②以外の枝は

両側２本の長梢剪定仕立て（２年目）

切除します。

❸結果母枝の先端をカットしてワイヤーへ誘引。予備枝を切り詰めます。

芽の向き

2年目は、ワイヤーの張られた畝の方向に沿ってできるだけ芽の向きをそろえるようにしましょう（**図4－8**）。結果母枝（長梢）は決められた芽数を残し切り詰め誘引します。このとき長梢の先端を捻りながら、枝の下に残した芽が、ワイヤーを張った畝と同じ方向にそろえていきます（**図4－9**）。

図4-9　枝下に残した芽の方向

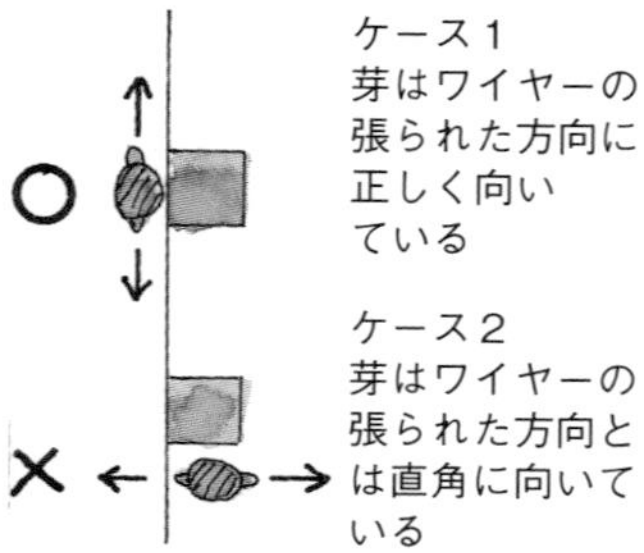

ケース1
芽はワイヤーの張られた方向に正しく向いている

ケース2
芽はワイヤーの張られた方向とは直角に向いている

注：『ブドウ樹の生理と剪定方法』シカバック著 榎本登貴男訳（創森社）

3年目以降

3年目は、樹全体の腕となる主枝を形成すると同時に、株全体の骨格を形づくる大切な時期です。この頃から収穫も可能になります

以下は、両側2本の長梢剪定栽培での剪定法です（**図4－10**）。

❶主幹の中心部に近い4本の枝を結果母枝と予備枝として残し、その外側の結果枝はすべて切り落とします。

❷残した4本のうち、外側の2本（①）を残し、内側に残した2本の枝（②）を短く切り戻します。これが予備枝（翌年の結果母枝の候補）になります。

❸A（①）を左右に倒し、ワイヤーに誘引。樹勢に応じた芽数を残しカットします。

❸B（①）を残さず、いちばん内側の2本を結果母枝として左右に誘引する方法もあります。

結果母枝はできるだけ主幹の中心部に近く、垣根の列からはみ出さない位置にあり、直径1㎝前後でしなやかで曲げやすい枝を選びます。樹勢が弱い、また徒長ぎみの枝は選ばないこと。ただし、主幹に近い位置にある結果枝や不定芽は、弱くても1～2芽残して切り落とし、翌々年の結果母枝候補となる予備枝として残しておきます。また、天候不良や病害などで、健全な結果母枝を2本得られない場合もあります。そのようなときは、翌年の樹勢回復に向け1～2芽残して結果母枝を切り詰めるようにします。

この方法を年々繰り返していくと、徐々に主幹の中央部に隙間ができ、新梢のない空間が広がっていくので、できるだけ中央部に近い枝を選ぶように心がけます。

日本の垣根仕立てのブドウ樹は、欧米に比べると樹勢が強くなる傾向にあります。そのため、長梢剪定栽培で両側2本の場合は結果母枝1本につき8

図4－10　長梢剪定3年目以降の管理

（垣根仕立て、両側2本）

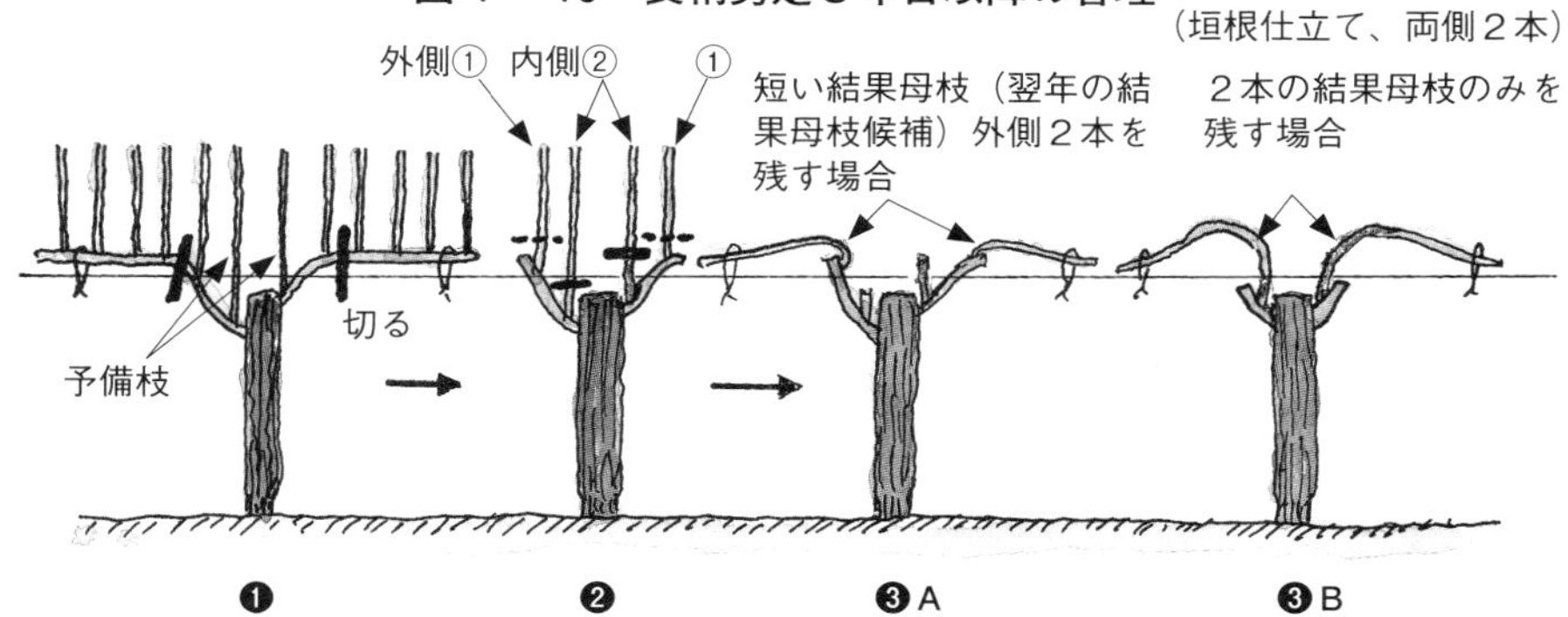

注：「山梨県醸造用ブドウ栽培マニュアル」（山梨県ワイン酒造組合）を加工作成

両側2本の長梢剪定仕立ての生育（3年目）

芽前後、片側1本の場合は6～10芽程度を残し、そこから新梢を伸ばして果実を収穫する方法が一般的です。

とはいえ、場所や気候、品種の特性によっても状況は変わります。なかでも甲州は節間が長く、同じ長さの枝でも芽数が少ないので、長梢剪定仕立てで栽培すると、収量が少なくなってしまいます。前年の収穫量が多ければ、翌年は残す芽数を増やし、逆に樹勢が弱く、収穫量が少ない場合は、芽の数を減らして樹勢の回復を図ります。つねに樹の様子を見ながら、残す枝や芽の数を調節できる目と技を身につけていきましょう。

短梢剪定栽培の手法

垣根仕立ての短梢剪定は、醸造用ブドウの栽培で広く採用されている仕立て方です。

主幹部から両側2本の主枝を左右に伸ばしたり、片側1本の主枝を伸ばしたりして、等間隔で芽座を配置する整枝方法です。棚仕立てや長梢剪定に比べ、管理作業が単純なので、樹勢を見ながら樹冠を拡大できます。

短梢剪定

1年目は仕立て同様、主幹を中心に左右の結果母枝を分け、水平に誘引します（**図4－11**）。発芽した新梢をすべて1～2芽で剪定し、翌年以降もこれを繰り返します。短梢剪定は、主枝を配置するとき、芽座の確保が重要となります。

1年目

1年目は長梢剪定と同様に、萌芽伸長、生育のよい新梢を1芽残してかき取り、新梢は生育に応じて、ワイヤーに誘引していきます。

2年目

結果母枝を誘引する際、主幹部両側の主枝に、等間隔で芽座を配置し、それぞれの芽座に1～2の芽を着けた短い結果母枝を残していきます。基本的に1本の結果母枝から1本の新梢を伸ばし、1mの間に8本程度の密度で配置します。

ただし、芽座が欠損したり間隔が空いた場合は、1結果母枝から2本新梢を伸ばして新梢数を確保します。基本的な植えつけ間隔は株間1・5m程度ですが、樹勢が旺盛な場合は、間伐してさらに広げます（図4－12）。

図4－11　短梢剪定基本形
（垣根仕立て、両側2本）

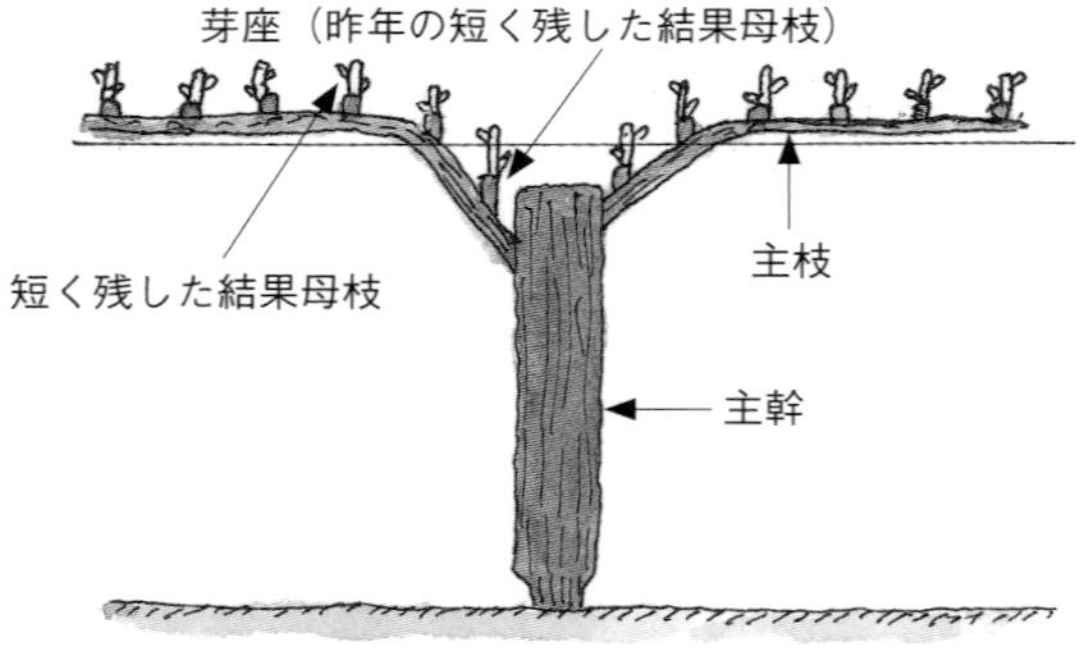

芽座（昨年の短く残した結果母枝）
短く残した結果母枝
主枝
主幹

注：「山梨県醸造用ブドウ栽培マニュアル」（山梨県ワイン酒造組合）

両側2本の短梢剪定（垣根仕立て）

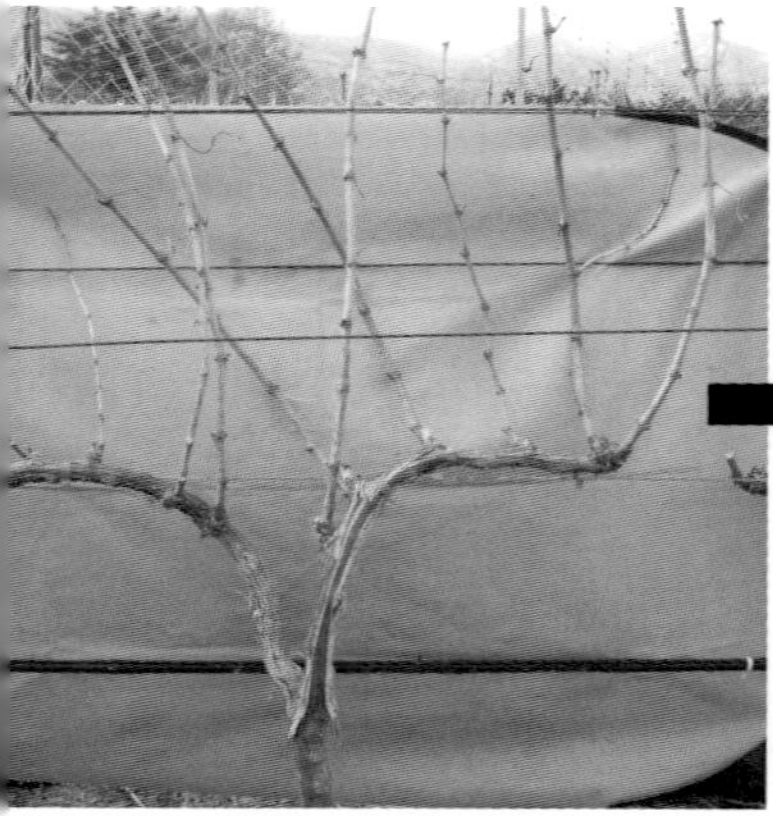

垣根仕立ての短梢剪定前

短梢剪定後の状態

3年目以降

基本的にシャルドネやカベルネソービニヨンなどの欧州系品種は、基底芽にも着生するので、結果母枝は基底芽1芽＋1芽を残してカット。3年目以降も同様の切り返しを行います。同じ芽座から二つの結果枝が伸びている場合は、より低い位置でより充実している結果枝を残して切り戻します。そうすることで、芽座そのものが上昇するのを防ぎます。

また、甲州のように節間が長く、花

図4－12　短梢剪定2～3年目の管理

（垣根仕立て、両側2本）

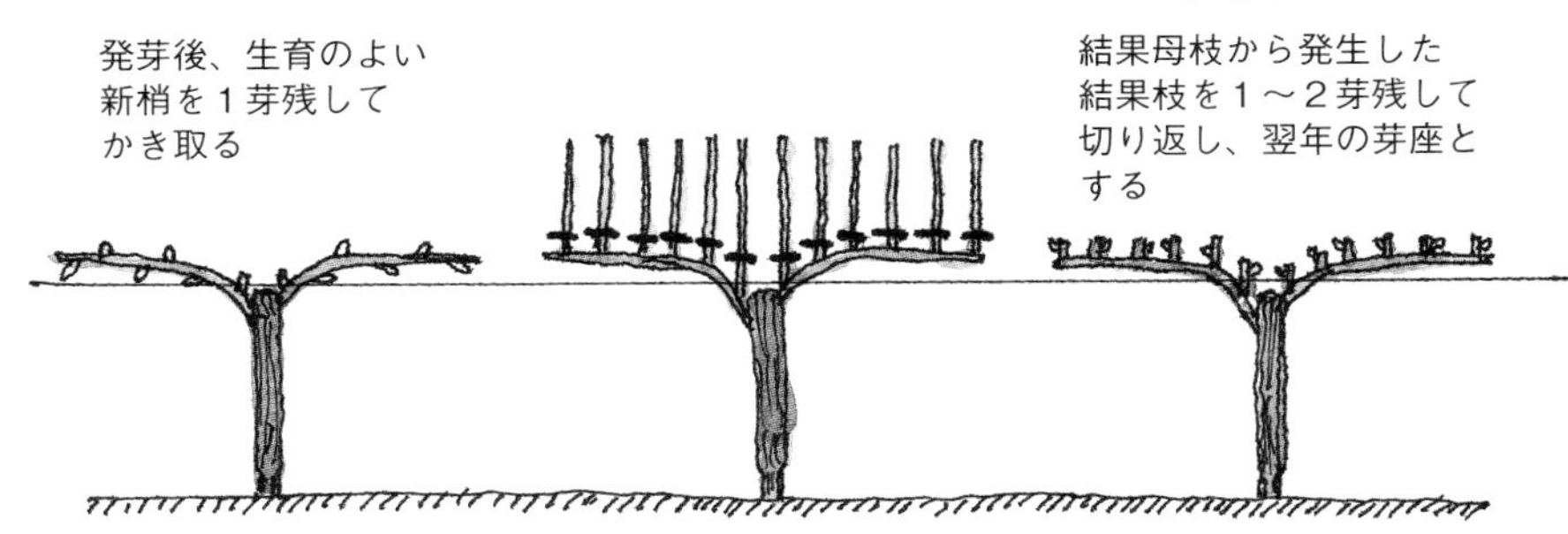

注：「山梨県醸造用ブドウ栽培マニュアル」（山梨県ワイン酒造組合）

振るいしやすい品種の場合、基底芽から発生した新梢には果実がつかなかったり、房が小さくなることが多いので、一つの芽座に複数の結果母枝を残して、新梢の数を多くしたほうがよいでしょう。結果母枝は2芽を残し、3芽目を犠牲芽として剪定します。

北海道の短梢剪定仕立て

片側1本の短梢剪定（垣根仕立て）

成木剪定後（芽吹き前）の状態

北海道農政部の「醸造用ブドウ導入の手引き（改訂第3版）」では、従来の片側水平短梢整枝に密植長梢整枝、密植片側水平短梢整枝を加えた三つの仕立て方が紹介されています。いずれも片側に結果母枝を伸ばし密植させて、ブドウを栽培する方法です。

片側水平短梢整枝が列間2・5m×樹間1・5～2・0mで10a当たり200～270本の栽植密度であるのにたいし、密植片側水平短梢整枝は列間2・5m×樹間1・0mで10a当たり400本の栽植密度になります。もちろん、密植による利点と欠点があります。

積雪の少ない地域では、収穫を終えた結果母枝は、ワイヤーに固定したまま冬を越しますが、北海道では積雪を考慮して、苗木を斜めに植えつけて、冬になると結果母枝をワイヤーから外して地面に下ろして寝かすように指導しています。そうすることで、冬季の寒さからブドウの樹を守る雪国特有の仕立て方が推奨されています。

垣根仕立てでの雨よけ栽培

雨が直接ブドウの新梢や果房に当たると、必ずといってよいほど灰色かび病、べと病などが発生します。

近年は防除効果の高い農薬が出回っていますが、安全・安心な農産加工品が求められるなかで、農薬使用量を可能なかぎり軽減することが必要とされています。そのためにも雨よけ施設は効果的です（**表4－1**）。

レインプロテクション（カベルネソービニヨン）

雨よけの工夫

欧米のワイン産地に比べ、夏場の雨量の多いことは、日本の醸造用ブドウ生産者共通の悩みです。垣根全体を屋根で覆って茎葉や果実に雨が当たったり、根が必要以上に水を吸い上げたりするのを防げればよいのですが、そのためには膨大な資材と資金が必要になります。

レインプロテクション（ケルナー、3年目）

そこで、各地でさまざまな雨よけ栽培の手法が編み出されてきました。

カサかけの例（マスカットベーリーA）

雨よけ栽培のタイプ

カサかけ栽培

雨が直接果実に当たるのを避けるため、ろう引きしたカサを一つ一つの房にかける方法。膨大なカサと、人手と時間を要します。

レインプロテクション（簡易雨よけ）

垣根仕立ての場合は、果房が同じ高さに一列につくので、2段目のワイヤーを利用して、垣根の両側から果房の上だけに幅30㎝ほどのポリシートをかけて雨を避けるレインプロテクションという方法があります。

表４－１　簡易雨よけの有無による病害発生状況

灰色かび病の発生状況

試験区	発病果房	発生率（%）	調査房数
処理区	2	10	20
無処理区	7	35	20

注：品種：ケルナー、調査時期：収穫期、レインプロテクション時期：７月中旬

べと病の発生状況

試験区	被覆時期	発生率（%）				調査房数
		無	少	中	多	
処理区	展葉５～７枚	7	57	26	11	40
	開花期	10	64	18	8	32
無処理区	—	0	20	40	40	30

注：①品種：ケルナー、調査時期：収穫期
②１果房中の発生程度　無：0%、少：～40%、中：40～80%、多：80%～
③「ブドウ新品種の導入による新たな加工品開発マニュアル」（岩手県農業研究センター）

マンズ・レインカット栽培

マンズワインに勤務していた頃の志村富男氏が考案し、１９９６年に特許登録された方法です。悪天候のときは垣根全体にビニールカバーをかけ、晴天時には巻き上げるか外すことで、日光が十分当たるようにできます。天候に応じてビニールのカバーを開閉できるのが特徴です。

垣根全体をビニールで覆う（マンズ・レインカット栽培）

マンズ・レインカット栽培正面

トンネルメッシュ

棚仕立てのなかでも一文字短梢仕立てを行う場合、新梢は両側に広がるため、果房の位置が主枝の両側に一様に並びます。この主枝から果房にかけての１m程度をトンネル状の細い鉄格子とビニールで覆う様式になります。果房周辺には雨がかからず病害の発生も抑えられます。

トンネルメッシュの例

棚仕立ての特徴と剪定方法

日本式の棚仕立て

棚仕立ては、江戸時代に甲斐の国で考案され、それ以降つる性のブドウを栽培する方法として、先人たちが編み出した独自の方法です。同様の仕立て方はイタリアや中国でも行われていますが、日本のように畑全体を棚で覆うやり方は、世界を見渡しても少ないようです。

日本では現在も収量や果実の品質、樹勢コントロールの容易さなど、複合的な要素を考え合わせると、棚仕立てが最も適していると考えられていて、多くの生産者が取り入れています。棚仕立ての特徴は、その生産性の高さにあります。

海外のワイン産地に比べると、土壌が肥沃で梅雨や秋雨など、生育期の降雨が多い日本では、樹勢が強くなりやすいので、樹冠を拡大して樹勢を落ち着かせなければ、安定した結実や収穫がむずかしくなってしまいます。

棚仕立ては、垣根仕立てに比べると収量が多く、10a当たり1・5～2tの収量が見込めます。古くから醸造用ブドウを栽培していた山梨県の甲州市勝沼では、現在も甲州やマスカットベーリーAをこの手法で栽培しています。昔から家族経営のブドウ農家が多く、その大部分が50a前後の畑で経営を続けています。1本の樹に手をかけて育てることで、品種のポテンシャルを引き出す棚仕立てが、高反収を実現しています。

甲州式平棚

棚仕立ては安定多収（甲州）

樹勢をコントロール（マスカットベーリーA）

長梢剪定と短梢剪定

棚仕立てによる剪定方法は、長梢剪定と短梢剪定に大別できます。

長梢剪定

樹勢に応じて結果母枝を5～15芽前後、長めに残して切り詰め、それ以外の枝は間引く。その年に伸びた枝の総量の7～8割を切り落とします。生食用ブドウと同様に自然型整枝法やX字型整枝があります。

短梢剪定

結果母枝を一律に1～2芽残して短く切り詰める剪定法。その年伸びた枝の総量の9割以上を切り落とします。H型整枝、HW型整枝に加え、作業が単純で導入しやすい一文字短梢整枝も広まっています。

図４－13　X字型整枝の基本樹形

第4主枝（16%）
第1主枝（36%）
2.5～3cm
第2主枝（24%）
第3主枝（24%）

注：土屋長男原図より

X字型（長梢）整枝の特徴

X字型長梢剪定法は、山梨県勝沼の土屋長男氏により考案されました。それまで主流だった放任に近い自然形の欠点を克服し、改善を加えたもので、現在の長梢剪定の基本となった技術です。

自然形長梢剪定仕立て

樹を上から見ると主枝がXの形に広がるのが特徴で、その樹勢を保ちながら樹冠を拡大し、最終的には図13のような形を目指します（**図４－13**）。

その長所としては、①樹冠の拡大が速やかなので、早期成園が可能、②棚の空いた部分に自由に枝を配置できる、③結果母枝の剪定程度を加減できるので、樹勢コントロールがしやすいことが挙げられます。

その一方で、①整枝剪定技術の習得がむずかしいため、熟練には経験を要す、②果房や果実が一列にそろわないので、大規模化や機械化には不向きなどの欠点も見られます。

日本で広く栽培されている甲州やマスカットベーリーAを肥沃な圃場に植えつけると、樹勢が強く、樹冠が大きく広がるため、長梢剪定のX字型整枝が基本です。これらの樹勢の強い品種を棚仕立てで栽培する場合、栽植密度は成園時に10a当たり3～8本が目安です。

図４－14　長梢剪定（棚）の姿

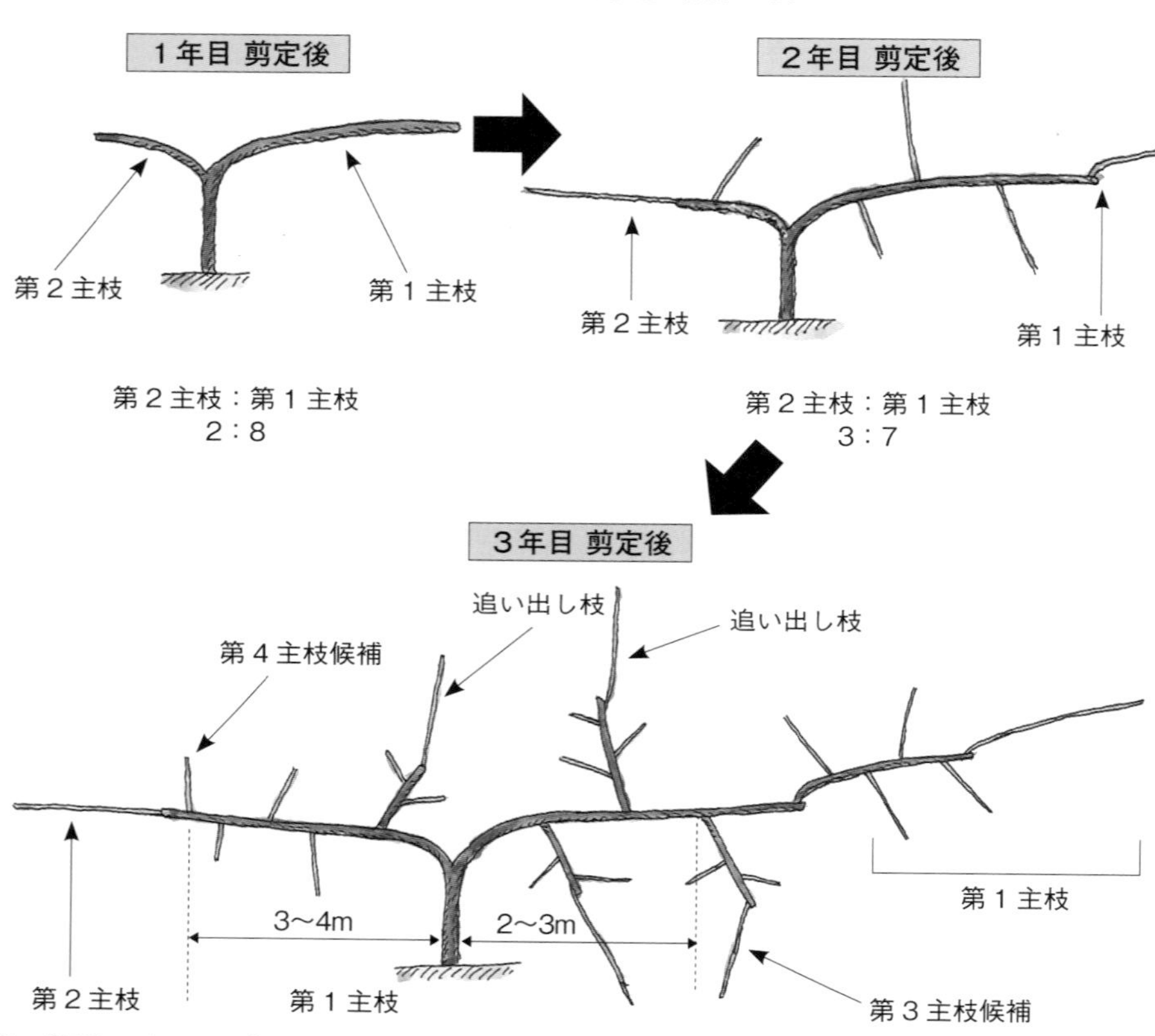

注：『図解 よくわかるブドウ栽培〜品種・果房管理・整枝剪定〜』小林和司著（創森社）

一方、欧州系の醸造用品種は、生食用ブドウに比べ樹勢が弱く、節間が短いため、細かい枝や葉数も多くなります。

そのため、葉が日光を遮って棚面が暗くなる場合は、生食用ブドウよりも多く芽かきをしなければなりません。欧州系のシャルドネやカベルネソービニヨンを栽培する場合は、成園時に10a当たりにつき、15〜18本（10年生での時点）が目安です。

長梢剪定栽培の手法

棚の長梢剪定

1年目

新梢が旺盛に生育して、棚上に２m以上伸びている場合は、３分の２程度残して切り詰め第１主枝とします。棚下30〜50cmから発生している副梢を第

2主枝として残しますが、第1主枝との勢力差（芽数の差）を8：2にします（**図4－14**）。

剪定後第1主枝が棚上に1mほどしか残せなかった場合は副梢を切除し、翌年伸びた新梢を第2主枝とします。

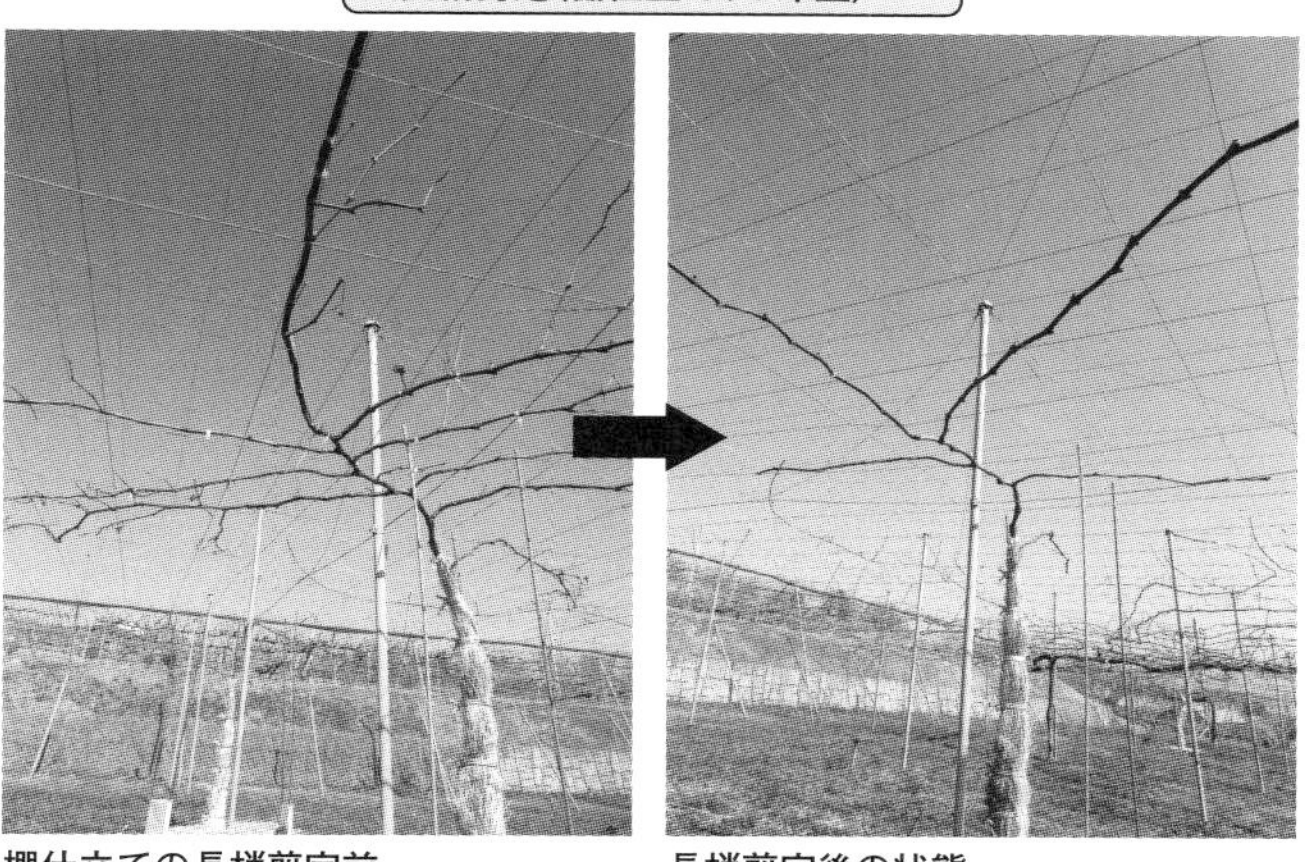

棚仕立ての長梢剪定前
長梢剪定後の状態

2年目

主枝の延長枝を、樹勢に応じて2分の1から3分の2程度残して切り詰めます。第1～2主枝の先端の結果母枝よりも強い枝は切除し、基本的に2芽置きに交互に残します。

棚仕立ての長梢剪定前
長梢剪定後の状態

3～4年目

第1主枝側に第3主枝、第2主枝側に第4主枝の候補となる枝を決め、育成を始めます。各主枝の先端の勢力を保つため、競合するような強い枝を配置しないようにします。

この時点で第1主枝と第2主枝の勢力差（芽数の差）は、7：3程度とします。

5年目以降

各主枝に多くの亜主枝候補や側枝が配置されてきます。第1主枝よりも第3主枝、第2主枝よりも第4主枝の芽数を少なくします。

目標の占有割合は第1主枝が36％、第2～3主枝が24％、第4主枝16％とします。各主枝に残す亜主枝は将来的に残しますが、側枝は長大化しないように管理します。

短梢剪定栽培の特徴と手法

歴史的な背景から、山梨県や長野県など東日本の産地では、長梢剪定で栽培する産地が多いのにたいし、岡山県を中心とする西日本では平行整枝短梢剪定が広く採用されています。平成以降、農家の担い手不足や高齢化により東日本でも、省力化が求められるようになりました。すると省力化を図りつつ安定した収量が得られる短梢剪定栽培に取り組む人が増えています。

短梢剪定には、主枝が2本の一文字型、左右2本ずつ計4本のH型、片側4本主枝のWH型などがあります。

短梢剪定は、①整枝剪定が単純なので、熟練した技術を必要としない、②新梢の誘引方向が同一で果房が同列に並ぶので、摘心、カサかけ、袋かけなどの作業が効率的に行えるなどの長所があります。

一方、①剪定量が加減できないため、樹勢が低下したときの回復がむずかしい、②長梢剪定に比べて1年枝の

図4－15　短梢剪定棚仕立ての例

H型整枝
10～14m
第3主枝
第1主枝
6～8m
2～2.2m
第2主枝
第4主枝

WH型整枝
10～14m
6～8m
2～2.2m
6～8m
2～2.2m

一文字型整枝
5～10m
2～2.2m
主枝
結果母枝

注：原出典『葡萄栽培法』太田敏輝著（朝倉書店）などをもとに抜粋加工

一文字型の短梢剪定樹

図4－16　結果母枝の剪定方法

1年目

今年の結果枝

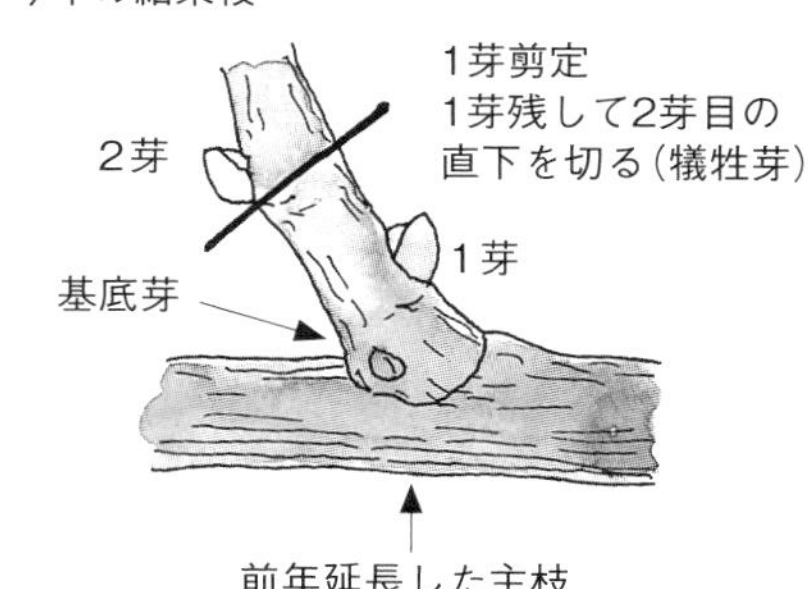

2年目

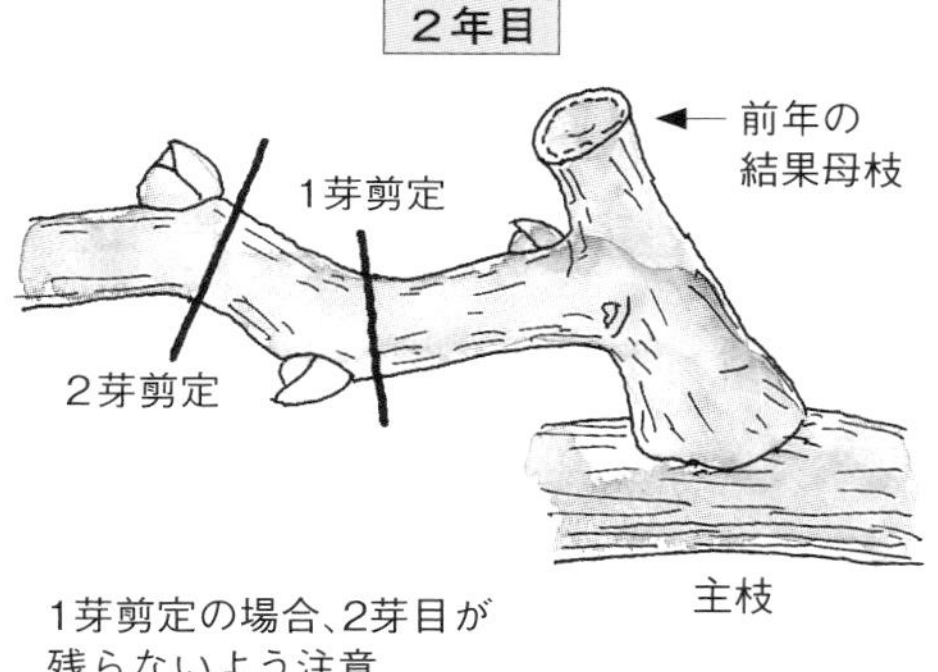

1芽剪定の場合、2芽目が
残らないよう注意

注：『改訂 絵でみる果樹のせん定』（長野県農業改良協会）

並行整枝の短梢剪定樹

短梢剪定樹に着房

貯蔵養分が少ないので、初期生育が遅れる、③強い新梢が発生するので、摘心作業が必須などの短所もあります。

棚の短梢剪定

短梢剪定は、**図4－15**のように主枝を平行に配置し、一律に1〜2芽残して切り落とします。主枝の本数は品種や地力によって異なりますが、片側2本主枝のH型整枝が多くの品種に適用できます。

結果母枝の剪定は、基本的に1芽を残して2芽目を犠牲芽剪定します（**図4－16**）。これは枯れ込みを防ぐた

結果母枝の短梢剪定の例（1年目）

め、生かしたい芽の一つ上の芽がついている部位で切除することを意味しています。結果母枝の約20cm間隔に一つの芽座を配置し、一つの芽座から1本の新梢を伸長させます。

不発芽などにより芽座が欠損したときには、前後の芽座の結果母枝を2～3芽残し、その上で犠牲芽剪定をします。剪定の時期は厳寒期を避けるようにしますが、積雪地帯では積雪による棚の倒壊を防ぐため、5芽程度に粗切りを行っておきます。

図4－17　片側誘引短梢剪定

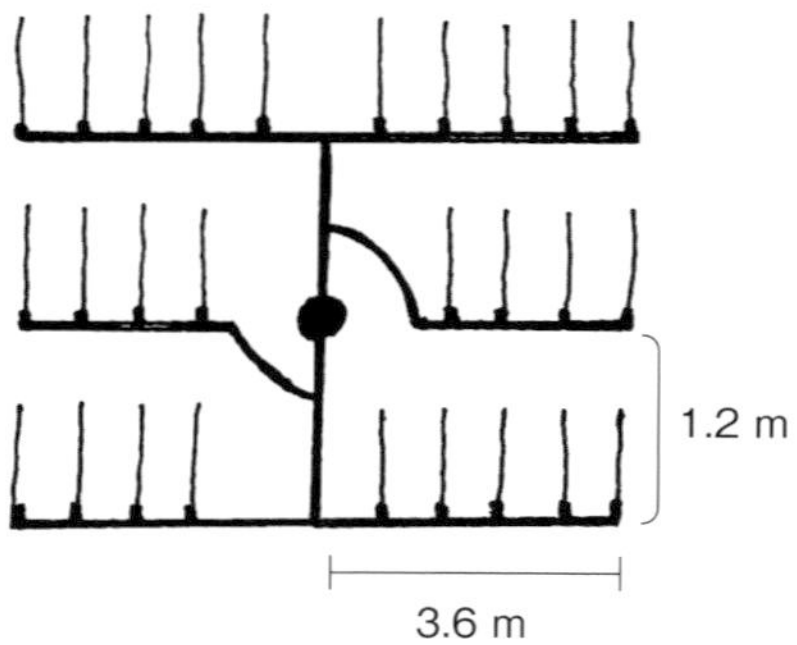

1.2 m

3.6 m

注：長野県果樹試験場資料

片側誘引短梢剪定

長野県果樹試験場では、片側誘引短梢剪定栽培という栽培法を考案しました。これは、塩尻市のワイン会社林農園の林幹雄社長が、オーストラリアの研究者リチャード・スマート氏が提案したスマート・マイヨルガー仕立て（スマート仕立て）を改良したもの（図4－17）。

新梢を北側だけ残し、南側からの日照がよく当たるように剪定します。既存の平棚をそのまま利用することができ、剪定法が簡便です。

さらに同試験場の調査では、糖度も果皮色素量も自然形仕立てで栽培したメルローを上回っていて、高品質の果実を生産できるとのこと。今後の普及が期待されています。

＊

以上のように、醸造用ブドウには湿潤な日本生まれの棚仕立て、欧米で発達した垣根仕立てがあり、それぞれに長梢と短梢での剪定法があります。栽培する地域の気候風土、歴史、品種特性、栽培規模やはたらく人の習熟度などに応じて、最も適した栽培方法を選択します。

（執筆協力・三好かやの）

片側誘引短梢剪定の例

第５章

生育サイクルと栽培管理

山梨県ワイン酒造組合

齋藤 浩

果房がつくられ、果粒が肥大（ケルナー）

1年間の生育サイクルと作業暦

1年間の生育サイクル

醸造用ブドウの栽培に取り組む前に、1年間の生育サイクルと主な栽培作業暦を念頭に入れておきます。ブドウの生育ステージと、それに伴う主な栽培管理・作業は**図5－1**のとおりです。

季節は山梨県を基準としているので、それぞれの時期は、栽培地の緯度や地形、標高によって変わります。生育ステージは同じ地域で栽培されている生食用ブドウと一緒です。また、管理作業には生食用ブドウ特有の房づくりの作業はありませんが、同じ畑のブドウを一斉に収穫してタンクへ仕込むので、必要量のブドウを均一の熟度にそろえることが要求されます。

近年は温暖化の影響で、以前より発芽や開花が早まる傾向が見られます。毎年ブドウの観察記録や栽培日誌をつけ、それをもとに独自のスケジュールを構築します。

スケジュール

9	10	11	12
		落葉期	休眠期
成熟・収穫期			
			粗剪定
収穫・選果			
	薬剤散布		

生育ステージでの成長

発芽・展葉期（4～5月）

春先、気温が上がるとともに地温も上昇し、発芽します。ブドウの芽は葉と花穂を一緒に内包している混合芽です。発芽後、新梢が伸び、次々と展葉してきます。展葉3～4枚になった頃、花穂が現れます。

展葉7枚目頃まで、ブドウは前年に枝や葉、根に蓄えられた貯蔵栄養分によって栄養成長しています。つまり貯蔵養分の多い樹ほど、萌芽のそろいも良く、良好に生育していきます。

新梢伸長期（6～7月）

初夏になると気温はさらに上昇し、新梢が伸び続けます。細く短い新梢や、逆に樹勢の強過ぎる新梢は、結実が不安定で果実の品質も良くありませ

図5－1　醸造ブドウの生育ステージと年間の管理・作業

月		1	2	3	4	5	6	7	8
生育ステージ	栄養成長	休眠期		水揚げ期	発芽期	展葉期	新梢伸長期		
	生殖成長					開花・結実期	果実肥大期		ベレゾン期・着色期
主な栽培管理・作業	樹体管理	整枝・剪定		結果母枝誘引		新梢の誘引			
			発芽促進				摘心・新梢管理		
		（休眠芽かき）			副芽かき			除葉	
					芽かき			副梢除去	
					不定芽かき・台芽かき				
	果房管理						整房	摘房	
						簡易雨よけ設置			
								カサかけ	
	防除			休眠期防除		薬剤散布			

注：「山梨県醸造用ブドウ栽培マニュアル」（山梨県ワイン酒造組合）

ん。この時期に新梢をよく観察するようにしましょう。

気温の上昇とともに発芽、展葉

果粒肥大期・着色期（8月）

展葉12～13枚になると、花穂が現れ、開花が始まります。開花後2週間は、細胞分裂が盛んに行われ、最終的な果粒の細胞の数が決まる《果粒肥大第Ⅰ期》、その後の2週間前後、果粒の肥大が停滞する《果粒肥大第Ⅱ期》は、種子が硬化して胚の成長が盛んな時期で、果肉と種子の間に養分競合が生じて、果粒の肥大が停滞するといわれています。

第Ⅱ期が終わると果粒が急速に軟化してきます。この第Ⅱ期と第Ⅲ期の境界の、果粒軟化期はベレゾン期（水回り期）と呼ばれています。ベレゾン期以降の第Ⅲ期は、糖の蓄積が進み有機酸が減少します。また、着色品種では、糖度の上昇に伴って果皮にアントシアニンを蓄積していきます。いわゆる生殖成長期が始まります。

成熟・収穫期（9～10月）

糖度と着色程度を見計らって収穫日を決めます。生食用ブドウは熟したものから、随時収穫していきますが、醸造用ブドウの場合、同じ圃場のブドウを一斉に収穫します。

落葉・休眠期（11～2月）

健全な樹は、気温の低下とともに落葉します。さらに低温になると、樹は休眠期間に入ります。休眠期は、元肥の施用や垣根・棚の補修、翌年に向けての整枝剪定作業を行います。

発芽、展葉期の生育と芽かき

ここからは、垣根仕立ての主な管理・作業を紹介しますが、棚仕立ての芽かき、誘引などの留意点については章末に述べます。

キャノピーマネジメント

冬場に剪定を行った後、春から秋に収穫を迎えるまで、芽かき、誘引、摘心、除葉、摘房などの作業を行い、適正量の果実を最も良い状態で収穫できるように調整していきます。この間、非常に大事な基礎的な考え方がありますので紹介します。

それは、キャノピーマネジメント(Canopy management) と呼ばれており、1986年にカリフォルニア大学デイヴィス校で教鞭をとるマーク・クリーヴァー教授が提唱し、日本では1990年代以降に広まった新たな概念です。

キャノピーとは、天蓋という意味です。垣根仕立てで考えてみるとわかりやすいのですが、新梢の茎葉や果房など今年伸びた新梢部分を指します。新梢のなかでも特に果房を取り巻く葉群の繁茂を放任せず、風通しが良くなり、太陽光を遮らないよう芽かき、そして除葉、伸び過ぎた新梢の先端を切除するなどの作業をとおし、果房まわりの微気象を良好な状態に整え、良質な果実を得ることを目的に生まれた考え方です。生育期間を通じて行うブドウの栽培管理作業は、この考え方を基に進めていきます。

また、生食用ブドウは熟した順に収穫していきますが、醸造用ブドウは一定の区画の果実を一斉に収穫し、ワイ

図5－2　ブドウの芽の発育過程

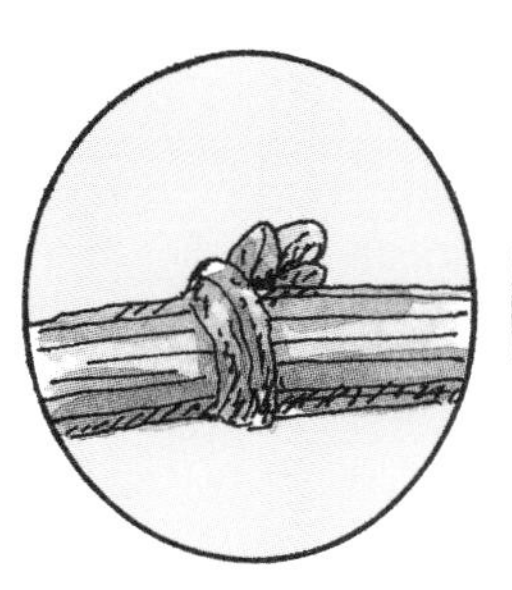

催芽

萌芽

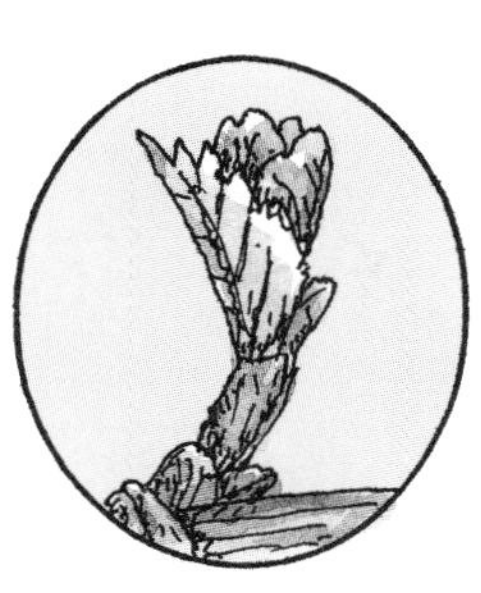
展葉

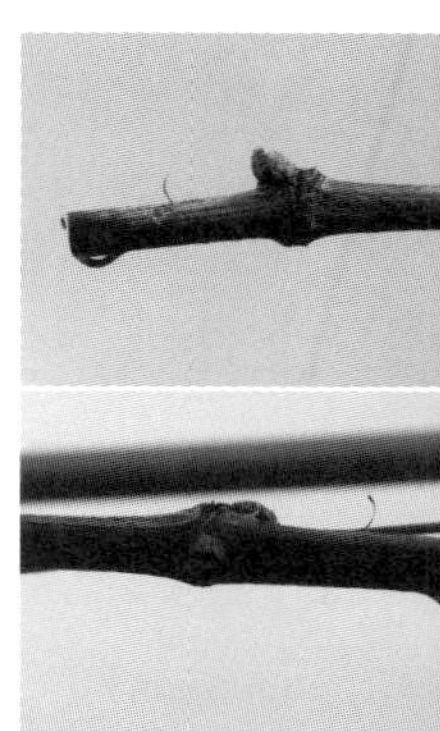
樹液が浸み出るブリーディング現象

ナリーに運びタンクに仕込みます。ですから収穫日を迎えるまで未熟や過熟の房がないように、いかに生育をそろえて均一な成熟状態に仕上げ、最も適正なタイミングで収穫するか。そこがワインの味や香りを左右する重要なポイントでもあるのです。

発芽と展葉

春先になると、ブドウの枝の切り口から樹液がポタポタと浸み出るブリーディング（溢泌（いっぴつ））現象が起きてきます。これは休眠していた樹が眠りから目覚めて水揚げ期に入った合図。根が水分を吸収し、幹や枝に送られてくることによるものです。

それを機に芽がふくらみ、気温が上昇してくると萌芽が始まります。また、発育は催芽、萌芽、展葉の過程で進行します（図5－2）。

山梨県果樹試験場で萌芽を調査する場合、萌芽した芽が長梢剪定樹では「結果母枝の第2芽が全体の50％萌芽した時期」、短梢剪定樹では「全芽座の50％が萌芽した時期」を発芽期としています。

標準的な新梢は、2～3日に1枚の割合で展葉し、節間も急にグンと伸びてきます。この時期に欠かせない管理として芽かきがあります。

発芽、展葉が続く（短梢整枝）

芽かきの目的

樹勢のコントロールは冬季の剪定で

も行いますが、そもそもブドウはしたたかな植物なので、春になると再びいろいろな場所から芽吹き始めます。

このとき、萌芽し伸長した新梢をすべて残しておくと、込み合ってしまい、十分光合成ができなかったり、栄養が分散して充実した果実が得られなくなったりするおそれがあります。これを避けるために、適正な数にそろえるのが芽かき作業です。新梢が密集して重なり合わないように、均等に間隔を空けるように行います(図5－3)。

芽かき

芽かきの時期、方法

4月の萌芽期を過ぎ、5月の展葉期になると、新梢はどんどん伸びていきます。この間、新梢が地表から2段目のワイヤーを越えるくらいの長さに達したら、芽かきを行います。

これは弱い新梢、強過ぎる新梢をかき取って、勢いをそろえる作業です(表5－1)。品種や仕立て方、剪定法により取り除く新梢の数も異なります。樹の様子を見ながら慎重に行います(表5－2)。

ブドウは展葉7枚前後までは、前年に貯蔵した栄養分で生育しているので、早い段階の芽かきは、養分の浪費を防ぎ、生育を促進する効果があります。ただし、芽かきを一斉に行うと、残った新梢が徒長して花振るいや果実の品質が低下するおそれがあります。

新梢の成長が旺盛になりがちな圃場では、強風や誘引作業によって新梢が折れることもあるので、特に樹勢が弱い場合以外は、芽かき作業を急がず

2～3枚に展葉したら主芽だけ残し、副芽(左)はかき取る

図5－3　芽かきのポイント

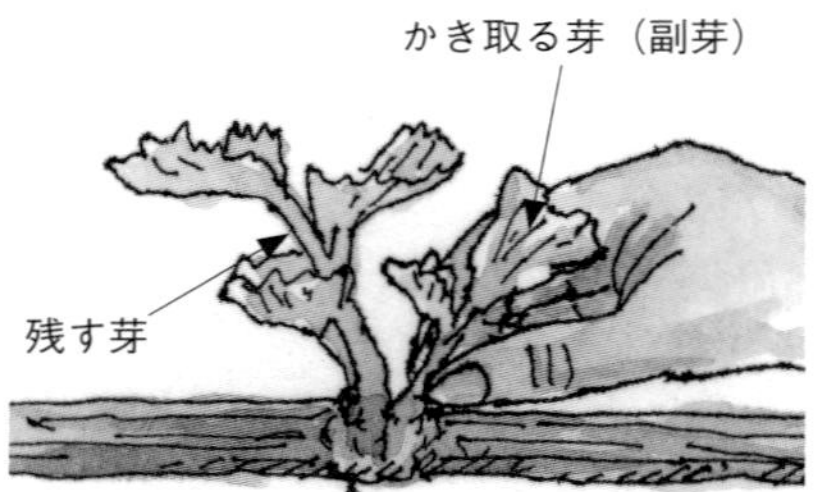

2～3枚に展葉したら主芽だけ残し、副芽はかき取る

表5－1　芽かきの手順

	主な作業
1回目	新梢の長さが5㎝前後になるまでに、大まかに、副芽や不定芽を除去する
2回目	1回目の10日後に、伸び過ぎる芽や弱すぎる芽、遅れて萌芽したもの、副芽を主に除去し、やや多め（13～15本／m）に残す
3回目	枝の伸長に合わせて適宜誘引を行いながら、枝の込み過ぎる部分を間引いて仕上げる（10本／m）

注：「醸造用ぶどう導入の手引き」（北海道農政部）抜粋

に、新梢の誘引と併せて行いましょう。

台木や不定芽の芽かき

時折、台木と穂木の接ぎ木部より下の台木から新梢が伸長することもありますが、すべて取り除きます。また、結果母枝以外の枝から発生した不定芽も、原則としてかき取ります。

台木や不定芽の芽かきが遅れ、芽が太くなると、かき取った後の傷跡の修復のために樹の負担が大きくなるので、早めに取り除きましょう。また、台芽や不定芽が再発生したら、これも見つけしだいかき取ります。

基本的に不要な台芽と不定芽は取り除きますが、樹が折れたり弱ったりしたときは、不定芽を生かして再生を図ることもあります。どの芽を生かすか、その見きわめが肝心要です。

副芽かき

ブドウの芽には、1か所から主芽と副芽の二つの芽が生えてくることがあります。その場合、力の弱い副芽そのものや、そこから伸びた新梢を手で取り除く作業を副芽かきといいますが、副芽が出る頻度は少ないので、たまに行う程度でよいでしょう。

主芽と副芽が同じ大きさで同等の力で伸びている場合は、花穂を持っていて充実している芽を優先的に残します。この作業は、通常不定芽かきや芽かきと同時期に行います。4月以降の遅霜による凍害や、強風で新梢が折れるリスクがなくなったら、開花時期や新梢を最初に誘引する前に終わらせるようにします。

基本の芽かき

芽かき実施前

芽かき後

表5－2　樹勢別の芽かきの目安

樹勢の強弱	芽かきのポイント
樹勢の弱い樹	•萌芽後なるべく早く芽かきを行う •展葉5～6枚頃になっても新梢の伸長が弱い場合は、さらに芽かきを行い、残った芽の伸長を促す
樹勢の中庸な樹	•副梢や弱い芽を除去する程度とする
樹勢の強い樹	•萌芽してもすぐに芽かきを行わない •萌芽後、生育を見ながら徐々に芽かきを行う •芽数は多めにし、最終的には仕上げで調節する

注：「醸造用ぶどう導入の手引き」（北海道農政部）

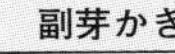

副芽かき

副芽かき実施前

副芽かき後

芽かき（長梢剪定仕立て）

芽かき実施前（左）と実施後の状態（下）

長梢剪定仕立ての芽かき

結果母枝の上方に向いて伸びている芽を残し、下向きの芽を優先的に取り除きます。基本的に結果母枝1ｍにつき、新梢の数が8～12本になるように芽かきを行い、調整します。新梢の数が少ないと、残った新梢が徒長しやすい傾向にあるので、樹全体のバランスを見ながら行います。

特に垣根栽培の長梢剪定仕立ての場合、翌年の結果母枝となる予備枝に十分養分が行き渡るように、予備枝以外の不定芽を早めに取り除いておきます。また、結果母枝が間のびしている場合、翌々年の予備枝として、不定芽を1本残すこともあります。

短梢剪定仕立ての芽かき

基本的に主枝1ｍ当たり8～12本の新梢が伸びるように、芽座を確保します。いずれの芽座も健全でバランス良く配置できていれば、1芽座につき1本の新梢があれば十分です。

ところが、節間が広く十分に芽座を確保できない場合は、一つの芽座から2本の新梢を伸ばします。冬季に2芽残して剪定し、基底芽からも発芽して新梢が込み入っている場合は、花穂がある、もしくは基部に近い新梢のなかから、やや強めの芽を残します。

また、短梢剪定は、年々基部の中央に芽座のない隙間ができて広がっていくのが難点です。基部に弱い新梢があれば、芽かきはせず、そのまま伸ばして空枝とし、冬季剪定の際、基部に近いほうへ切り返し、新たな芽座をつくります。

芽かき（短梢剪定仕立て）

芽かき実施前（左）と実施後の状態（下）

枝の込み過ぎる部分を主に芽かきを仕上げた後の状態（短梢剪定、ツバイゲルトレーベ）

新梢伸長期の誘引、摘心、除葉

新梢伸長期の生育

ブドウは、５月中下旬から新梢をぐんぐん伸ばしていきますが、もともと自立できないつる性の植物なので、放置しておけばそのままつるがダラリと垂れ下がってしまいます。そこで新梢をワイヤーに結わえつけ垂直方向に伸ばし、葉が重なり合わないように配置することで、十分光合成ができるようにするのが誘引の目的です。５月下旬から7月上旬にかけて行います。

新梢伸長期（植えつけ１年目、アルモノワール）

ブドウの展葉7枚目ぐらいまで、新梢の成長はそれまでの貯蔵養分に頼っていますが、それが10枚前後になると、それまでの貯蔵養分から新しい葉がつくり出す同化養分を利用して成長し続けます。そして、開花期直前頃に、新梢の成長はやや鈍り、開花から1か月後に展葉15～20枚になると、大部分の新梢の成長は停止します。

展葉５枚目の状態

細くて弱い新梢や樹勢の強過ぎる新梢は、結実が不安定で果実の品質も良くないので取り除きます。この時期の新梢の観察が、秋の収穫を左右します。

新梢誘引の方法

発芽した新梢は、結果母枝や芽座からV字型に上方へ伸びていきます。ブドウはそのままでは自立できないので、放置しておくと風で折れてしまったり、巻きひげが棚に巻きついたりして扱いにくくなります。そうなってしまう前に風通しを良くし、満遍なく日光が当たるように新梢をコントロールします。

新梢の上に垂直に伸びる性質を利用して、ワイヤーにたいして垂直に並ぶように配置し、隣の新梢と重ならないようにワイヤーに結わえつけ、早めに誘引します。

誘引方法で最も多いのは、結束器を使って新梢をワイヤーにテープで固定する方法。トレリスのワイヤーを前後に2本張り、その間に新梢をはさみ込み、幅寄せクリップやテープナーなどで固定するキャッチアップワイヤー方式は、作業しやすく枝を傷めずに誘引できます。

樹勢が強く太い新梢や立ち上がった新梢は、基部を捻るようにすると折れずに誘引できます。また、風の強い地域では、新梢が折れるのを防ぐため、あまり急がず新梢の基部が硬くなってから誘引するようにしましょう。結束する際は、先端に近いやわらかな部分ではなく、ある程度硬くなった部位を、緩めに結びつけるようにしましょう。

新梢の誘引作業

誘引の用具（テープナー、クリップ、テープ）

摘心の目的と方法

ブドウの新梢が伸び、成長するにつれ、先端の葉の光合成により蓄えられた養分は、さらに伸びようとする栄養生長に利用されます。また、新梢の長さが最上段のワイヤーを超えると垂れ下がってしまい、葉が重なって太陽の光を遮ってしまいます。新梢の先端をカットすることで、栄養分を花穂へ転流させ、養分を果実に送り込みます。また、風通しと日当たりを良くすることも摘心の目的です。

新梢の先端をカットする摘心

1回目の摘心

1回目の摘心は、開花1週間前くらいに、樹勢の強い新梢を中心に先端の未展葉部分だけを軽く摘んで摘心します。ただし、強い摘心をするとショットベリー（小粒果）が混入するおそれもあるので、新梢の勢いが極端に強くなければ、開花前の摘心は、必ずしも必要ではありません。この時期の摘心は、強い新梢の成長を一時的に止めることで、遅れた新梢の伸長が追いついて、生育がそろう効果もあります。

2回目以降の摘心

2回目以降の摘心は、新梢がまっすぐ伸びて最上段のワイヤーに到達し、誘引した後に行います。同じ高さを一律に、高枝切りハサミやリーフカッターで一気に刈り取ることで、作業が効率的にできます。

摘心が遅れると、新梢の先端が垂れ下がり、日当たりや風通しが悪くなり、病害虫の発生原因となるので、早めに行うようにします。このとき、横から樹を見ると副梢が伸びているのがわかるので、同時に刈り取るとよいでしょう。

表5－3　副梢の整理手順

	主な作業
1回目	仕上げの芽かきと同時に旺盛な副梢を除去する
2回目	摘葉と同時に果房周辺の副梢を基部から除去する
3回目	旺盛な副梢を基部3～4葉残して摘心する

注：「醸造用ぶどう導入の手引き」（北海道農政部）抜粋

副梢の管理

新梢が順調に成長すると、途中から副梢が発生してきます。樹勢が強過ぎて副梢の発生が旺盛な場合、結果枝の日当たりが悪くなり、果実品質などに悪影響を及ぼすのを避けるため、副梢を整理します（**表5－3**）。

伸びが弱く数枚展葉しただけで伸長が止まればそのまま伸ばしておきます。果実周辺の弱い副梢の葉は、果実の発育や樹体の養分を蓄積するはたらきがあるので、そのまま残します。

ただし、横から見通して、垣根の列幅からはみ出している副梢があれば、それだけを切除します。

また、赤ワイン用品種は、果実に太陽光が当たるほうが色づきや品質が向上するので、果房のまわりの葉はすべて切除します。果実の着色が始まってもまだ副梢が発生するようなときは、土壌の窒素過多か、秋冬の剪定の切り過ぎが原因です。施肥や剪定方法を改めて見直します。

除葉の目的と方法

ブドウの果皮はデリケートなので、人間の肌と同じようにいきなり日光にさらされると日焼けしてしまいます。できるだけ早い時期、つまり花が咲いてまだマッチ棒の先くらいの果粒が残っている頃から、果房周辺の葉を取り除く除葉（じょよう）作業を始めます。

垣根仕立て栽培では、除葉を行うと日当たりや風通しが良くなるほか、果房が見えやすくなり、摘房や収穫作業がスムーズに行えます。また、薬剤散布を行う際、果房にしっかり薬剤がかかるので、病害虫にたいする防除効果も高まります。

特に赤ワイン用品種カベルネソービ

除葉

ニヨンやメルローなどでは、除葉によってポリフェノールの含量が増加し、品質を高める効果があります。

これらの赤ワイン用品種には、欠点臭の原因といわれているイソブチルメトキシピラジン（IBMP）が比較的多く含まれます。この物質は太陽光により他の物質に変わり、未熟な香りが感じにくくなることが知られています。このため除葉を行い、果房に太陽光を当てるようにします。

畝の方角と除葉

ただ、やみくもに房まわりの除葉を行えば改善されるものではありません。ブドウの畝が南北方向ならば、まず東側の面を除葉し、ブドウの畝が東西方向ならば北側の面を除葉します。

このとき、果房の上下にある副梢も併せて除きますが、基部に芽があります。翌年の結果母枝候補となる新梢の場合もあるので、むやみにかいて芽を傷つけることがないように注意しながらかき取ります。特に太くなってしまったものはハサミで切り取るようにします。

除葉実施前

除葉実施後

除葉の加減

畝の西面や南面は午後の強い太陽光がさすので、ブドウの果粒の温度が高くなってしまいます。あまり高温になると当然日焼けの害も発生し、何より35℃を超え始めると着色の障害も発生しやすくなります。そのため、この両面は込み合った部分をごく軽く除葉しておくほうがよいです。

果粒は小さなうちから太陽光に当てると日焼けにだんだん強くなるので、開花結実以降、時間を置かず除葉を始めるようにしましょう。また、この時期以降の除葉作業はほとんど効果が見込めなくなりますので、ベレゾン期までに終えるようにします。

適切な除葉の例

一方、白ワイン用品種では、風通しを良くするために除葉する場合もありますが、日光が直接当たると、果房の温度が上昇し、急激に酸含量が低下するおそれもあるため、ごくわずかな除葉のみ実施する場合もあります。

果房まわりの葉はすべて取り除き、基部にある小さな葉もていねいに取り除きます。

開花・結実期の摘房と果房整形

器官形成と花振るい

器官の形成

ブドウは発芽した後、展葉4～5枚になると新梢の先に花穂が見え始めます。これが後に果房となり果実を実らせる器官です。花穂は萌芽期直前に芽の内部で急速に軸を伸ばし、萌芽後は、花穂の先端部分で蕾の分化を続け、発達していきます。

展葉が進むのと同時進行で、蕾内部では花冠、雄しべ、雌しべなどの器官が順次形成されていきます。展葉12～13枚頃になると花冠（キャップ）が飛び、開花が始まります。花穂の大きさや蕾のつき具合いは、品種によって異なります。

新梢に着生した花穂（甲斐ノワール）

花振るいの防止

開花期の前に注意したいのは、花振るいというブドウ特有の落蕾現象です。これが起きると、大量の蕾が落ちて一房にほんの数粒しか残らなくなってしまいます。

落蕾現象の花振るい

花振るいの原因は極端な乾燥、低温や降雨、樹の栄養不良や窒素過多などもありますが、主な原因は樹勢が強く蕾同士や新梢との養分競合です。摘房や果房整形（整房）、芽かき、新梢摘心などが花振るいを起こさせないための処置として有効です。

摘房のポイント

ブドウの結果枝に結実した果房を適正な果房数だけ残し、余分な房を切り落とす作業を摘房（てきぼう）といい、開花前に行う作業です。

横から垣根を眺めて「これは房がつき過ぎだ」と思った場合や、1か所に3果房以上が密着していたら、まん中の房を落とします。それによりブドウ果の健全な成熟が期待され、また、病害の発生を回避することにもつながります。摘房の作業は、果実の肥大が始まるベレゾン期までには終了させます。

果房の数は、新梢が十分な太さ（直径約10㎜程度）に生育していれば、1本につき2果房が基本です。しかし、新梢が細ければ、1果房だけ残すこともあります。摘房のポイントを「醸造用ぶどう導入の手引き」（北海道農政部）を参考に紹介します。

●1結果枝当たり2果房程度とします。

●樹齢、樹勢、樹全体の着果量、結果枝の強さ、果房の大きさなどにより加減します。

●結実状態、灰色かび病の発生などを確認しながら、できるだけ早く行います。

●天候不順などにより、熟期の遅れや品質低下が予想される場合は、その後も摘房します。

メルローやカベルネソービニヨンなどの赤ワイン用品種の場合、果房が込み合ってしまうと着色不良となり、ワインの品質に影響を及ぼすので、日光がよく当たるように重なり合った房を取り除きます。また、成熟が遅く、色づきの悪い房も摘房の対象とします。

最終的に収穫量が10ａ当たり1・0～1・2ｔになるように、コントロールするのが一般的ですが、場合によっては800kgに抑えるケースも見られます。

摘房

摘房を実施していない果房。果房が込み合って着色不良の状態

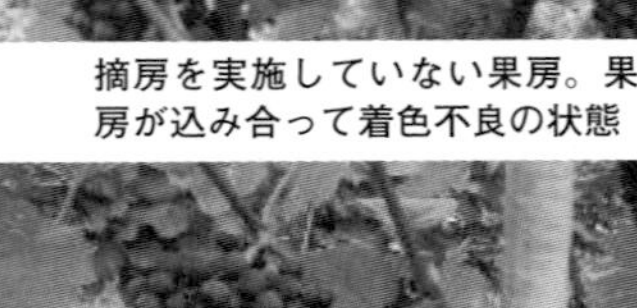

摘房を実施1か月後の果房（健全な成熟果房）

図5－4　果房（花房）の部位と名称

支梗
副穂（岐肩）
主穂
小果梗
主穂の穂軸

果房の形成と整形

果房の形成

ブドウの果房は、穂軸からいくつもの細かい軸（支梗）が出ていて、そこに蕾がつくことで形成されます。支梗は、最も基部に近いものを第1支梗、次を第2支梗といいます。また、果房が基部から二股になっていることがあり、大きいほうを主穂、脇から分岐しているものを副穂といいます（**図5－4**）。

花は一斉に開花するのではなく、果房の中央部あたりから咲き始め、上部・下部へと開花します。最後に副穂と呼ばれる肩の部分が咲きます。

醸造用ブドウには、玉張りや美しい房形を重要視する生食用ブドウのような房づくりの作業、種なし果や果粒肥大を目的とした植物ホルモンのジベレリン処理などの作業は必要ありません。それでも品種によって開花前から開花初期にかけて、果房整形が必要なものもあります。

果房整形のコツ

例えば雨よけのカサをかける場合、房の肩の部分についている副穂を切除しておくと、作業がスムーズに行えます。房の大きなメルローなどの品種は、着色を良くしたり、果実を充実させるために副穂を取り除くことが一般的に行われています。

また、甲州の着粒が不安定な場合、開花期に房尻を軽く摘むと、結実が充実しますが、これを欧州系の品種で行うと、果粒が詰まって押し合い、へし合いの密着果房になってしまいます。

果実肥大、成熟期の生育・管理

果粒の肥大と成長曲線

開花期以降、ブドウの果粒の発育は3段階に分けられます（図5－5）。

果粒肥大第Ⅰ期　果粒は開花以降、30～40日で急激に肥大します。特に開花後2週間は細胞分裂が盛んに行われ、最終的な果粒の数が決まります。

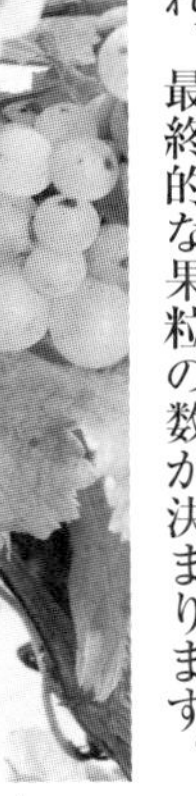

果実肥大期の果房（ソービニヨンブラン）

ちなみに、生食用ブドウよりも小さな粒が求められる醸造用ブドウでは、この時期の灌水量を抑えて、あまり粒が大きくならないようにコントロールします。

果粒肥大第Ⅱ期　第Ⅰ期の後の約2週間、果粒の肥大が停滞する時期を第Ⅱ期と呼びます。この時期は「硬核期」とも呼ばれ、種子が硬化して胚の成長が盛んな時期で、果粒の肥大が停滞。種子が熟し、いつ鳥についばまれてもよく、子孫が残せる状態になります。

果粒肥大第Ⅲ期　第Ⅱ期が終わると、果皮や果肉は急速に肥大して軟化してきます。この種子が充実する第Ⅱ期と、果実が肥大する第Ⅲ期の境界の果粒軟化期をベレゾン期といい、この時期、果粒に劇的な変化が起こり、ワ

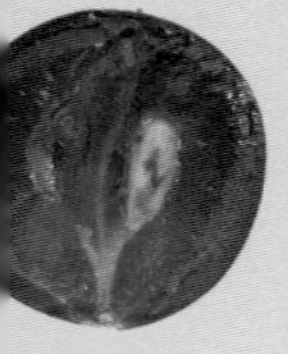
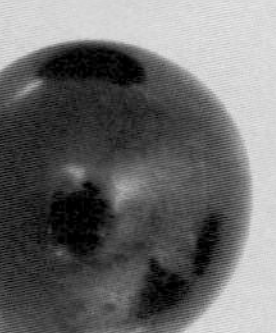

成熟期の果粒縦断面と粒形（マスカットベーリーA）

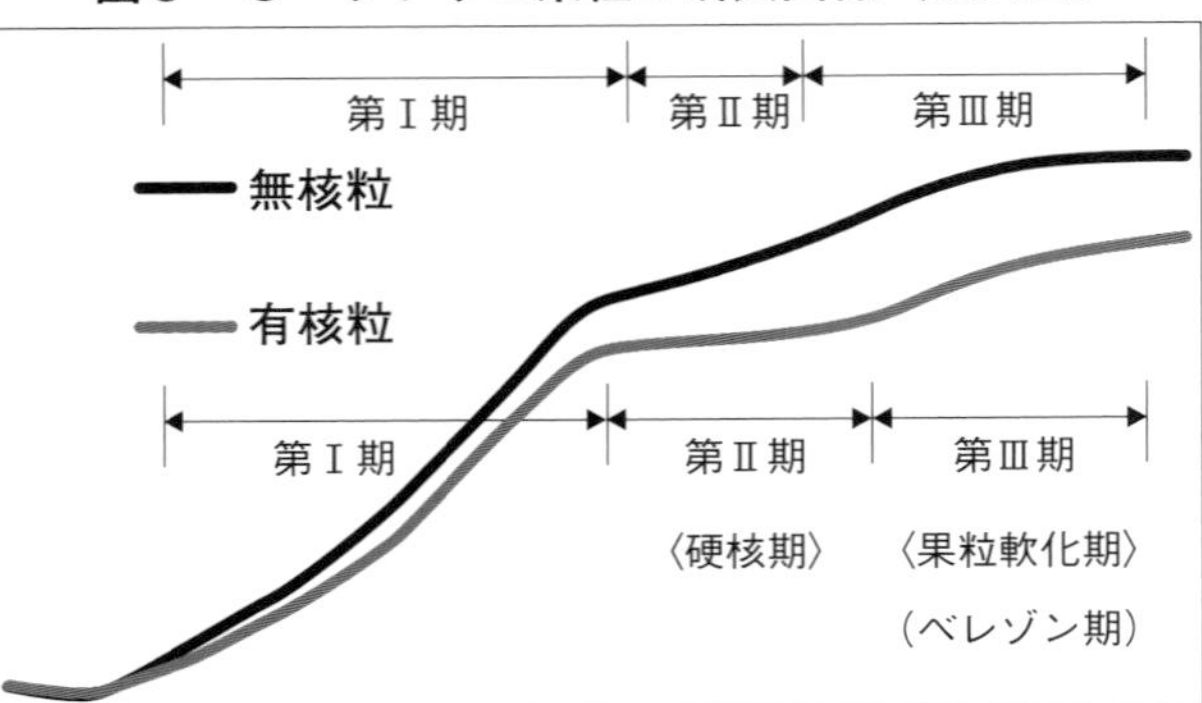

注：果粒が軟化する時期をベレゾン期、水回り期ともいう

インに欠かせない果汁や果肉、果皮の成分が形成されていきます。セルロースやペクチン質などの分解が起き、糖の蓄積が進み、有機酸が減少し成熟していきます。

また、有色品種では、糖度の上昇に伴って果皮にアントシアニンが蓄積されていきます。作業工程としては、最後の摘房を行うのがこの時期。また、それぞれの品種特有の香りの生成が行われ始めるのもこの頃です。

鳥獣害を防ぐために

果実がおいしそうに成熟してくると、ムクドリ、ヒヨドリ、スズメ、カラスなどの鳥がねらってきます。特に赤、黒系統の品種がねらわれやすいようです。また、ヤガやカメムシなどの昆虫も、ブドウの果汁を吸いに現れます。

網目５㎜の防護ネット

マスカットベーリーAなどの棚栽培でのカサかけは、これらの食害をある程度軽減することができます。万全を期して防護（防鳥）ネットを張る場合もあります。垣根栽培では、フルーツゾーンの両側からサンドイッチするかのように防鳥ネットを張り込んで鳥害を防ぐ例もあります。

なお、山間部や奥まったところにある園地付近ではイノシシ、シカ、ハクビシンなどが生息し、萌芽後の新芽や成熟した果実の食害が増えています。すべて個人でできることではありませ

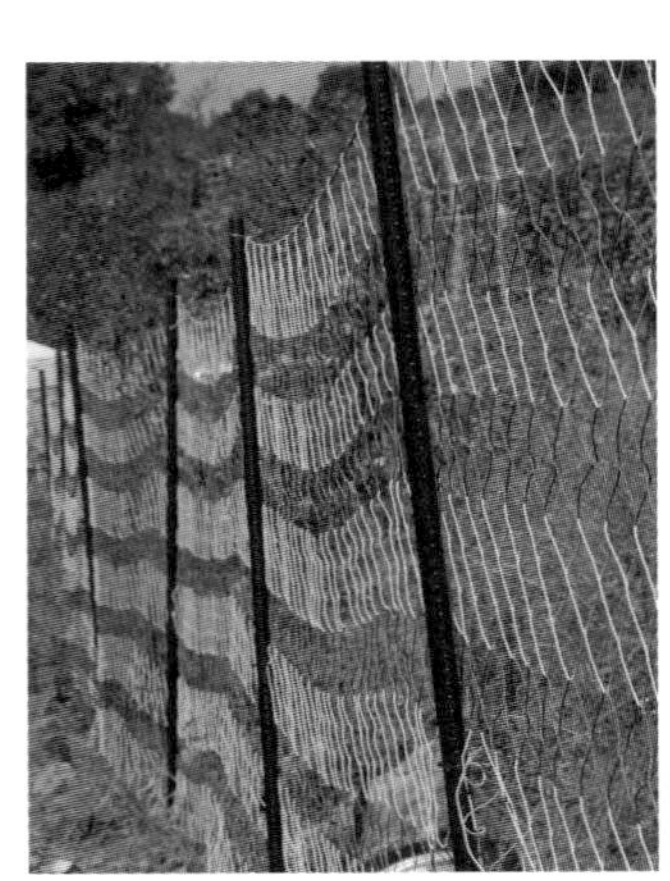

外周を電気柵で囲む

んが、ブドウ園の外周をフェンスや防護柵、電気柵などで囲って食害を防いでいるところもあります。

果実成熟期の生育状態

果実の成熟にしたがって糖分（ブドウ糖、果糖）とアミノ酸含量が増え、有機酸（酒石酸、リンゴ酸）が減少します。また、ペクチン物質の可溶化によって果肉が軟化します。糖分の蓄積や着色が進むことによって、品種特有の芳香を放ちます。

収穫期に低日照、長雨、結果過多、新梢の徒長的な成長などは、果実への養分転流を少なくし、糖度の上昇や着色を妨げます。どのような天候下であっても耐えられるように管理・作業の面で目配りを利かせ、蓄えのある樹力を維持していくようにしたいものです（なお、適期収穫など収穫のポイントについては第6章で詳述します）。

落葉、休眠期の生育と管理・作業

落葉期から休眠期へ

収穫後も枝葉は活発な光合成を行っており、枝幹や根に送られてくる貯蔵養分（炭水化物）を蓄えています。貯蔵養分が多く蓄積された樹は耐寒性を強め、凍害を受けにくくなります。

健全な樹はしだいに葉色が薄くなり、やがて黄変し、黄変後にほぼ一斉に落葉します。

気温の低下とともに、樹は休眠期に入ります。この時期は自発休眠という状態になり、低温に一定時間遭遇しないと温度を与えても発芽しません。自発休眠期には樹液流動がないため、剪定作業を行います。また、根の活動が停止しているため、深耕による有機物の投入などで土壌の物理性を改善することもできます。

園地のブドウ樹の葉色がしだいに黄変

芽そぎのコツ

芽そぎとは、新梢の数をコントロールするために、休眠期から発芽前までに不要な芽を削り取る作業です。冬場剪定を行う時期に、結果母枝の芽数をあらかじめ調整し、枝の下側についている芽、余分な芽などを、そぎ落とす作業です。

芽そぎを行うことで、樹に蓄えた栄養分が分散するのを防ぎ、残った芽に養分を行き渡らせることができます。また春先の芽かきや新梢の誘引を行う際も、あらかじめ不要な芽を減らしておくので、作業効率を上げることができます。

一般的に日本では、主に発芽後に行う芽かきで新梢の調整を行うので、芽そぎはあまり行われていません。ただし、垣根仕立てで大規模に栽培を行う場合は、発芽後の芽かき作業が短期間に集中してしまうので、特に長梢剪定仕立ての場合、労力を分散する目的で剪定を行うときに、芽そぎを行います。

棚仕立て栽培の作業の留意点

棚仕立てにおける管理・作業の留意点を述べます。

芽かき、副芽かき、不定芽かきは垣根仕立て同様に行います。

芽かき

長梢剪定の芽かき

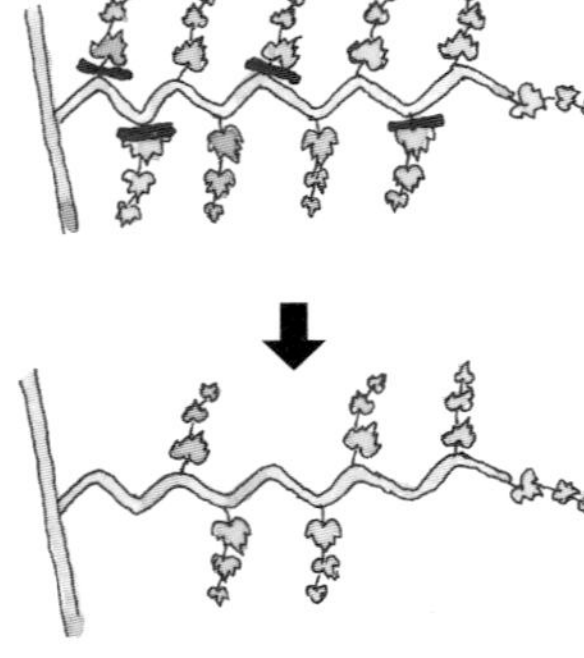

図５－６　芽かきのポイント

二芽残して一芽かく。基芽はかく

基本的に生食用のブドウと同様に、3回に分けて芽かきを行います。1回目は展葉2~3枚の時期に、不定芽、副芽、結果母枝の基部を中心に。2回目は展葉6~8枚芽の頃に、花穂のない新梢、弱い新梢や極端に強い新梢を切除します（**図５－６**）。3回目は開花~結実後に棚全体の込み具合いを見ながら、バランスをとって調整していきます。

欧州系の品種を棚仕立てで栽培することは少ないと思われますが、生食用の品種に比べると、節間が短いため、新梢が込み合う場合は、多めに芽かきを行います。

短梢剪定の芽かき

節間の短い欧州系の品種では、1年目は主枝1mに8~12本の新梢を残して芽座を確保します。この間隔は、垣根栽培と同程度となります。そして2年目以降は、1芽座につき新梢が1本伸びていれば十分です。

新梢誘引

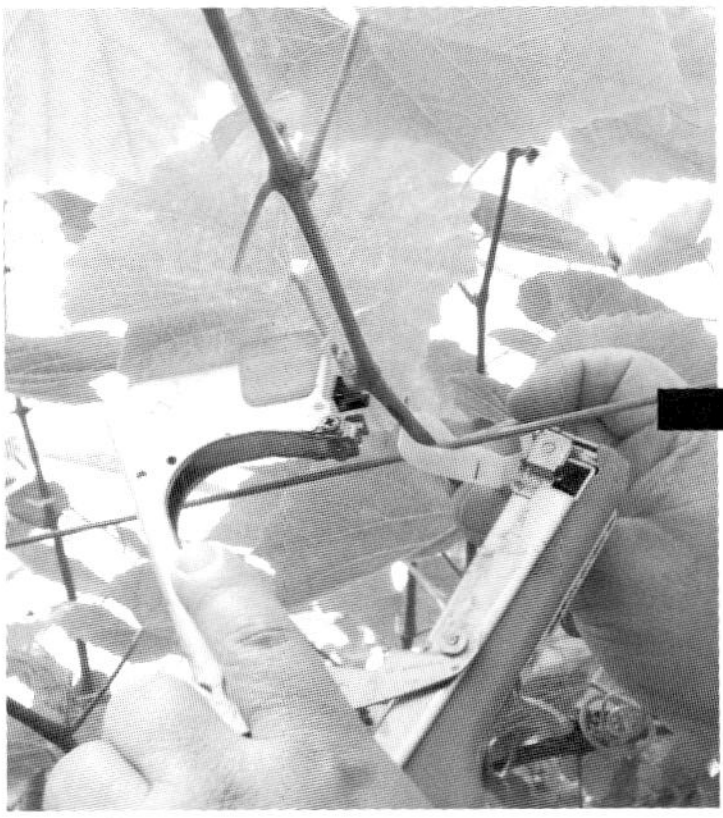

テープナーでとめる

誘引後の状態

新梢誘引

長梢剪定の誘引

結果母枝から発生した新梢は、延長方向にまっすぐ誘引。それ以外は新梢が重ならないように誘引します。

短梢剪定の誘引

結果母枝の先端を延長方向へまっすぐに誘引。それ以外は新梢が重ならないように一律に水平方向に誘引します。新梢のやわらかい部分で固定すると、折れることもあるので、新梢が50cm以上伸びて硬くなってから結束します。

余分の花穂を取り除く

花穂の整理と整房

誘引が終了したら養分の浪費を防ぐため、全体のバランスを見ながら余分な花穂を取り除きます。約1m以上伸びた樹勢の強い新梢には二つ、50cm前後の新梢には一つの花穂を残し、それ以下の樹勢の弱い新梢の場合は花穂をつけずに葉のみをつけた空枝とします。

基本的に房づくりの必要はありませんが、カサかけをする場合は副穂は切除するようにしてください。なお、甲州では着粒が不安定なときは、開花時期に房尻を軽く摘むと結実が向上します。

摘心

ハサミで摘心する

摘心後の状態

新梢の管理

新梢が2m以上伸びたら、適宜摘心を行います。欧州系の品種では、2m未満であれば、必ずしも摘心の必要はありません。また、棚仕立て栽培では垣根栽培と同様の除葉は行いません。よほど込み合った部分の葉を取り除く程度でよいでしょう。

摘房

どれだけ果房を取り除くかは、品種や目標とする収量により異なります。甲州、マスカットベーリーAは10a当たり1・8～2・2t、欧州系品種は1・5～1・8tが目安となります。

＊

以上が芽吹きから収穫までの一連の作業です。より充実した果実を、目標とする収量を確保できるように、芽、新梢、葉をコントロールしていきます。

（執筆協力・三好かやの）

第6章

果実の成熟と収穫・選果作業

山梨県ワイン酒造組合

齋藤 浩

収穫果（カベルネフラン）を醸造場に搬入

健全果・適熟果を目標にする

集大成の収穫に向けて

成熟期の果房（カベルネフラン）

ベレゾン期以降、ブドウは成熟を続けています。集大成となる収穫に向け、つくり手はブドウに何を期待し、どのような状態を望むのでしょうか？

非常に単純で大切な二つの言葉を示したいと思います。健全果と適熟果。果実がこの二つの状態を達成できればきっとすばらしいワインが醸造できるでしょう。

ところが、さまざまな気象状況やそれに伴う病害により、健全果を達成できなかったり、また、適熟まで待てずに収穫せざるをえなかったり、この二つの目標を併せて完全に達成するには、困難がつきまといます。とはいえ、ワイン造りに携わるみなさんは、できるだけこの目標を達成しなければなりません。

健全果については、本書の第5章に記したとおり、果実の幼果期からの防除が確実になされていたら、また果房にカサ紙をかけたり、雨の影響を排除し、病虫害の影響を極力排除できていれば、収穫期における健全果は達成できることになります。これは栽培者の努力目標になります。

完熟とは違う適熟果

さて、もう一つの適熟果については、少々説明が必要だと思います。

適熟という言葉を、初めて目にする方も多いと思います。実は筆者の造語なのです。

日本語には完熟というすてきな言葉があります。しかし、この言葉の指す状態を果実に当てはめると、果物が色濃く熟し、樹からポトリと落ちるような状況が連想されます。まさに果実が「完全に熟した」状態です。そのまま食したら、さぞおいしいだろうと感じます。そう、日本人は昔から果物は食べるためにブドウを栽培してきたのであって、果実を収穫し、つぶして搾って果汁飲料として利用しようとはしてこなかったのです。

それはなぜか？　というのも、日本はどこにでも潤沢に水があり、あえて果物を飲料にする必要がなかったのです。つまり、長い間果実は飲むものではなく、食べるためのものだったのです。食べるために栽培された生食用のブドウについては、山梨県の甲州ブドウの歴史は非常に古く約１３００年前から栽培されていたといわれています。食べるための評価として甘さは第一の指標になるので、千年以上の長きにわたり、果実の甘さへの信仰は日本人に深くすり込まれていったのです。

時代は下り、いよいよこのブドウを用いてワインを醸造する時代が明治の初期に訪れます。

このとき、ブドウのいちばんおいしい時期に摘んだブドウがいちばんおいしいワインになると、誰もが疑う余地なく考えたものと思われます。そのため、この時代以降、ブドウの糖度が第一の指標となるのです。また、評価されるワインも甘いワインが主流をなしていました。

ところが１９７５年頃を境にワインは食事とともに消費されるようになり、辛口のスタイルが好まれるようになりました。となると、はつらつとした酸が非常に重要な要素となってきます。つまりブドウにとっては、糖分と酸度のバランスが重要な指標と変化してきました。

適熟の「きいろ香2004」

日本で最も長い歴史をもつブドウの甲州。明治期以来、これを使用したワインが醸造されてきましたが、世界的にはあまり評価の高いものではありませんでした。そこで、かつて筆者が所属していたシャトー・メルシャンの研究チームは、長年にわたり甲州のポテンシャルを引き出すための研究を重ねてきました。その結果、わかったことがあります。

ワインに最適な熟期

甲州には脂肪酸エステル類のほか、３ＭＨ（メルカプトヘキサノール）という香気成分が存在することがわかり

生食用ブドウ（サニードルチェ）

糖度計

メルローの健全果

ました。これはグレープフルーツやパッションフルーツのようなアロマであり、ソービニヨンブランと同じ香気成分でもあります。

メルシャンでは、この香気成分を甲州から引き出したワインを「甲州きいろ香（か）」と名づけています。

それまで甲州のワインは、一様に「香味において中庸だ」といわれていたのです。当時、甲州は、伝統的に10月になってから収穫するのがあたりまえでした。それは、せっかく内在している香りの前駆体が少なくなってしまってからの収穫だったのです。また、白ワインに不可欠なはつらつとした酸もだいぶ少なくなってしまっていました。

評価高まる甲州

甲州の収穫果

そこで、メルシャンでは従来の栽培基準をすべて白紙に戻し、ワインに最適な熟期を見直しました。すると、それまでより約半月早い時期が収穫適期であるとの結論に至りました。となると、その状態をなんと呼べばよいのでしょう？

新たな概念の適熟

それまで日本で理想的とされてきた完熟とはあきらかに違うのですが、当時の日本には醸造用果実に当てはまる言葉がありませんでした。そこで筆者は、同じブドウでも生食に最も適した適期が完熟であるのにたいし、新たな概念であるワイン造りのために最適な収穫時期を「適熟」と呼ぼう、そう位置づけたのです。

「半月ほど早い時期」とあえて書きましたが、早いという言葉を使うとやはり基準は従来の収穫基準に軸足を置いたうえでの表現となってしまいます。ですから、それ以降「早い」という言葉をなるべく使わないようにしています。

こうしてメルシャンは２００４年、適熟な果実を収穫し、これを醸造した白ワインを甲州きいろ香と名づけて翌２００５年春にリリースしました。するとイギリスのワインガイドで高評価を獲得。甲州ワインが世界的に注目されるきっかけとなりました。醸造用ブドウは完熟の一歩手前の適熟で摘み取る。「甲州きいろ香２００４」から始まった収穫時期の見直しは、その後の日本のワイン造りに変革と、新たな希望をもたらしたのです。

適期収穫を行うために

糖と酸のバランス

さて、収穫適期を見きわめるためには、糖と酸のバランスがとても重要になりますが、このバランスをどうやって調べればよいのでしょう？

まず畑に出て、ブドウの果粒を数粒とって口に含んでみます。時期が早ければまだまだ酸っぱく、青い野菜などの風味が感じられることでしょう。次にもう少し生育ステージの進んだ頃に同じように口に含んでみます。すると、少し甘みが強く感じられるようになるでしょう。でも風味はいまだ青くさく感じられます。いよいよ収穫適期にさしかかると、口に含んだ果粒から青くささが消え、果実の風味が感じられ、十分甘くかつ酸味もあり、まさに甘酸っぱさが心地よいバランスを表現します。

この人間が感じる感覚こそが収穫適期になると思います。けっして、ただ単に甘いだけの完熟ではなく、ワイン造りの観点からの適熟なのです。

フランスには、果粒のテイスティングという言葉があります。ワイン造りに携わる人たちにとって、古い時代には分析機器もなく、人の判断のみが頼りだった時代から、良質のワインは造られてきたはずです。まずは畑に出てブドウを口に含み、収穫適期に至るブドウ果の変化を体験したいものです。

サンプリング採取

さて、現在はさまざまな分析機器が

収穫適期を見きわめる（ソービニヨンブラン）

適熟果房（シラー）

成熟期の果房（甲斐ブラン）

容易に手に入ります。とはいえ、いちばん大事なことは自身が実際に身をもって感じ取ることだと思います。その裏づけとして分析値で確認していくのがよいでしょう。

果汁のサンプリング

収穫時期を見きわめるためにまず必要なのは、果汁のサンプリングです。その手法について、「平成28年度山梨県果樹試験場研究成果情報」のなかに「醸造用ブドウの作柄を把握するための調査方法」という大変参考になる報告があります。試験内容を少し紹介しましょう。

そもそもワイン造りにおいては、一つの区画ごとにブドウを収穫し、それぞれのタンクで醸造します。つまり各区画や各圃場のブドウを一斉に収穫するので、各区画のブドウの熟度が均一であることが求められます。

作柄を把握する調査法

作柄の調査方法として、この報告では以下の三つの方法が具体的に紹介されています。

10房20粒法：ブドウ畑の同じ区画から10房を採取し、各房から20粒ずつ抜き取り２００粒を搾汁して調査する［山梨県果樹試験場］

１００粒法：ブドウ畑の同じ区画のなかから50房を選び、それぞれの房から2粒ずつ計１００粒を採取して搾汁し調査する［２００粒法の半量］

２００粒法：ブドウ畑の同じ区画の1房から2粒ずつ計２００果粒をランダムに採取して搾汁する［国際的な調査方法］

＊

この報告書では、以上三つの手法を用いてそれぞれの分析精度を比較した結果、１００粒法をより簡便でより信頼性のある手法として推奨しています。

リボンは追跡調査対象の目印

サンプルとして果粒を抜き取る

果汁の分析

では、こうして得られたサンプルの果汁を、どのように分析すればよいのでしょう?

醸造に向けて必要なデータ項目として、①比重糖度、②pH、③総酸含量、さらに④資化性窒素含量が挙げられます。

比重糖度

サンプル果汁の比重糖度は、糖度用の比重計を使って測定します。

比重糖度の分析にあたっては、サンプルの搾汁率を一様にします。ビニール袋に入れた果粒をよくつぶし、全体のつぶれ具合いを確認します。そして元の果粒の重量にたいして約60％程度の搾汁液を得ます。得られた果汁を円筒形のメスシリンダーにとり、15℃に合わせた後、浮標を用いて比重を測定します。得られた数値から比重糖度を求めます。

比重から得られる果汁の転化糖分を算出する式は、次のとおりです。

果汁の転化糖分＝（果汁の比重－１）×１００×２・７－２・５

比重計。サンプル果汁の比重糖度を測定

ワインにはさまざまな酸が含まれており、総酸含量の測定を行う

ほかの糖度の測定方法として、簡易な屈折糖度計を用いてブリックス糖度を測定する場合もありますが、酒税法上の記載には比重糖度が必要となるので、注意しましょう。

醸造専用種の場合、ブリックス糖度が20度以上であれば問題ありません。それ以下の場合、補糖するケースもありますが、あくまでも目安なので、必ず必要というわけではありません。品種や目指すワインの性質により判断基準は変わるのです。

酸含有量

ワインにはさまざまな酸が含まれています。その主な成分として酒石酸、リンゴ酸、クエン酸が挙げられます。また、酢酸、酪酸、乳酸、コハク酸なども、ワインの味わいのなかで重要な役割を果たしています。

総酸含量の測定は、中和滴定法で行います。これは国税庁所定分析法が定める測定法で、サンプリングで得られた果汁に、アルカリ性の水酸化ナトリウムを一滴ずつ垂らして中和することで、果汁に含まれる酸の濃度を求める方法です。酒石酸換算による総酸含量の値とします。この値が高ければ酸味の強い味わいのワインとなりますが、低い値の果汁からは、ややぼやけたワインとなってしまいます。

現在、酸含有量の目安は、辛口の白ワインの場合7g／ℓ程度、赤ワインの場合は6g／ℓ程度が一つの目安になっていますが、当然醸造者の意向によりこの数値を前後する場合がありますので、あくまでも一つの参考値と考えてください。

pH

pHについてはpHメーターを用いて果汁のpHを測定します。果実の糖度を重視し、果実が熟するのを待っているうちにpHは上昇してきます。そのまま待ち続けるとpHは4に近づいてきます。高いpHの果汁は微生物汚染を受けやすくなり、できあがるワインの品質に悪影響を及ぼすようになってしまいます。

醸造者それぞれに考え方もあると思いますが、収穫適期の目安はpH3・5～3・6程度を上限として考えたほうがよいでしょう。

資化性窒素含有量

資化性窒素とは、酵母が利用できる窒素を意味しています。

果汁を醗酵させるためには、酵母が必要です。この酵母が増殖していくためにはブドウの糖分だけではなく、窒素分やビタミン、ミネラルなどの栄養も必要なのです。果汁中の窒素分が少ないと酵母は思うように増殖できません。このため発酵が遅れたり、途中で発酵が止まってしまったりする危険性があります。

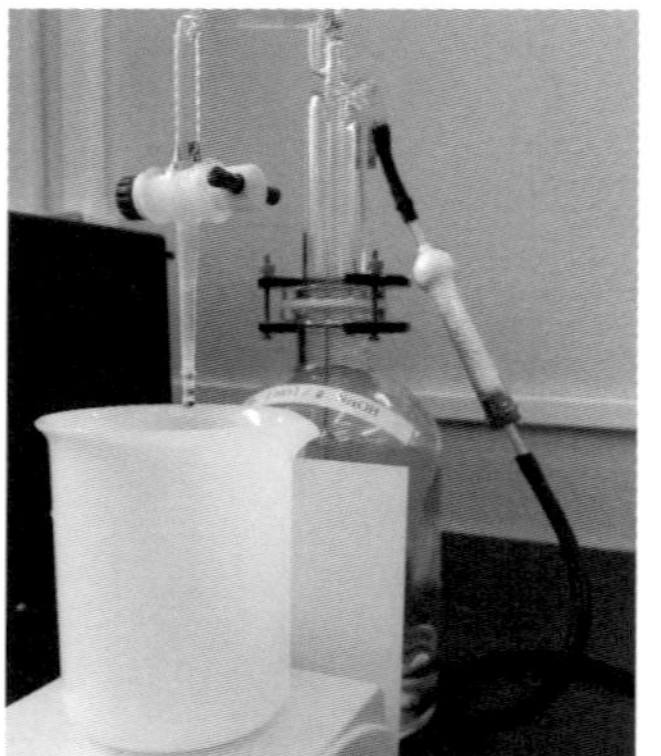

資化性窒素含量を測定するホルモール滴定装置

一般的に酵母が順調に増殖し、健全な醗酵状態が保たれるためには約140㎎／ℓの窒素分が必要といわれています。これを補うため、アンモニウム塩や窒素を含む醗酵助剤を添加する場合があります。

資化性窒素含量の測定は、ホルモール滴定装置で簡便に測定できます。必ずしもこの装置を装備する必要はありませんが、身近にない場合は、各都道府県の農業試験場などの研究機関に依頼することもできます。

収穫のタイミングと実施

何を指標にするのか

果汁分析の結果を見ながら、ぜひブドウ園に出かけてみてください。そして果粒を数粒口に入れ、その風味や種子のまわりのタンニンをじっくり味わってみてください。

まず、種子は緑色から薄い褐色、そして、さらに深い褐色を帯びるように成熟してゆきます。それに伴いかみ砕いたときの味わいは、青くささは消え、口中を刺激するようなタンニンはずっとまろやかになっているはずです。

特に赤品種では、よく感じ取ることができます。また、白品種では酸と糖度のバランスや、香りの成分がはなやかに感じることができるようになったかなど、どのようなワインを造るのか、造り手が必要とするスタイルに応じ、何を指標とするのかさまざまな選択肢が存在します。

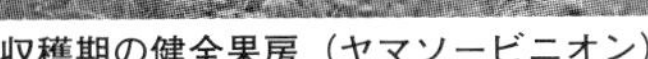

収穫期の健全果房（ヤマソービニオン）

空模様と収穫の判断

収穫は、晴天の日に行うのが望ましいです。

しかし、天候によって左右されることもあります。また、病害の蔓延により、収穫せざるをえない状況も考えられます。

収穫はなるべく雨天を避けますが、その後も雨天が続くことが予想される場合は、多少の降雨であっても素早く収穫したほうがワインの品質のために

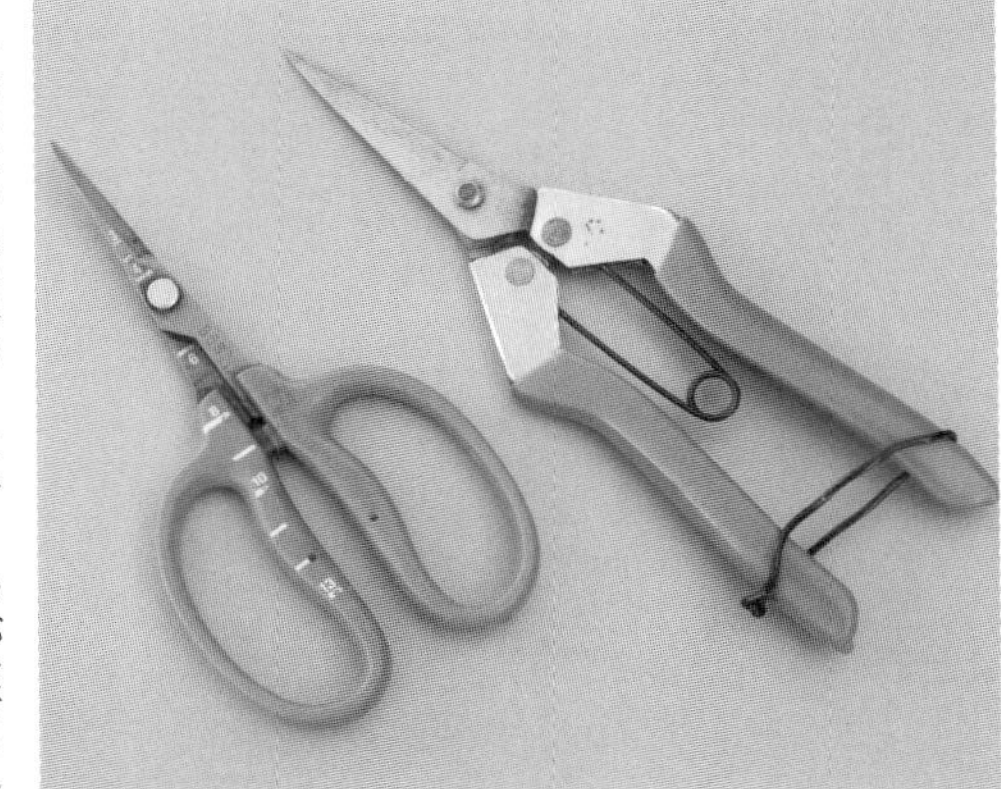

摘粒バサミ（左）と収穫（採果）バサミ

は良い決断になります。

筆者の過去の経験からですが、降雨の前と後ではブドウの病害の程度が格段に違うことが多いです。薬剤散布においても同じような傾向が表れます。

ハサミで収穫

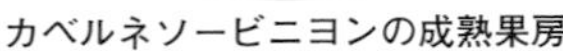
カベルネソービニヨンの成熟果房

降雨前に散布した農家と降雨の止むのを待って散布した農家の違いは、特にブドウベと病の被害の多少によって評価されてもいます。

ましてや収穫間際のブドウにとって、降雨による影響は計り知れないものがあります。この場合、適熟期であることよりも健全果であることを優先すべきです。収穫したブドウは、速やかに醸造所のタンクに収めることをおすすめします。

棚下で収穫

収穫作業

収穫果の搬入

収穫したブドウは、その翌日までには醸造に持ち込みます。

運搬のコンテナ

それより時間がかかりそうな場合は、コンテナの中で、上に載った房の重みでブドウ果がつぶれてしまうことも懸念されます。これを防ぐために、運搬には深く容量の大きなコンテナよりも、浅く平たいコンテナに入れて運びます。

受け入れ検査

ワイナリーが原料ブドウの生産者から収穫果を引き取る場合、受け入れ検査で品種はもちろんのこと防除暦、糖度、衛生状態などを確認することになります。

保管場所

醸造を待つ間、温度設定できる倉庫や冷暗所に保管しておくのがよいでしょう。また、そうした設備のない場合は、日が当たり、果実が蒸れてしまうような場所でなく、日陰に静置しておきます。

ブドウを速やかに発酵に導くのは、ワイン造りに携わる人間の使命です。収穫後、時間が過ぎることによりブドウは劣化が進みます。品質の高いワインを造るためには、収穫後できるだけ早く醸造に取りかかることが肝要です。

収穫後に行う選果作業

園地で行う一次選果

ワイナリーにブドウが搬入され、いよいよ醸造の過程に入るのですが、最後の仕事が待っています。それは選果です。

当然、まず最初の選果は収穫時にブドウ園で行います。病気にかかった部分はハサミで取り除きます。収穫用のハサミの先端で病害果を取り除くこともできますし、把手の持ち手にピンセットがついているタイプの収穫バサミも、摘果作業に役立ちます。

不受精果や着色不良果も取り除き、健全な果房だけを収穫コンテナに入れ

一次選果で病害果などを取り除く

収穫果カベルネフラン

ます。もし病害果が少なく、ブドウ園だけで十分選果ができるようであれば、ワイナリーに搬入した後の選果作業は必要なくなります。

収穫コンテナは10kg入りのものと20kg入りがありますが、園地で計量しておくと、ワイナリーに到着し、醸造に移る段階でブドウ重量の記載が速やかに行えます。

収穫コンテナ入りの果房（カベルネフラン）

ワイナリーでの二次選果

より高品質なワイン造りを目指し、ワイナリーで二次選果をします。

白品種の場合は、まず病果の混入を避けるため、ブドウ園での選果に加え、ワイナリーに運んでからもう一度選果を行います。傾斜式コンベアーの上にブドウを房ごと載せ、園地で見落とした腐敗果などをていねいに見て選果します。

コンベアーで果房ごとの二次選果を行う

赤品種についてはコンベアーにブドウを載せ、まず房ごとの選果を行います。それを除梗機に通し、果粒だけになったものを次のコンベアーに流します。両側に数人が立ち、目の前に流れてゆく果粒に少しでも夾雑物や果粒につく小果梗など、緑色の茎部分があれば細かく取り除きます。

こうした小果梗や茎には、ＩＢＭＰ（イソブチルメトキシピラジン）と呼ばれる青くささをもたらす物質が多く含まれるため、徹底的に排除したいのです。これは根気のいる作業ですが、ワインの品質を少しでも高めるため、ほんの小さな部分でも極力取り除く努力を惜しみません。

このように、醸造前の最後の仕事としての選果作業は、高品質なワイン造りを目指す世界のあらゆるワイナリーで行われています。

第7章

土壌管理と生理障害の対策

山梨県農業共済組合

古屋 栄

房枯れ症の発生により壊死し、黒褐色化した穂軸（甲州）

土壌管理のポイント

施肥養分

窒素

窒素施肥の重要性

窒素は、タンパク質、アミノ酸など樹体中の主要構成要素です。葉色や樹体生育を左右し、光合成生産量やその果実への移行に影響します。施肥窒素量やブドウ園土壌の地力が高いと樹勢は強くなり、樹体生育を促しますが果実糖度は低下し、着色は不良となります。多収を目的に窒素施用量を増やしても、高品質な果実生産につながりません。

理想的な窒素肥効パターン

高品質多収栽培を目指す施肥技術の多くは、効率的な果実生産に向けて窒素肥効をコントロールする技術です。理想とする窒素肥効の概要は、以下のとおりです（図7－1）。

図7－1　理想的な窒素肥効パターン

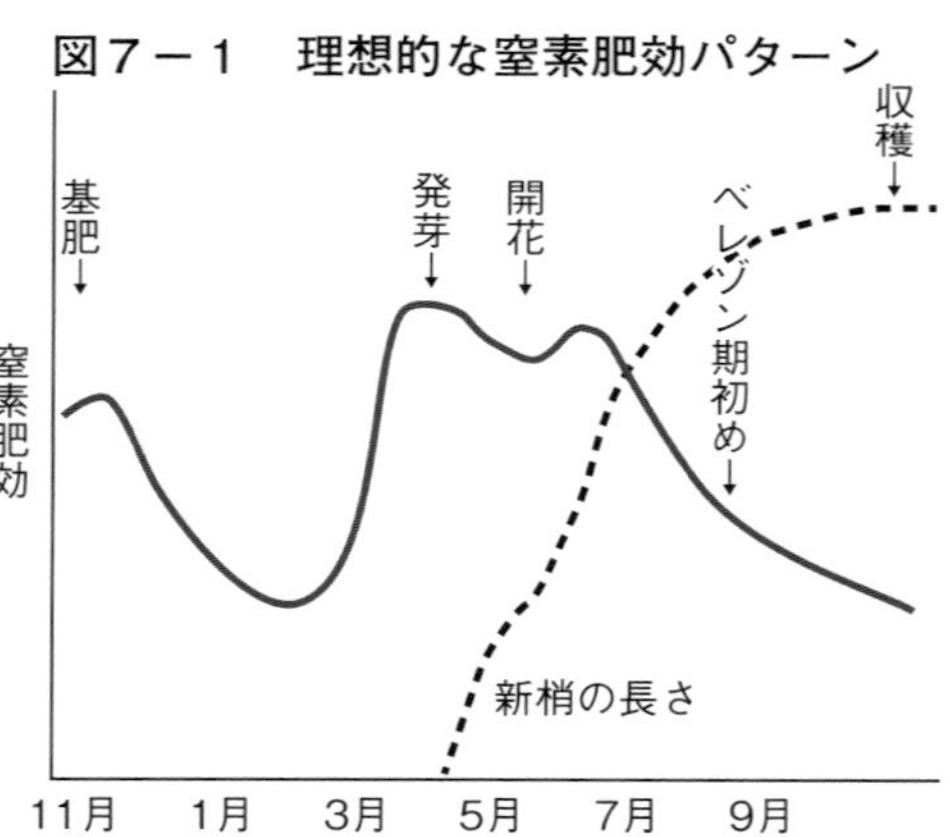

発芽1か月前から土壌水分を適潤に保ちながら徐々に窒素肥効を高め、発芽率を高めるとともに各新梢の伸長をそろえます。やがて貯蔵養分が切れるので、根からの窒素吸収に切り替わります。開花期前後には、水分調整や草生栽培などにより一時的に窒素肥効を抑制し、新梢伸長を抑えます。

結実後は、再び窒素肥効を高め、新梢伸長を促進しますが、ベレゾン期近くなってから以降は徐々に窒素肥効を低下させます。さらに収穫期まで、葉色が極端に低下して葉の機能を抑制しない程度に窒素肥効を維持しながら、葉で生産される光合成産物を効率的に果実に移動させます。

収穫後は枝が遅伸びしないように窒素を抑えながら休眠前の枝の十分な充実を図るとともに、樹体に貯蔵養分が蓄積するように促します。

窒素以外の多量要素

窒素以外の成分は、欠乏症や過剰症が発生するような極端な過不足のない

程度の成分量が土壌中に含まれていれば、樹体生育や果実品質は安定します。

リン酸、カリは、窒素とともに、肥料の三大要素と呼ばれ、ＤＮＡなどの構成成分であるとともに糖の蓄積や代謝に関係します。欠乏すると樹体生育や果実品質が大きく低下するので重要度の高い養分です。

マグネシウム（苦土）はクロロフィルの構成成分として葉中の葉緑素を形成します。ブドウにおける要求度は高く、欠乏症が発生すると果実の着色や糖度が低下します。

石灰岩の多い園地（フランス・ブルゴーニュ）

カルシウム（石灰）は、細胞壁の構成成分などとして重要です。ブドウの原産地や主産地が石灰岩を多く含むヨーロッパであるため、国内栽培においても石灰施用は重要と考えられています。施肥指導基準では石灰施用を重視し、苦土石灰の基準量が他の作物よりやや高めに設定されています。

微量要素

微量要素は、樹体内に含まれる量が多量要素のおおむね50分の1以下とわずかですが、細胞壁や光合成・活性酸素除去に関わる酵素の構成成分として重要です。

ホウ素は、ブドウでは欠乏しやすく、結実不良や内部が褐変したアン入り果の発生原因となります。

マンガンの吸収は、土壌pHとの関連が高く、pHが高いと吸収量は低下し、デラウェアでは着色不良の原因となります。反対にpHが低いと吸収量は増加します。特に発生しやすいマンガン欠乏防止のために石灰質資材の過剰な施用を控え、pHを適正範囲内に維持する必要があります。

鉄、亜鉛などの吸収も土壌pHとの関連が高く、欧米やオーストラリアの産地のpHの高い土壌では、欠乏症の発生が問題となります。国内では堆肥投入などの土づくりを適正に行っていれば欠乏症や過剰症が発生する可能性は低いと考えられます。

施肥方法

施肥量

施肥指導基準量

多くの産地では地域内土壌の実態に

合わせて施肥指導基準量を作成し、指導や施肥量決定の目安としています（表7－1）。

山梨県では、樹齢と仕立て方法により施肥基準値を分けています。樹勢が強くなりやすい若木や垣根栽培では、棚栽培よりも窒素施肥量基準が低く設定されています。リン酸、カリは最近の土壌では過剰に蓄積する傾向にあるため、棚栽培における基準値は窒素に比べて低めに設定しています。

表7－1　仕立て方法別・樹齢別施肥基準量

（kg/10a、山梨県農作物施肥指導基準）

仕立て方法	樹　齢	窒　素	リン酸	カ　リ	苦土石灰
棚栽培	1～3	0	0	0	40
	4～6	3	2	2	60
	成　木	6	5	5	100
垣根栽培	1～3	0	0	0	40
	4～6	2	2	2	60
	成　木	2	4	3	100

注：窒素：N、リン酸：P_2O_5、カリ：K_2O

樹勢診断

剪定程度や地力なども新梢伸長に大きく影響することから、施肥窒素の基準量はあくまでも目安であり、一律に定めるものではありません。新梢の伸び方や葉色などの観察により樹勢を診断して総合的に決定します。

若木園、棚仕立てや強剪定などにより樹勢が強い樹、地力が高く有効土層が深い園では、窒素肥料を無施用にまで思い切って減らします。

反対に老木園、地力が低い園、土壌乾燥などにより樹勢が弱い園では、窒素肥料の施用量を多少増やして適正樹勢を確保する対応が考えられます。

土壌診断

土壌pH、交換性のカルシウム・マグネシウム・カリ含量、可給態リン酸含量などについて分析を実施し、診断します（表7－2）。

基盤整備に伴う造成などにより表土と深土を混合した場合や、モモなどの他作物から転換した場合には、養分に過不足が生ずることが多いので、土壌分析により養分の量やバランス、pH上昇に伴う微量要素欠乏発生の危険性などをチェックします。

さらに分析結果を適正範囲と照合し、算出した必要施肥量により土壌改良を行い、土壌の養分状態をブドウ園の適正範囲に近づけます。

長期にわたり耕作を続けている多くのブドウ園では、すでに土壌養分が十分に蓄積されています。

このような土壌において診断結果は、不足養分を補うのではなく、不必要な施肥を削減するのと同時に過剰な施肥による生理障害の発生を防ぐために活用します。

表7－2　土壌診断基準　（山梨県農作物施肥指導基準）

分類	土壌	pH	交換性塩基（mg／100g）			可給態リン酸（mg／100g）
			石灰	苦土	カリ	
欧州系	砂質土	6.5～7.5	120～350	20～40	15～30	20～60
	壌～埴壌土	6.5～7.5	250～500	30～60	25～50	20～60
	火山灰土	6.5～7.5	300～600	40～70	30～60	20～40
米国系 欧米雑種	砂質土	6.5～7.0	120～300	20～40	15～30	20～60
	壌～埴壌土	6.5～7.0	250～400	30～60	25～50	20～60
	火山灰土	6.5～7.0	300～500	40～70	30～60	20～40

施肥資材

配合肥料と単肥

多くのＪＡ（農協）や肥料メーカーでは、地域の実態に合わせて、醸造用ブドウの生産に十分な養分を有機物主体に過不足なく含んだ配合肥料を製造しています。

一方、特定成分を高含量で含む化学肥料の単肥は、土壌改良に際してリン酸やカリなどの不足成分を補う場合や欠乏症の発生時に急いで追肥する場合に用います。

石灰質資材

土壌へのカルシウムの補給とpH調整のために施用します。苦土石灰のようにマグネシウムを含む場合もあり、両成分を合わせてアルカリ度として表示されます。アルカリ度が高い資材では土壌pHが上昇しやすい性質があります。

苦土石灰

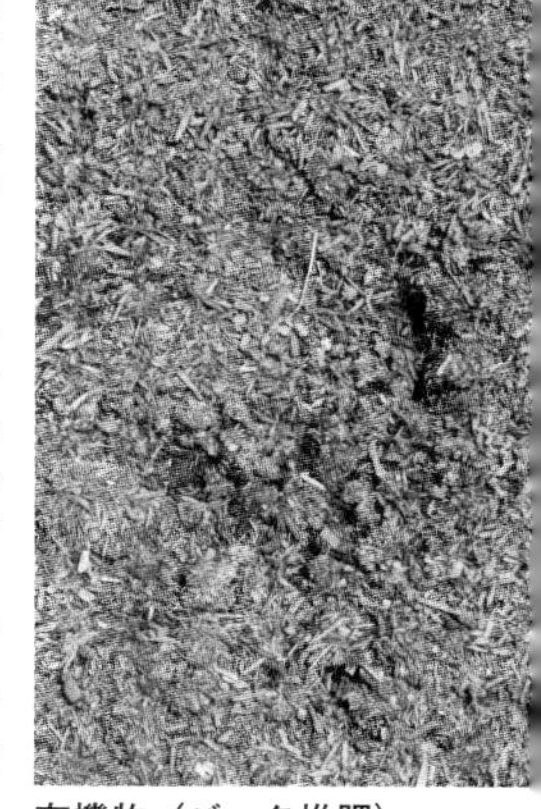
有機物（バーク堆肥）

有機物

有機物は緩効性肥料として、資材によって形状や養分含量はさまざまです。ナタネ粕、鶏糞などは窒素含量が高く、容易に分解して肥料分として現れるので、窒素肥料として用いられます。一方、牛糞堆肥やバーク堆肥などの窒素含量の低い有機物は分解が遅く、含まれる窒素成分の３割程度しか施用後１年間に分解しません。窒素肥料というよりも土壌物理性の改良資材として用いられています。

いずれの資材も施用量が多いと樹勢が強くなりやすいので有機物中に含まれる養分量を確認するとともに、樹勢を見ながら慎重に用います。

施肥時期

生育前半に窒素肥効の中心が置かれ、後半は緩やかに低下する、ブドウ栽培において理想とする窒素肥効に合うように施肥は、収穫後の基肥を中心に行います。山梨県のような降雪が少ない地域では落葉期の10月下旬～11月上旬に、北海道のような積雪地域では窒素の溶脱を防ぐために翌春の融雪直後に基肥を施用します。

窒素の追肥は新梢の徒長をもたらすので、砂質土で窒素溶脱が著しい場合や欠乏症の発生時を除いて通常は行いません。有機物の施用についても、窒素が遅効きしないように基肥と同じ前年の落葉期に行います。

施肥範囲

肥料養分はほとんどが根から樹体に吸収されるので、施肥効率を高めるためには、根の分布が多い地点に施肥します。

一般に新梢伸長が見られる樹冠範囲内の土壌には根が分布するといわれるので、施肥範囲は樹冠下の土壌表面とします。若木園で棚が空いている部分や園地周辺の杭下や通路部などは、施肥した養分が吸収されにくく、溶脱により失われやすいため施肥範囲には適しません。

葉面散布

葉面散布は、肥料溶液を葉面に散布し養分供給する補助的な施肥方法です。葉面からの養分吸収は、根からの養分吸収と異なる特徴が多いのですが、土壌施肥との違いを理解して用いれば、有効な養分補給手段となります。

特徴

早い吸収速度

一般に、葉の表面に付着した養分の半量が吸収される時間は、窒素（尿素）：1～24時間、亜鉛、モリブデン：24時間、マンガン：1～2日、カリ：1～4日、石灰：5日、リン酸：6～15日であり、土壌施用よりも著しく短期間で施肥成分が吸収されます。

高い吸収利用率

ブドウ樹に尿素液を葉面散布後、葉に付着した窒素成分は、約95％の高い比率で葉内に吸収、利用されます。

土壌施用した窒素の吸収利用率は最大でも50％程度であることから考えると、葉面散布は施肥効率の良い方法と判断されます。しかも、葉の生育ステージにかかわらずつねに高い利用率を示します。急ぐ必要がなければ、多少散布時期を遅らせて生育が進み、葉面積が拡大した樹のほうが吸収養分総量は増加します。

少ない吸収量

０・５％尿素液をブドウに散布したときの窒素成分の推定吸収量は最大でも10ａ当たり０・３kg程度に過ぎません。ブドウ樹が土壌から根を通じて吸収する窒素総量の５％以下です。

散布液の濃度を高くすれば、吸収される窒素量は増加しますが、濃度障害（葉焼け）が発生しやすいために、尿素では０・３％～０・５％溶液が用いられています。

効果的な施用方法

散布効果を高めるためには、散布液に展着剤を加えます。展着剤は液剤の表面張力を下げることで微小な毛じなど凹凸のある葉面に液剤を均一に覆うように伸展し、付着効果を高めます。

さらに、付着成分の吸収率が向上するように散布条件を整えます。

葉面において養分が吸収される箇所は、気孔の周囲に分布する微細孔です。気孔は葉の表面より裏面に数多く分布するので、葉面散布は葉の裏面から意識して行うと養分の吸収量は高まります。

この微細孔の大きさは、直径１nm（ナノメートル。１mmの１００万分の１）以下といわれ、それよりも小さい尿素分子は通過しやすく、葉内でただちにアミノ酸に分解されるため、高い比率で吸収されると考えられます。散布する窒素成分には尿素の他に無機塩やアミノ酸などの形態があります。成分の形態も考慮して散布剤を選択すると散布効果が高まります。

気象や他作業との影響では、散布後の気象は、乾燥条件よりも高湿度条件のほうが吸収率は向上します。散布液に農薬などを混用すると、養分吸収率は５～20％低下しますので養分の効率的な吸収面から判断すると単用が望ましいといえます。

利用場面

養分吸収量は少なくても吸収を早めたい場面に葉面散布は適しています。養分欠乏症を早く改善したい際に、土壌施用による根からの吸収では１か月以上かかるところ葉面散布では１～２週間で効果が現れます。

ただし、マンガンやホウ素などの微量要素では、必要量が少ないため葉面散布で十分な改善効果が得られやすいのですが、必要量が多い多量要素の不足分を補うには、葉面散布だけでは効果が不十分な場合もあります。

反対に、施肥効果をあえて短期間にとどめたい場合には葉面散布が有効です。例えば、発芽後の低温や施肥の遅れによる生育停滞について肥効を後に残さない程度に取り戻したい場合は、尿素の葉面散布が適しています。

気象災害などで根や幹部に障害が発生し、土壌養分を十分に吸収できない場合には葉面散布を行い、根の代わりに葉から養分吸収を補います。

土壌改良

化学性

土壌pH

他作物から転換直後の土壌は低pHの場合があるので、土壌診断基準に従い石灰質資材で石灰分を補給し、pHを矯正します。その後も石灰質資材を連年施用すると、石灰分は年間10a当たり30～45kg程度土壌に供給されます。ブドウの年間の石灰吸収量は、10a当たり3～7kg程度なので土壌から溶脱する量を考慮しても十分量の石灰分が施用されています。

ただし、土壌pHが高くなり過ぎた園では、現状の果実生産に大きな問題がなければ急いでpHを下げる必要はありません。土壌診断を定期的に行いながら、pHが適正範囲に入るように5～6年を目安に石灰資材量を減らして調整します。

リン酸施用

リン酸は、水に溶けにくく土層内での移動性が低いため、土壌の表層にとどまりやすい特性があります。特に、火山灰土壌や新規造成地では深層土の可給態リン酸含量が非常に少ないことが多いので、樹を植え替える際には過リン酸石灰などのリン酸質肥料を深さ20～30㎝まで行き渡るように耕耘しながら施用します。

カリ施用

カリは実肥と呼ばれ、果実の糖度や着色など品質を向上する効果が高い肥料養分です。ブドウ園でも積極的に施用されてきました。また、使われる肥料や家畜糞尿、稲わら、ワインの搾り粕などの有機物はカリを多く含むものが多く、ブドウ園への供給量は十分です。その結果、土壌中にカリが過剰に蓄積する傾向があります。

カリが多くなると、拮抗作用によりマグネシウムの吸収は抑制されマグネシウム欠乏症が発生し、果実品質が低下するので注意が必要です。

物理性

地力の低い砂質土壌園や夏季に高温条件に置かれる園などにおいて根部からの養分吸収を正常化し、生産に耐えられる状態に樹体を保つ必要があります。そのための物理性の改良には、耕起や有機物施用が効果的です。しかし、有機物の施用量が多いと分解して

通路部分などの管理も重要

地表面を除草

現れる窒素成分量が多くなるため、樹が敏感に反応し樹勢が旺盛になり、果実品質は低下します。

醸造用ブドウは適度の養水分ストレス下に置かれたほうが品質は向上する傾向にあります。したがって、火山灰土壌などのもともと物理性が良好で地力の高い園では積極的な改善は避け、現状の物理性を維持します。

有機物を施用する場合は、バーク堆肥や牛糞堆肥などの窒素含量の低い資材に限定して10a当たり0・5t程度を目安に新植時など影響の少ないタイミングで慎重に表層施用します。

地表面管理法

醸造用ブドウ栽培の目的は優良な原料果実の生産です。園地面積の半分以上は直接生産に関係しない地表面や通路で占められ、この部分の管理も実際の場面では課題となります。

今までにさまざまな方法や草種が導入されてきましたが一長一短があります。各園の環境においてこの部分に何を求めるのかにより採用すべき管理法は変わります。

種類

清耕栽培

地表面を管理機や手作業によりこまめに除草する管理法です。地力や施肥成分を樹が独占できるので樹勢を維持しやすく、収量が上がりやすいメリットがあります。一方、外観はきれいですが除草に多くの労力が必要なうえに降雨や風により作業性が低下する、表土が浸食を受けやすいというデメリットもあります。

草生栽培

園内の地表面の全面、あるいは一部を一年生雑草や専用草種で覆う管理方法です。表土の浸食を抑えながら刈草により有機物が補給されるため、生産力が維持されます。同じ園内に植えられているブドウ樹と草が、土壌中の窒素など養水分を奪い合う競合の発生が草生栽培で見られる特徴です。

この現象を上手に利用すると地力が高い園や降水量の多い年に樹勢をコントロールし、高品質果実生産のための有効的技術となります。しかし、干ばつ年には水分競合により乾燥が激化するので、スプリンクラーなどの灌水施設の設置が求められます。

近年、草生栽培は生産面以外からも注目されています。環境面では、施用された窒素成分がいったん草に吸収された後に草刈りにより再び土壌に戻る動きを繰り返す結果、地下水への窒素溶脱が抑えられます。また、草を介して大気中の二酸化炭素が有機物として土壌中に貯蔵されるため、地球温暖化抑制にも貢献しています。このように草生栽培は、環境にやさしい農業技術の一つとして再認識されています。

草生栽培で管理した醸造用ブドウ園の景観（三澤農場、山梨県北杜市）

作業面では、乗用草刈り機の普及やトールフェスクなど草丈の低い草種の導入により以前は負担の大きかった草刈り作業が大幅に省力化されています。また、降雨後の地表面で問題となるぬかるみの発生が抑えられ、ＳＳ（スピードスプレーヤー）など作業機械の走行性が向上します。

この他、観光面では緩傾斜面上に草生栽培で整然と管理された醸造用ブドウ園の風景は観光客に人気が高く、草生栽培は地域の豊かな景観形成にも貢献しています。

草生栽培の管理作業

草生範囲

園の全面を草で覆う全面草生や植栽直後の幼木では、養水分競合が激しくなりがちです。この場合は樹幹の周囲を裸地で残したり、または敷きわらなどでマルチ被覆し、部分草生にすると養水分の競合が緩和されます。

棚栽培では、樹幹周囲に半径１・５〜２ｍ程度わらや刈り草を敷いてマルチする方法もあります。垣根栽培では、通路部分を帯状に草生とし、株間周囲は幅２ｍ程度を裸地、またはマルチとします。傾斜地で土壌流亡の防止を主目的にする場合には、等高線に沿って草生部分を残します。

播種

イネ科やマメ科牧草により草生栽培を行う場合は、春雑草との競合を回避するため、秋まき（９〜10月）を基本とします。全面草生の場合、10ａ当たりの播種量はライムギなど：６〜８kg、イネ科牧草：３〜５kg、マメ科牧草：２〜４kgです。部分草生では草生部面積に応じて減らします。

施肥

草生栽培の導入期開始直後は窒素施肥量を最大2～3割増加して、競合による極端な窒素欠乏の発生を避けます。数年経過後、樹勢を見ながら施肥量を徐々に減らして元に戻します。

除草

雑草草生、イネ科牧草は草丈30㎝を目安に刈り取ります。刈り取り回数は雑草草生で年6～7回、草丈の低い牧草種を利用した場合は4～5回に軽減されます。マメ科植物は地表面をマット上に覆うため、刈り取る必要はありませんが、花に微小なスリップス（アザミウマ）類が寄生する場合は早めに刈り取ります。

株元付近は肩掛け式の刈り払い機や手作業により幹を傷つけないように行います。除草剤を使用する場合は、風の強い日は避け、樹体にかからないように慎重に散布します。

生理障害の発生と対策

不足しやすい成分と生理障害

ブドウ樹の生育に必要な主な肥料成分は12種類です。

そのなかでも他作物と比較してブドウが不足しやすい成分は窒素、マグネシウム、ホウ素です。これらに、状況によって不足する場合があるカリと各成分が関連して発生する房枯れ症を加え、主な生理障害の概要は次のとおりです。

窒素欠乏症

窒素欠乏症

紅葉化した窒素欠乏の葉（カベルネソービニヨン）

新梢伸長後の窒素欠乏の症状

特徴と診断

発芽直後は緑色の葉が発生しますが、2～3週間後より徐々に新梢伸長が低下し、葉は黄白色化、果房は小型化します。欧州系品種の甲州、カベルネソービニヨンなどでは、窒素が欠乏すると、葉の葉緑素が抜けるとともに紅葉します。

発生原因

窒素施肥量や地力が極端に低い場合、草生栽培において草との競合が激しい場合、土壌が滞水したり、硬度が高いため、根の機能が十分に果たせない場合などにおいて窒素の吸収量が不足し、欠乏症状が現れやすくなります。

醸造専用種では、適度の窒素や水分欠乏ストレスにより樹勢が低下すると果実品質が向上しやすいので窒素欠乏は一概にマイナス要因とはいえません。しかし、極端な欠乏状態では果実品質が低下するだけでなく、収量や耐凍性にも影響するので、総合的な判断が必要となります。

対策

速効性窒素肥料を10a当たり窒素成分で1～3kg施用し、十分に灌水します。ただし、施肥量が多すぎると新梢伸長が止まらず、果実品質が低下するので注意します。早期に葉色を回復させたい場合、尿素の0・3～0・5％液を10a当たり200～300ℓ葉面散布するのも有効です。

草生栽培園では窒素肥料の追肥、マメ科牧草の利用、定期的な草刈りを行い、窒素競合を回避します。また、土壌の物理性が低下した園や地力の低い園では、完熟堆肥を用いて土づくりを行います。

カリ欠乏症

カリ欠乏症葉縁部の葉焼け症状（巨峰）

カリ欠乏の果房（巨峰。左側２房がカリ欠乏果房、右側２房が正常果房）

カリ欠乏症

特徴と診断

５月中旬から新梢基部の葉の全体が黄白化し、しだいに葉脈間に斑点状のクロロシス（黄白色化）を起こし褐色化します。８月上旬以降、葉縁部がネクロシス（壊死）を起こし、葉焼け症状を示します。また、葉に凹凸を生じ、葉裏側に巻くこともあります。新梢伸長が停止し、樹勢は低下します。花穂は極端に小さく、その後の果房の生育も抑制されます。

発生原因

カリについて土壌母材からの供給量や施肥量が少ない場合は、樹の吸収量が不足します。開園後、十分な期間が経過した肥沃なブドウ園では、カリ成分は十分に足りておりカリ欠乏の発生は少ないと考えられますが、転作直後の園や造成園などでは交換性カリ含量が不足している事例が多く見受けられます。

対策

土壌診断を行い、施肥指導基準を参考にして養分状態が適正範囲内となるように硫酸カリや塩化カリを用いて土壌中のカリ成分分量を増やします。

不足量は２～３年かけて計画的に施用します。敷きわらや家畜糞堆肥にはカリが２～３％含まれているので、これらの有機物を用いて土づくりを計画的に実施します。

マグネシウム欠乏症

特徴と診断

６月の開花期以降、新梢基部の葉脈間にクロロシス（黄白色化）が現れ、重症化すると葉縁部が枯れ込みます。その後は盛夏から落葉期にかけて激しく進行します。

樹勢や果房の大きさへの影響は比較

マグネシウム欠乏症

葉脈間が黄白色化（巨峰）

葉縁部が枯れ込む（巨峰）

的緩やかですが、葉が健全に機能しないので果実の着色や糖度は低下します。秋季に著しい欠乏症が認められた樹でも翌年の生育初期は健全樹と変わりませんが、開花期以降に再び欠乏症が発生します。

発生原因

国内の土壌の多くはマグネシウム成分量が元来低いので、欠乏症が発生しやすい条件にあります。特に、カリを過剰に施肥すると、拮抗作用によりマグネシウム欠乏症がさらに発生しやすくなります。

さらに新梢生育が旺盛な樹では、土壌から吸収したマグネシウムは伸長中の新梢先端に優先的に移行するため、基部の葉では欠乏症が発生しやすくなります。

対策

土壌診断を行い、苦土成分の必要量を把握し複数年かけて不足量を施用します。施肥資材は水に溶けやすく、吸収良好な硫酸マグネシウムを用い、合計10a当たり40～80kgを土壌施用します。また、2％硫酸マグネシウム液や酢酸マグネシウムを含む資材の葉面散布も有効です。

ただし、マグネシウム欠乏を苦土肥料の施用だけで解決しようとしても限界があります。樹勢やカリ施肥も含めて総合的に対応します。

樹勢が旺盛な樹では、樹勢が落ち着くように窒素肥料の低減、摘心、弱剪定、草生栽培を行うとともに、発芽促進剤や芽キズを実施し、発芽率を向上させるなどの対策を進めます。

土壌にカリの過剰蓄積が見られる場合は、カリの減肥を行い、土壌からカリが減るのを待つしかありません。

かつてカリ過剰によりマグネシウム欠乏症が多発した山梨県内ブドウ産地では20年以上の長期にわたり、「無カリ運動」という名称でカリ施用を行わず栽培を続けました。その結果、樹の吸収や溶脱により土壌中の交換性カリ含量は年間2～5mg／100gの割合で減少し続け、ついにはカリ過剰とマグネシウム欠乏が解消されました。

ホウ素欠乏症・過剰症

特徴と診断

ホウ素欠乏の葉（巨峰）

ホウ素欠乏でアン入り症状の果房（ロザリオビアンコ）

欠乏すると生育初期から新梢先端の葉脈間に油浸状の黄白色斑点が生じ、組織はもろく、新梢先端が枯死します。葉はやや小型・奇形化し、老化が早まります。新梢の生育や登熟は不良となり、冬季に枯死することがあります。

開花期にかけてホウ素が欠乏すると花冠が離脱しないで花振るいが発生し、結実不良（「エビ症」）に至ります。幼果期に欠乏すると、果粒の内部組織が褐変しアンが入っているように見える「アン入り果」や果粒表面が石のように硬くなる「石ブドウ」の状態になります。

ブドウはモモなどの他果樹よりホウ素の要求度が高い反面、適正施肥量の範囲が狭い特徴があります。欠乏症が発生した際に必要以上のホウ素を施用すると過剰症が発生します。葉がねじれ、丸味を帯びて焼けたようになり、重症の場合は落葉し、新梢伸長が停止します。

ホウ素欠乏のアン入り果粒（ロザリオビアンコ）

発生原因

利用可能なホウ素含量の目安となる熱水可溶性ホウ素含量が０・３mg／kg以下の土壌で欠乏症が発生しやすくなります。また、ホウ素は水に溶けやすく、吸収は土壌水分の影響を受けるため、乾燥しているときは、土壌中にホウ素があっても吸収が抑えられます。さらに、冬季間の工事や開花期近くに管理機で深く耕耘するなどにより根を切ると、ホウ素欠乏の症状や花振るいが発生することがあります。

ホウ素過剰の葉（巨峰）

対策

多くのブドウ用配合肥料中にはホウ素成分が0・1~0・3%含まれ、必要量が供給されています。しかし、造成直後の園や樹勢調整のために施肥を控えてきた園ではホウ素の不足が予想されます。10a当たりホウ砂（しゃ）2kg、FTE3~5kgのいずれかを1~2年置きに施用します。過剰症が発生したら、ホウ素が土壌から溶脱して減少するのを待てば翌年には回復します。

葉面散布を行う場合は、ホウ砂の700倍（生石灰半量添加）液、あるいは1000倍（単用）液を一週間間隔で2~3回散布します。

土壌中のホウ素の吸収を高めるために、乾燥しやすい4~6月に土壌の水分状態を見ながら灌水を行います。開花期の10日ぐらい前から実止まりを確認するまでは、中耕による除草は控えます。休眠期にやむをえず太根を切る場合は、地上部と地下部のバランスを調整する必要があります。

房枯れ症

特徴と診断

ベレゾン期以降、特に収穫2~3週間前から収穫期にかけて穂軸の中途から先端部が壊死（えし）し、果粒が軟化・萎縮する症状です。山梨県では、甲州種に発生するものを「ツルヒケ」、カベルネソービニヨンなどの醸造専用種では「房枯れ症」と呼んでいます。海外ではBunch Stem Necrosis（BSN、果房萎縮症）などと呼ばれています。

冷涼地の樹勢が旺盛なブドウ樹において湿潤状態が続いた後で乾燥し、風により樹体からの水分蒸散が進む状態が発生しやすい条件の一つと考えられています。

発生すると果実中の糖度やアントシ

房枯れ症

房枯れ症で黒褐色になった穂軸（甲州）

果粒が軟化、萎縮（カベルネソービニヨン）

表７－３　ブドウの葉中成分含量の適正範囲

品種	N	P	K	Mg	Mn	B
	（%）				（mg/kg）	
巨峰	2.5～3.0	0.20～0.25	1.0～2.0	0.20～0.25	30～100	25～50
デラウェア	2.5～2.9	0.15～0.19	0.7～0.9	0.26～0.50	100～150	20～200
甲州種	2.1～3.3	0.17～0.20	0.9～2.0	0.19～0.32	30～100	25～200
醸造専用種１	2.3～2.8	0.25～0.45	1.2～1.6	0.25～0.60	30～100	30～60
醸造専用種２	2.4～2.6	0.20～0.24	1.2～1.4	0.23～0.27	30～200	25～40

注：①N：窒素、P：リン、K：カリ、Mg：マグネシウム、Mn：マンガン、B：ホウ素
②巨峰は古屋、デラウェア・甲州種は高橋による
③醸造専用種1はW.Bergmann、醸造専用種2はM.Fregoniによる

アニン量が大幅に減少し、収量やワイン品質は低下します。品種や収穫年により発生のしやすさに違いが認められます。

発生原因

ヨーロッパではマグネシウム、カリ、カルシウムのバランス、特にマグネシウム欠乏と関係が深いとされてきました。また、オーストラリアでは窒素過剰により樹体内にポリアミン類が大量に蓄積することが発生原因とされています。このように気象、栄養、水分などの条件が関連すると考えられていますが、現在のところ国内における詳細は不明です。

対策

当面の対処法として草生栽培の導入、弱剪定の導入、窒素肥料の減肥などにより樹勢を落ち着かせることが重要です。同時に土壌診断を行い、土壌中のカルシウム、カリ、マグネシウムの成分量が適正範囲に入るように施肥管理します。また、排水対策を行い滞水による根傷みなどを防ぎ、適正着果量を守りながら安定した栽培を心がけます。

葉分析値の利用

実際の圃場において生育異常樹を発見しても、原因は栄養障害とは限りません。経験や知識を基に病害虫、気象災害や他の栽培管理による影響も考慮しながら総合的に診断する必要があります。樹体栄養面の診断を補助する手法として葉分析を行います。

葉は樹の栄養状態を反映しやすいので、そのなかに含まれる成分量を測定し、適正値と比較しながら土壌分析結果も併せながら診断します。

今までに報告されている葉分析診断値は成分、品種、設定地域により異な

ります。前ページの**表7－3**に代表的な葉中成分含量の適正範囲を示しましたので、客観的診断の根拠として利用できます。なお、葉分析は土壌分析が可能な指導機関や民間の分析機関において実施が可能です。

〈参考文献〉

『農作物施肥指導基準』平成23年3月（山梨県農政部）
『山梨県醸造用ブドウ栽培マニュアル』2020年3月（山梨県ワイン酒造組合）
『葡萄の郷から』（山梨県果樹園芸会）
『ブドウ栽培総論』A.J.Winkler他著、望月太他訳（山梨県ワイン酒造組合）
『Viticulture Volume2 Practices』B.G.Coombe他著（WINETITLES）
『The Science of Grapevines』M.Keller著（Elsevier）

第8章

主な病害虫と防除対策の基本

山梨大学大学院附属ワイン科学研究センター

鈴木 俊二

チャノキイロアザミウマの幼虫

病気の要因と分類

植物の病気を定義することは大変むずかしいことです。

一般には、植物が、その種に特有の栄養、生長、生殖の三つの作用を正常に営んでいるとき、その植物は健康であるといい、これが何らかの外的あるいは内的な要因によって破られた場合を病気といいます[1]。すなわち、三つの作用を維持する代謝の流れやさらには形態に異常が現れた場合が病気で、最終的には収量が減ったり、枯死したりします。

日頃の観察と管理で病害虫を防ぐ

病気を引き起こす外的あるいは内的な要因が病原です。病原は、土壌条件、気象条件、農作業による傷害などの非生物性病原、動植物が分類される生物性病原、そしてウイルス性病原に分類されます。

晩腐病の果房

非生物性病原は伝染性がなく、生物性病原、ウイルス性病原は伝染性があるという特徴があります。

本章では、醸造用ブドウ栽培で特に問題となる病害虫（植物病原微生物、植物ウイルスと、農業害虫）について説明し、その対策を解説します。

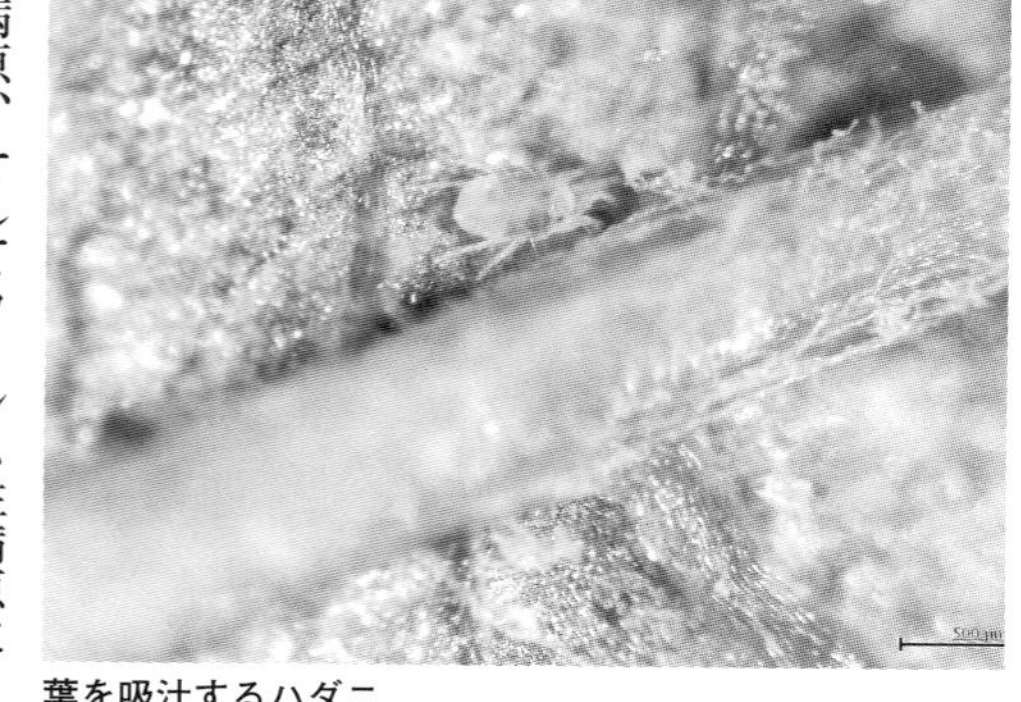

葉を吸汁するハダニ

植物病原微生物の発生と対策

糸状菌

糸状菌は、真菌類に分類される、菌糸をつくる微生物で、一般的にはかびと呼ばれています。糸状菌のうち植物に病気を引き起こすものを植物病原菌といいます。

植物病原菌の多くは伝染源（罹病残渣など）の上で胞子をつくります。胞子は、風、降雨、灌漑水、動物、昆虫など、さまざまな媒介方法により、宿主となる健全な植物に伝搬します。

農作業に使用した農機具や剪定道具に胞子が付着し、隣の畑に伝搬されることもあります。伝搬された胞子は次々と新しい宿主に感染し、伝染を繰り返します。植物病原菌による病気を防除する点において、植物病原菌の生活環を知り、伝染の鎖を断ち切ることが重要です[1]。

ブドウに病気を引き起こす植物病原菌は、ブドウを宿主として生活環を完結します。植物病原菌からブドウを守る第一歩として、罹病した葉や新梢、果実などの伝染源を畑に放置せずに栽培環境を清潔に保つことを心がけましょう。

以下に、植物病原菌による主なブドウの病気を説明します。

灰色かび病。果実に灰色のかびが生じる（写真・斉藤誠也）

灰色かび病

病原菌

ブドウ灰色かび病菌（学名 *Botrytis cinerea*）。本菌は、さまざまな農作物に病気を引き起こす多犯性の植物病原菌で、２００種以上の植物に感染し被害を及ぼします。本菌は、貴腐ワインの原料となる貴腐ブドウをつくることでも知られています。

発生状況および要因

開花前後の花穂、成熟期の果実、未熟果実など、果実のさまざまな生育段階で感染します。灰色のかびを生じるのが特徴です。花穂に感染した場合、梗が淡褐色～黒褐色に変色します。若葉にも感染しますが、その発生頻度は多くありません。

本病は、房まわりの風通しが悪く多湿になることが主な発生要因と考えられています。また開花前後の多雨は花穂での発病を助長します。

対策法

耕種的な対策として、畑の通風を図り、多湿にならないように努めます。本病は主に花穂、果房で発症しますので、房まわりを除葉し湿度を下げることも有効です。

本病に適用できる農薬は多種販売されています。6月上旬から7月中旬までの農薬散布が有効です。一方、農薬耐性菌も出現していますので、散布する農薬の選択は重要です。

例えば、トップジンM水和剤、ベンレート水和剤、ゲッター水和剤、パスワード顆粒水和剤は耐性菌が確認されているため、防除効果が悪い場合はこれらの農薬は散布せずに、他の農薬を散布します。

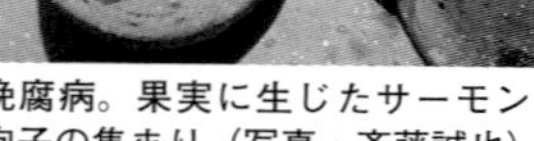

晩腐病。果実に生じたサーモンピンクの胞子の集まり（写真・斉藤誠也）

晩腐病

病原菌

ブドウ晩腐（おそぐされ）病菌として、*Colletotrichum gloeosporioides*、*C. fioriniae*および*C. nymphaeae*が同定されています。山梨県における主要な晩腐病菌は、*C. gloeosporioides*であり、*C. nymphaeae*、*C. fioriniae*によるブドウ晩腐病の発生は多くありません[2]。

発生状況および要因

主に着色期以降の果実で発病が確認されます。感染初期には果実表面に淡褐色の小斑点が生じ、その後急速に果実の腐敗が広がります。感染後期には、病斑の中にサーモンピンクの胞子の集まりが確認できます。最終的に、被害果は小じわを生じミイラ果となるか、落果します。

幼果に感染した場合、黒色の小斑点を形成しコルク化しますが、果実の腐敗は起こりません。花穂、葉、巻きひげにも感染しますが、その発生頻度は多くありません。

雨媒伝搬性のため、降雨量が多い年は被害が拡大します。本菌は、結果母枝やワイヤーに残った巻きひげなど罹病組織内で越冬し、春に胞子を形成します。胞子は梅雨によって飛散し、果実への感染を開始します。6月以降から発病が認められ、収穫期まで続きます。

対策法

本菌は雨により伝搬しますので、耕種的な対策としてレインカットなどの雨よけ施設を導入する、房にカサかけを行うことで本菌の伝搬を抑えます。また、本菌の越冬器官である巻きひげなどをワイヤーからきれいに取り除くことも有効です。

本病に適用できる農薬は多種販売されています。休眠期防除として、3月下旬~4月上旬の萌芽前にデランフロアブル、パスポートフロアブル、ベフラン液剤、ベンレート水和剤などを散布します。6月上旬~9月上旬は、オーソサイド水和剤、ジマンダイセン水和剤、オンリーワンフロアブル、アミスター10フロアブルなどを散布します。

本菌も農薬耐性菌が出現しています。ベンレート水和剤、アミスター10フロアブルに対し感受性が低下した耐性菌の発生が報告されています。

葉に白色の菌体が生じる

果実の表面に生じた菌体

べと病

病原菌

ブドウべと病菌（*Plasmopara viticola*）。本菌は、絶対寄生菌であり、宿主植物上でしか生育・増殖できません（人工培養できない）。絶対寄生菌は宿主範囲がきわめて狭いため、本菌はブドウ以外に感染しません。

発生状況および要因

展葉期から梅雨期、収穫期の葉で主に発病が認められますが、夏季も副梢などに展開する若葉で発病が確認できます。

幼果に白色の菌体が生じる（写真・斉藤誠也）

ブドウべと病菌は葉裏の気孔から侵入するため、感染初期の病徴（淡黄色の不明瞭な斑点）は葉裏で見ることができます。葉裏に菌糸と胞子を形成する感染中期以降は、白い菌体が肉眼でも確認できます。この時期には葉表の黄化が始まります。感染がさらに拡大すると落葉にいたります。

べと病の多発年には花穂や幼果でも発病します。開花期前後の花穂への感染では、梗や果梗が淡褐色に変色し、白色の菌糸や胞子が認められます。

幼果への感染では、果粒全体が白色の菌体に覆われ、淡褐色から鉛色へ変色します。さらに感染が進行すると、被害果はミイラ化します。幼果への感染に伴い梗に感染した場合、梗は褐色ないし黒色に変色します。

ブドウべと病菌は、罹病残渣上で越冬します。翌春、雨や風により葉や花穂に伝搬します。開花前後の低温多雨により感染が促進されるので、5月下旬~6月上旬に雨が多い場合は注意が必要です。

対策法

耕種的な対策として、伝染源となる罹病落葉の処分を徹底することが有効です。

本病に適用できる農薬は多種販売されています。予防的対策を含め、5月中旬から9月下旬まで10~14日間隔で農薬散布を行います。本菌は葉裏から感染しますが、葉裏のみでなく葉表にも散布すると本菌の感染を防ぐことができます。

本菌も農薬耐性菌が出現しています。アミスター10フロアブル、ホライゾンドライフロアブルなどは耐性菌の出現により、すでに防除効果が乏しいことから、銅水和剤、キャプタン水和剤やマンゼブ水和剤、ホセチル水和剤などを防除体系に加えると防除効果が高くなります。最近主流となっているベトファイター果粒水和剤やレーバスフロアブルなどは防除効果が高いものの、海外ではすでに耐性菌が確認されているため、これらの連続散布は避けるべきです。

うどんこ病

病原菌

ブドウうどんこ病菌（*Uncinula necator*）。本菌も絶対寄生菌で、ブドウ以外に感染しません。

発生状況および要因

葉、新梢、花穂、果実など多くの器官に発生します。葉に感染した場合、黄緑色の小斑点が見えた後、菌糸と胞子からなる白い菌体が見え始め、全体に広がっていきます。新梢や果実に感染した場合も、白い菌体が見えるため確認は容易です。

うどんこ病。果実に生じた白色の菌体（写真・斉藤誠也）

白い菌体は、べと病に比べうっすらとしているのが特徴です。感染が進んだ幼果では、奇形、硬化、裂果が起きます。緑黄色系の果実では、放射状に変色した黒褐色のあざが残ることもあります。

うどんこ病菌の伝染源は明らかではありませんが、芽の内部や樹皮下に菌糸の状態で越冬するといわれています。

5月上~中旬から若い葉、新梢、花穂で発病が見られます。高温多湿の条件で発病しやすいため、6月下旬~7月上旬に発病が増加し、10月末まで続きます。

対策法

高温多湿で発病が助長されるため、

畑の通風を図り、多湿にならないように努めます。また日陰がないように採光を図ることが有効です。

本病に適用できる農薬は、多種販売されています。予防的対策を含め、6月上旬から8月下旬まで農薬散布を行います。オンリーワンフロアブル、トリフミン水和剤、オーシャイン水和剤の使用が多く見受けられますが、これらの農薬にたいし本菌はきわめて高い耐性菌発生リスクを有しているため、これらの連続散布は避けるべきです。

葉および新梢に生じた黒色の斑点（写真・青木是直）

果実に生じた黒色の病斑

黒とう病

病原菌

ブドウ黒とう病菌（*Elsinoe ampelina*）。宿主範囲は狭く、ブドウが主な宿主です。

発生状況および要因

主に、葉、新梢、巻きひげ、果実に発生します。樹が軟弱、徒長気味の場合に発病が多発します。葉に感染した場合、褐色から黒褐色の小斑点を生じ、その後拡大し、病斑の中心部が抜け落ちて穴があきます。

多発した場合、葉が縮んだり湾曲したりします。新梢や巻きひげでも褐色から黒褐色の小斑点を生じます。新梢の先端で発病した場合、先端部が枯死し脱落します。

幼果では、わずかにくぼんだ褐色の小斑点を生じ、しだいに拡大していきます。果実の肥大とともに感染が進行すると病斑は大きくなり、中心部が灰色から灰褐色に変色します。

本菌は、結果母枝やワイヤーに残った巻きひげなど罹病組織内で越冬します。4～5月の降雨により胞子が形成され、雨媒伝搬します。発病は4月下旬頃から確認されます。4月の萌芽期から7月の梅雨明けまでが本菌の感染時期ですので、この時期に雨が多いと多発する傾向にあります。

対策法

耕種的な対策として、本菌が越冬する罹病結果母枝を畑から除去するとともに、ワイヤーに残った巻きひげもきれいに除去します。

本病に適用できる農薬は多種販売されています。3月下旬～4月上旬の萌芽前に有機硫黄剤、ジチアノン剤などを散布します。5月中旬から6月下旬にかけて重点的に農薬散布を行います。近年、ベンレート水和剤、トップジンM水和剤にたいする耐性菌が出現したため、これらの農薬散布で防除効果の低下が疑われる場合は別の農薬に切り替えます。

さび病

病原菌

ブドウさび病菌として、*Physopella ampelopsidis*、*Phakopsora meliosmae-myrianthae*および*Phakopsora montana*の3種が同定されています[3]。

さび病。葉に生じた黄色の粉のような胞子（写真・斉藤誠也）

発生状況および要因

葉で発病が認められます。発病初期には、葉の表面に黄色の小斑点が点在し、その裏面には赤みがかった黄色で粉のような胞子が確認できます。発病後期では、黒褐色の小斑点が形成され、早期落葉を引き起こします。

さび病菌は、アワブキやミヤマハハソを中間宿主とします。、中間宿主の葉に形成された胞子が梅雨時期の6～7月に飛散し、ブドウの葉に伝搬されます。

ブドウの葉に感染した後に形成された胞子が、さらに健全なブドウの葉へ伝搬します。6月下旬から発生が認められ、8月下旬～9月が最盛期です。落葉した罹病葉上で越冬した胞子は、春に中間宿主に伝搬されます。

対策法

耕種的な対策として、伝染源となる罹病落葉の処分を徹底することが有効です。また、ブドウ畑の周囲に自生する中間宿主の伐採も効果があります。

6月中旬～7月下旬に農薬散布を行います。アミスター10フロアブル、ストロビードライフロアブル、マンゼブ水和剤などが本病にたいし高い防除効果を示します[4]。

褐斑病

病原菌

ブドウ褐斑病菌（*Pseudocercospora vitis*）。宿主範囲は狭く、ブドウが主な宿主です。

発生状況および要因

主に葉で発病が認められます。発病初期では、黒褐色の不定形の斑点が生じます。発病後期には、中央に黒褐色の輪紋を持つ褐色の大きな病斑になります。多発した場合は早期落葉します。発病は新梢基部から起こり、上位葉に移っていきます。

樹幹や結果母枝の樹皮、罹病葉で越冬します。春に胞子を形成し、5月中~下旬の開花期前後に風や雨によって伝搬します。6月上旬より発病が認められます。真夏に少なくなるものの、気温の下がった9月以降に再び発病が促進されます。

対策法

耕種的な対策として、伝染源となる罹病落葉、巻きひげの処分を徹底することが有効です。また、冬季の粗皮はぎを行うことも効果があります。

5月上旬から予防的に防除を開始し、7月下旬まで定期的に農薬散布を行います。本病に適用できる農薬は多種販売されていますが、アミスター10フロアブル、ストロビードライフロアブルにたいし、感受性が低下した耐性菌の発生が報告されています(5)。

枝膨病

病原菌

ブドウ枝膨(えだぶくれ)病菌(*Diaporthe kyushuensis*)。宿主範囲は狭く、ブドウが主な宿主です。

発生状況および要因

近年になって発病が拡大した病気で、枝および新梢に発生します。黒褐色の小斑点が新梢に形成され、しだいに大きくなっていきます。5~8月に雨が多いと多発する傾向にあります。多発した場合、病斑が融合し新梢全体が黒く変色します。

病名になった枝膨れの症状は複数年の継続感染後に生じます。2~3年枝では、節部が肥大し、枝膨れの症状を呈します。4年枝以降では、病斑部に割れが生じ木質部が露出します。木質部の腐敗も起こることから樹勢が著しく衰えます。

本菌は、結果母枝やワイヤーに残った巻きひげなど罹病組織内で越冬します。雨媒伝染性であり、5月上旬~7月下旬の雨により胞子が伝搬されます。

対策法

耕種的な対策として、樹冠をビニールで覆う被覆栽培を行うことが有効ですが、被覆栽培が困難な醸造用ブドウ栽培では通風と採光を確保することに努め、多湿にならないように対策します。罹病結果母枝や巻きひげを徹底して除去することにより伝染源を減らすことも有効です。

4月中旬~5月上旬に農薬散布を行います。本病に適用できる農薬は多種販売されており、デランフロアブル、フロンサイドSC、ジマンダイセン水和剤、ベフラン液剤25、ストロビードライフロアブルなどが使用されています。ベフラン液剤25、ストロビードライフロアブルについては本菌の感染成立後にも病斑形成を抑える効果が示されています(6)。

白紋羽病

病原菌

ブドウ白紋羽病菌（*Rosellinia necatrix*）。本菌は多犯性であり、宿主範囲はきわめて広く、80種以上の植物に感染し被害を及ぼします。

発生状況および要因

根や地際部に発生します。本菌は土壌病害で主に根に感染するため、発病の有無は地上部の生育遅延、葉の黄化などで確認するしかありません。発病初期は無症状ですが、1～2年生の苗木の場合、樹勢の衰えがわずかに認められます。発病後期の罹病樹は衰弱し、葉の黄化や萎れが認められます。多発した場合、樹が枯れることもあります。

白紋羽病。苗木の根に生じた白色の菌体

本菌の土壌内での生活環は不明な点が多く、地上部の病的症状が確認されるまでは本菌の感染を疑うことはできません。そのため、根を掘ったときには手遅れであったという例が少なくありません。

罹病したブドウ樹の根の表面には白色の菌糸がびっしりと張りついており、菌糸が束になった構造（菌糸束という）も肉眼で認められます。

対策法

耕種的な対策として、伝染源となる罹病残渣（主に土壌中の残根）を徹底的に除去します。本病は樹勢が落ちた苗木で発症しやすいため、適正な樹勢の維持が重要です。新規に畑を開墾する場合、本菌は多犯性のため、例えばもとがリンゴ園であっても白紋羽病の発生履歴がある土地は避けるべきです。

リンゴ白紋羽病では、トップジンM水和剤、ベンレート水和剤が防除効果を示すと報告されていますが、ブドウ白紋羽病ではこれらの農薬は十分な効果を示しません。フロンサイドSCは土壌中での残効が長いため、半年～1年にわたって防除効果を維持できます[7]。

発生が認められていない病気

◆エスカ（Esca）

病原菌

Phaeoacremonium aleophilum、*Phaeomoniella chlamydospora*、*Fomitiporia mediterranea*

発生状況

樹幹内に感染します。罹病樹の葉は、葉脈を残し周辺部から中心へ向け褐変化します。最終的に罹病樹は枯れます。枯死した樹幹を輪切りにすると広く壊死した木質部が確認できます。

現時点において、効果的な対策法はありません。

◆ブラック・デッドアーム

(Black Dead Arm)

病原菌

Botryosphaeria obtusa、*B. dothidea*

発生状況

樹幹内に感染します。罹病樹の葉は、葉脈を残し周辺部から中心へ向け褐変化が起こり、早期落葉します。葉の褐変化はエスカに類似しています。枯死した樹幹を輪切りにすると広く壊死した木質部が確認できます。最終的に罹病樹は枯れます。現時点において、効果的な対策法はありません。

◆ユーティパ・ディーバック

(Eutypa Dieback)

病原菌

Eutypa lata、*Phomopsis viticola*

発生状況

樹幹内に感染します。新梢の生育不良、葉の黄化が認められます。枯死した樹幹を輪切りにすると広く壊死した木質部が確認できます。対策を施さない場合、罹病樹は枯れます。農薬散布により対策可能です。

細菌

原核生物に属する細菌は、細胞膜と細胞壁に包まれた、おおよそ０・２～20μm（ミクロン。１０００分の１㎜）の単細胞生物です[8]。細菌のうち植物に病気を引き起こすものを植物病原細菌といいます。

植物病原細菌の多くは、植物病原菌と異なり、他動的な伝搬を行います。例えば、降雨、灌漑水によって分散し健全植物に運ばれる、昆虫の吸汁行動により罹病した植物から健全な植物に移動する、などです。また、農作業に使用した農機具や剪定道具による植物病原細菌の伝搬も起こります。

伝搬された細菌は宿主植物内で増殖し、次の他動的伝搬により新しい宿主に伝染を繰り返します。したがって、植物病原細菌による病気では、他動的伝搬を断ち切ることが重要です[1]。

以下に、植物病原細菌による主なブドウの病気を説明します。

根頭がんしゅ病

病原菌

ブドウ根頭（こんとう）がんしゅ病菌（*Agrobacterium vitis*）。本菌の宿主範囲は狭く、ブドウが主な宿主です。

発生状況および要因

本細菌は土壌伝染性であり、汚染土壌から根の傷を通して感染します。根に侵入した本細菌は維管束を通って地上部に達し、接ぎ木部付近を中心とする樹幹の粗皮下に乳白色から淡褐色のやわらかいこぶを形成します[9]。また、芽欠き後の傷にもこぶを形成します。時間の経過とともに暗褐色で不整形の大きなこぶ（がんしゅ）に成長します。

罹病樹では、樹勢の低下、生育不良、果実品質の劣化などが認められます。植えつけ後から3年生苗木までの若木では枯死することもあります。

本細菌の詳細な生態は不明です。凍寒害を受けたブドウ樹で多発します。また、降雹などによる裂傷も発病の促進に寄与します。一般的に、がんしゅ形成は6月から7月の降雨が多い時期に活性化します。

対策法

本細菌は土壌中で生存できるため、土壌自体が伝染源です。また、本細菌は土壌中の罹病残渣内で少なくとも2年間は生存可能です[10]。そのため、発病した樹を伐採した同じ場所に苗木を植えつけることは望ましくありません。

本病に適用できる農薬はありませんので、罹病樹の除去などの耕種的な対策しかできません。なお、バラやリンゴの根頭がんしゅ病にたいし防除効果を示すバクテローズ（アグロバクテリウム ラジオバクター剤）が販売されていますが、バラやリンゴの根頭がんしゅ病を引き起こす病原細菌は本菌と異なりますので、本病にたいし本農薬は全く効果がありません。

つる割れ細菌病

病原菌

ブドウつる割れ細菌病菌（*Xylophilus ampelinus*）。本菌は醸造用ブドウ（*Vitis vinifera*）、およびその交雑種のみを宿主とします。

発生状況および要因

わが国では、２００９年秋に北海道の醸造ブドウで初めて確認された、比較的新しい細菌病です[11]。ヨーロッパでは、19世紀の終わりにフランスで本細菌病の症状が報告されています。

果実に感染した場合、黒変を生じ、黒褐色のかいよう症状となります。病気が進行すると、裂果や腐敗が起こります。葉では、まず淡黄色の小斑点を生じ、その後ハロー（かさ）を伴う褐色病斑へと進行します。病気が進行すると、葉縁部の黄化や枯死が起こります。

新梢では、まず数㎜～数㎝の黒褐色の条斑が現れます。病気が進行すると、黒褐色のかいよう症状を伴うつる割れを生じます。開花期の花に感染した場合、花が黒くなり、枯死します。

7月上旬以降の降雨により発症が促進されます。本細菌は木質部（主に導管）に存在します。また病名のとおり巻きひげ内でも生存しています。病気の症状を示さない潜在的な感染期間は数年といわれています。風雨が伴うと傷口から伝搬されやすいため、降雨や灌水により発生します。

対策法

木質化した巻きひげ

耕種的な対策として、剪定作業に用いたハサミなどを消毒することで汁液伝搬を防ぎます。本細菌は巻きひげ内で越冬しますので、罹病した結果母枝や巻きひげを徹底して除去することにより伝染源を減らす効果があります。

本病に適用できる農薬はありません。北海道での予備試験では、6月上旬～8月上旬まで約10日間隔で銅水和剤を散布することにより、本病の発病を抑制できることが報告されています[12]。

発生が認められていない病気

◆ピアース病（Pierce's Disease）

病原菌

Xylella fastidiosa

発生状況

ブドウのほかに、オリーブ、コーヒー、アーモンドなどで大きな問題となっています。

本病はアメリカが起源で、しばらくはアメリカ大陸に封じ込められていると思われていましたが、２０１３年以降、イタリアのオリーブ、スペインのアーモンドでも発生が確認されています。

本細菌は、木質部導管内で増殖するため、導管が閉塞し、根からの水が地上部に行き渡らなくなります。病気が進行すると、樹は枯死します。

本病にたいする根本的な対策法はまだありませんが、ピアース病耐性の台木を作出するための研究がアメリカで進められています。本細菌は、オオヨコバイ科に属する害虫（glassy-winged sharpshooter）により媒介されるため、害虫防除が一つの予防策となります。

ファイトプラズマによる病気

ファイトプラズマは、植物に寄生して病気を引き起こす細菌の仲間です。大きさは０・１㎛ほどと非常に小さく、細菌と異なり細胞壁を持っていません。

わが国では、ファイトプラズマによる醸造用ブドウの病気は確認されていませんが、ヨーロッパでは、Flavescene dorée病（病原菌：*Candidatus Phytoplasma vitis*）やBois noir病（病原菌：*Candidatus Phytoplasma solani*）が発生し、大きな問題となっています。

いずれのファイトプラズマ病も葉に症状が現れ、黒／赤ブドウであれば赤化を、白ブドウであれば黄化を生じます。これらのファイトプラズマはヨコバイの一種により媒介されるため、害虫防除が第一の対策法です。

植物ウイルスの発生と対策

ウイルスは、生命の基本単位である細胞を持っておらず自己増殖できないため、非生物に位置づけられます。ウイルスは、殻となるタンパク質と遺伝情報を記憶する核酸（ＲＮＡあるいはＤＮＡ）からなり、他の生物の細胞を利用して自己を複製します。

ウイルスは植物で初めて確認されました。19世紀後半、タバコの葉にできたモザイク模様の病斑から初めてウイルスの存在が確認され[13]、その後、家畜伝染病の口蹄疫でもウイルスの存在が突きとめられました。

植物に病気を引き起こすウイルスを植物ウイルスといいます。非生物である植物ウイルスは、自分自身では、宿主植物に伝搬できません。したがって、植物ウイルスによる病気では、植物ウイルスの他動的伝搬を断ち切ることが重要です[1]。特に、農作業に使用した農機具や剪定道具による伝搬、昆虫の吸汁行動による伝搬には注意が必要です。

以下に、植物ウイルスによる主なブドウの病気を説明します。なお、植物ウイルス病に効果を持つ農薬は存在しないため、ウイルス病対策として罹病樹の除去、媒介昆虫の防除、健全な台木の使用が重要です。

リーフロール病。葉脈間の赤変および葉の巻き込み症状（写真・斉藤誠也）

リーフロール病

病原ウイルス

ブドウ葉巻（はまき）随伴ウイルスGrapevine leafroll-associated virus（GLRaV）。GLRaVには13種のタイプが存在しますが（GLRaV-1～GLRaV-13）、各タイプは三つの属（*Closterovirus*、*Ampelovirus*、*Crinivirus*）に分類されています。わが国では、GLRaV-1、GLRaV-2、GLRaV-3、GLRaV-4、GLRaV-7の感染が確認されています。

発生状況、要因および対策法

本ウイルスに感染した場合、葉縁部が下方に巻き込むのが特徴です[13]。黒／赤ブドウでは盛夏を過ぎる頃から新梢基部の葉に赤褐色の斑点が認められ、以後拡大し、葉脈間が赤変します。

葉の赤化は白ブドウでは認められませんが、退色、黄化は認められます。下方への葉縁部の巻き込みは新梢基部の葉から起こり、順次先端の葉に及びます。病気が進行すると、果実糖度の低下、熟期の遅延、着色不良や果房の発育不良も生じます。

本ウイルスの伝搬はコナカイガラムシが媒介しているため、害虫防除に努めることが重要です。

ファンリーフ病

病原ウイルス

ブドウファンリーフウイルスGrapevine fanleaf virus（GFLV）。

発生状況、要因および対策法

世界的に広く分布し、被害も多大ですが、わが国での発生頻度は多くありません[13]。

病気の症状は多様で、葉では奇形、モザイク症状、退緑斑点が認められ、新梢では節間の短縮、扁平化が、果実では果房の小型化、無核小果粒による果粒の不ぞろいが生じます。

本ウイルスは土壌に生息するセンチュウでの伝搬が知られていますが、わが国では本ウイルスを媒介するセンチュウの生息は確認されていません。

一方、接ぎ木や汁液による本ウイルスの伝搬が確認されているため、罹病樹に使用した農機具や剪定道具は消毒し、罹病樹の除去を適切に行うことが本ウイルス病の対策法です。

えそ果病

病原ウイルス

ブドウえそ果ウイルスGrapevine berry inner necrosis virus（GINV）。

発生状況、要因および対策法

本ウイルス病は、巨峰、ピオーネなど、生食用ブドウで発生します。甲州、マスカットベーリーAでも感染が認められていますが、潜在感染となり、症状が出ることは多くありません[13]。

本ウイルスが感染した場合、葉が小さくなり、退緑斑点によるモザイク症状を生じます。また、葉の奇形も確認されています。幼果では濃緑色の壊死斑が形成され、果肉内部まで達します。壊死斑は果実の着色によりほとんど見えなくなりますが、肉質が異常にやわらかく、糖度も低くなります。

本ウイルスは、長らく接ぎ木や汁液による伝搬が主な伝搬方法と思われていましたが、ハモグリダニが本ウイルスを媒介することが証明されました。したがって、罹病樹に使用した農機具や剪定道具は消毒し、罹病樹の除去を適切に行うとともに、害虫防除に努めることが本ウイルス病には有効です。

フレック病

病原ウイルス

ブドウフレックウイルスGrapevine fleck virus（GFkV）。

発生状況、要因および対策法

世界じゅうに広く分布していますが、わが国での発生報告は多くありません。本ウイルスが感染した場合、葉では葉脈間に退緑斑点を生じます。激しく感染すると、葉縁部が上に巻き込む症状が認められます。

本ウイルスの媒介昆虫は見つかっておらず、接ぎ木による伝搬のみと考えられています。本ウイルスが感染しても台木品種では症状が出ない潜在感染となるので[13]、健全な台木を使用することで本ウイルスの感染拡大を防ぎます。

ルゴースウッド病

病原ウイルス

ブドウステムピッティング随伴ウイルスGrapevine rupestris stem pitting-associated virus（GRSPaV）、ブドウAウイルスGrapevine virus A(GVA)、ブドウBウイルスGrapevine virus B（GVB）、ブドウEウイルスGrapevine virus E（GVE）、ブドウコーキーバークウイルスGrapevine corky bark-associated virus（GCBaV）。

発生状況、要因および対策法

ルゴースウッド病は、ブドウの樹幹や新梢にピッティング（木質部に茶色の細く短いすじ状のくぼみ）やグルービング（木質部に波打った溝）の症状を引き起こすウイルス病の総称です。本ウイルス病は、症状部のコルク化、樹皮の肥厚などにより樹勢の低下を引き起こします。また、萌芽の遅延、葉巻き症状、葉の赤化、黄化を生じます[13]。

ＧＶＡ、ＧＶＢ、ＧＶＥはコナカイガラムシによる伝搬が確認されているので、害虫防除が一つの対策法となります。また本病を引き起こすすべてのウイルスが接ぎ木伝染しますので、健全な苗木の育成も重要です。

ウイロイド病

ウイロイドとは、植物に感染性を示す一本鎖環状ＲＮＡで、ウイルスとは異なりタンパク質の外殻を持っていません。醸造用ブドウの病原体として、ブドウ黄色斑点ウイロイドGrapevine yellow speckle viroid 、ブドウオーストラリアウイロイドAustralian grapevine viroidが知られています。いずれのウイロイド病も、葉脈に沿った退緑斑点を葉に生じます。

ウイロイドの伝搬は、接ぎ木や汁液による伝搬しか報告がなく、昆虫による媒介は起こらないとされています。したがって、ウイロイド病の対策法として、健全な穂木、台木を使用する、罹病樹に使用した農機具や剪定道具は消毒する、罹病樹の除去を適切に行うことが重要です。

発生が認められていない病気

◆Grapevine red blotch virus (GRBV)

近年、アメリカで広がりを見せているウイルス病で、アジアではインドや韓国で発生が報告されています。ヨーロッパでは感染報告がありませんので、ヨーロッパ地中海地域植物防疫機関European and Mediterranean Plant Protection Organization（EPPO）の侵入警戒リストに挙げられています。

本ウイルスが感染すると果実の糖度が著しく落ちることが特徴です。黒／赤ブドウに感染した場合、葉の赤化を生じます。白ブドウの場合は、葉の赤化は認められず、不定形の黄化が認められます。

本ウイルスを媒介する昆虫は自然界では見つかっていませんが、ヨコバイやツノゼミが本ウイルスの伝搬に関わっている可能性が示されています。現時点では、本ウイルスの主となる伝搬法は接ぎ木によるものです[14]。

◆Grapevine Pinot gris virus (GPGV)

ヨーロッパ、アメリカ、オーストラリア、中国、ブラジルと、世界的に広い範囲で感染報告があります。本ウイルスが感染した場合、葉の黄化および縮れ、新梢の生育遅延および節間の短縮を生じます。

本ウイルスの媒介昆虫は見つかっておらず、接ぎ木による伝搬のみ自然界で確認されています。したがって、健全な台木、穂木を使用することが本ウイルスの対策法です[14]。

◆Grapevine Roditis leaf discoloration-associated virus (GRLDaV)

ギリシャの土着品種ロディテスで初発が確認されて以降、本ウイルス病はギリシャ、クロアチア、イタリア、トルコでのみ感染が報告されています。今後、拡大も予想されておりＥＰＰＯの侵入警戒リストに挙げられています[14]。

本ウイルスが感染した場合、葉脈に沿って葉脈間が黄化あるいは赤化します。激しく感染すると、葉の縮れや葉巻き症状などの奇形葉を生じます。果実では、果房が小さくなり、果実肥大や着色が不良になります。果実糖度が著しく落ちる症状も確認されています。

コナカイガラムシによる伝搬が実験室で確認されていますが、自然界における本ウイルスの伝搬はいまだ不明です[14]。

農業害虫の発生と対策

農業害虫の被害

農作物を栽培するうえで有害な作用をもたらす無脊椎動物であり、主として節足動物（昆虫類）や線形動物（センチュウ）が該当します。農業害虫の被害としては、葉の食害や虫こぶ、果実の吸汁痕、樹幹や新梢、根の中など直接見ることができない部位の食害などがあります。

以下に、ブドウに被害をもたらす農業害虫について説明します。

主な農業害虫

ブドウネアブラムシ

学名

Phylloxera vastatrix

発生状況、要因および対策法

本害虫はアメリカ原産種で、学名からフィロキセラと呼ばれています。1800年代後半にアメリカからフランスに渡ったブドウ苗木に本害虫が寄生しており、本害虫に耐性を示さない醸造用ブドウ（*Vitis vinifera*）はフランスを中心にヨーロッパ各国で壊滅的な被害にあいました。わが国には明治時代にアメリカから侵入したといわれています。

根に寄生する根こぶ型と葉に寄生する葉えい型が発生します。いずれの成虫や幼虫も根、葉を吸汁します。吸汁された部分は膨潤し、こぶが形成されます。細根にこぶができるとブドウ樹は養水分の吸収ができなくなるため、樹勢が低下し、枯死します。根こぶ型の幼虫は根の中で越冬します。葉えい型は新梢などに産みつけられた卵で越冬します。

醸造用ブドウ（*Vitis vinifera*）と比べ、アメリカ原産品種（*Vitis riparia*、*Vitis rupestris*、*Vitis berlandieri*）は本害虫に耐性を示します。この特性を利用し、アメリカ原産種やアメリカ原産種と*Vitis vinifera*のハイブリッド種を台木に利用することで本害虫の被害を回避できるようになりました。

ブドウトラカミキリムシ

学名

Xylotrechus pyrrhoderus

発生状況、要因および対策法

本害虫は小型のカミキリムシ（体長20～30㎜）で、幼虫がブドウの枝幹に食入します。5～6月にかけて幼虫の食害部より先の新梢で萎凋が見られ、ときには枝折れも生じます。

本害虫の若齢幼虫がブドウ樹内で越

冬します。越冬幼虫は4月上旬から活動を始め、気温が上がるとともに食害が激しくなります。7月中旬頃から蛹化し約10日で成虫に羽化します。成虫は新梢の芽付近に産卵します[15]。

剪定時に新梢の芽付近に褐変が認められた場合、その新梢は切除します。被害部位は翌年の伝染源となるので、焼却するなど適切に処分します。成虫発生期となる8月中旬～9月に有機リン系農薬などを、産卵期ないし食入期となる9月中旬～10月中旬にネオニコチノイド系農薬などを、落葉後ないし萌芽前に有機リン系農薬などを散布します。

ブドウトラカミキリムシ

食害による根の被害

ブドウトラカミキリムシの成虫（写真・斉藤誠也）

ブドウスカシバ

ブドウスカシバの成虫

ブドウスカシバ

学名

Nokona regalis

発生状況、要因および対策法

本害虫の成虫はハチに似ていますが、ガの仲間です（体長20～25㎜）。幼虫がブドウの枝幹に食入し、ブドウ樹内を食害しながら移動します。

幼虫が食入した部位は紫を帯びた赤褐色になり、食入孔から木屑や虫糞が出てきます。幼虫の食害部より先の新梢で萎凋が見られ、ときに枯死します。幼虫が成長すると新梢は紡錘形にふくれます。

本害虫の老熟幼虫がブドウ樹内で越冬します。越冬部位は紡錘形にふくらんでいます。4月中旬から越冬幼虫が蛹化し、30日ほどで羽化します。成虫は6月頃に産卵を始め、葉柄の基部、巻きひげの先端などに1～4粒ずつ卵を産みつけます。卵は2週間ほどで孵化します。若齢幼虫は新梢に食入した後、新梢の基部へ移動し、越冬します[15]。

被害枝は翌年の伝染源となるので、焼却するなど適切に処分します。産卵期の農薬散布が最も効果が高く、5月下旬～6月下旬にかけて徹底的に防除します。ジアミド系農薬が有効です。

チャノキイロアザミウマ

学名

Scirtothrips dorsalis

チャノキイロアザミウマによる果実の褐変

発生状況、要因および対策法

果樹類を含め、多くの野菜類に被害を及ぼす害虫です。本害虫は非常に小さく（成虫の体長約0・7～0・9㎜、幼虫の体長約0・5㎜）、肉眼でその存在を確認することがむずかしいため、防除が遅れがちです。

成虫、幼虫のいずれも新梢、葉、花穂、果実などの地上部に被害を及ぼします。本害虫の加害により、新梢や葉の黒褐変化、新梢の生育不良、葉の湾曲、脱粒、果実のコルク化などを生じます。

蛹や成虫の形態で粗皮の間隙や地表面などで越冬します。5～10月まで広く被害が認められますが、7～9月の発生が多くなります。1世代の間隔は春秋季で約25日、夏季で約15日ですので、年に5～6回の発生を繰り返します[15]。

耕種的な対策として、ブドウ畑周辺のマサキ、サザンカ、ツナギなどの伝染源を除去することが有効です。落花後1か月間は重点的に農薬（ピレスロイド系やネオニコチノイド系農薬）を散布します。

フタテンヒメヨコバイ

学名

Erythroneura apicali

発生状況、要因および対策法

成虫（体長3～4㎜）、幼虫（体長0・5～3㎜）ともに葉裏に寄生し、吸汁します。吸汁された葉では淡黄色の小斑点が生じ、被害が進行すると葉表からもかすり症状が確認できます。被害が激しくなると、早期落葉が進み、翌年、発芽が不良になります。本害虫の排泄物による果実の汚れも問題となっています。

成虫が落葉、粗皮の間隙や下草で越冬します。また、作業小屋や石垣、板塀の隙間でも越冬します。4月上旬にブドウ樹に飛来し、葉裏に寄生して吸汁します。葉裏の葉脈内に1粒ずつ卵を産みつけ、年3回の発生を繰り返します。10月以降に発生する成虫は産卵することなく越冬します[15]。

本害虫は農薬に弱いため、5月下旬～7月にかけてピレスロイド系農薬を散布すると効果的です。

コガネムシ類

発生状況、要因および対策法

ブドウ樹には多くのコガネムシが飛来し、葉を食害します。主に、ドウガネブイブイ（学名：*Anomala cuprea*）、ヒメコガネ（学名：*Anomala rufocuprea*）、マメコガネ（学名：*Popillia japonica*）などです。わが国ではドウガネブイブイの被害が多いですが、アメリカではマメコガネの被害が甚大です。

アメコガネの成虫（写真・斉藤誠也）

日本在来種のマメコガネは「ジャパニーズ・ビートル」と呼ばれ、忌み嫌われています。食欲は旺盛で、多発生すると葉はすべて食べられ、新梢だけが残ります。

幼虫が土中で越冬します。春に気温が上がると蛹化し、6月頃成虫に羽化します。成虫の発生は6～9月とコガネムシの発生時期は長いですが、盛期は7～8月です。この時期に成虫は土に潜って産卵します。約10日で孵化した幼虫は植物の根を食害しますが、ブドウの根を食害することはありません[15]。

発生初期は捕殺します。成虫はブドウ畑外から飛来することが多いため、畑の周辺部で早期に発見できます。5～9月にかけてピレスロイド系農薬を散布します。

ブドウハモグリダニ

学名

Colomerus vitis

発生状況、要因および対策法

本害虫は、ブドウえそ果ウイルスの媒介昆虫です。成虫、幼虫のいずれも葉を吸汁します。被害を受けた葉に形成される「毛せん」と呼ばれるこぶが特徴です。

成虫、幼虫が葉を吸汁すると、葉表が凸状に変形します。葉裏の凹状のくぼみには長くのびた毛じ（葉裏表面にある微小な毛）が密集します。成虫の体長は約0・2㎜ときわめて小さいため、葉の変形が確認されるまで本害虫の存在を確認することがむずかしく、防除が遅れがちです。

成虫が芽の鱗片内で越冬します。4

月の展葉と同時に吸汁を始め、毛せんを形成します。その後、若葉のほうへ移動しながら吸汁を続けます。産卵は毛せん内で行います。毛せん内で成長した成虫は新梢先端部へ移動し、二次被害をもたらします。秋季に成虫は芽の鱗片内へ移動し越冬します[15]。

発生初期は、被害葉を除去します。休眠期の石灰硫黄合剤散布により、本害虫の発生を抑えることができます。

現状ではブドウハモグリダニに適用する農薬は登録されていませんが、ハダニ類に効果を示す殺ダニ剤が有効です。

ハスモンヨトウ

学名

Spodoptera litura

発生状況、要因および対策法

幼虫が葉や果実を食害します。果樹、野菜、花卉、雑草など幅広い植物に被害を及ぼす雑食性です。蛹で越冬し、4月下旬から羽化を開始します。ブドウでは8～10月に被害が発生します。8月に成虫（体長15～20㎜）がブドウ畑に飛来し、産卵します。卵は卵塊で、薄茶色の毛で覆われています。孵化後の若齢幼虫は葉をスカシ状に食害します。老齢幼虫は体長40㎜程度に生育します[16]。

食害を受けた葉は取り除き、適切に処分します。8～10月にかけてジアミド系農薬を散布します。バチルス・チューリンゲンシス（*Bacillus thuringiensis*）という細菌を利用した微生物農薬も効果があります。また、交尾を抑えるフェロモン剤も高い防除効果を示します。

コウモリガ

学名

Endoclita excrescens

発生状況、要因および対策法

多くの樹木を食害する雑食性です。幼虫が樹幹、新梢内に食入します。食入孔の入り口には木屑や虫糞でつくった蓋が見られます。木質部に食入するため、養水分の流れが遮断されます。成木では食入部位から先が衰弱し、苗木は枯死します。

卵から成虫になるまでに、通常2年を要します。本害虫は卵と幼虫で越冬します。成虫は8月中旬～11月上旬に羽化し、夜間に飛翔しながら多数の卵を産み落とします。越年した卵は、翌年4～5月に孵化します。孵化した幼虫は初め雑草の茎内に食入します。6月になると雑草から出てブドウに移動して食入し、そのまま越冬に入ります（体長50～80㎜）。翌年の7～8月に蛹化、羽化します[16]。

若齢幼虫は雑草に食入するため、ブドウ畑の雑草管理は重要です。草生栽培では株元付近の除草を徹底します。食入孔を見つけたら針金などを挿し込んで幼虫を刺殺します。5～6月に有機リン系農薬を樹幹に散布すると効果的です。

ブドウオオトリバ

学名

Platyptilia ignifera

発生状況、要因および対策法

幼虫が果実を食害します。成虫は20㎜ほどです。詳しい生態は不明ですが、山間部に近いブドウ畑で発生が認められます。成虫は5月下旬から発生し、7月に最も多く、9月まで観察できます。若齢幼虫が果実の中に食入します。食入した部位には円形の穴が認められます。加害された果実は腐敗します。

他の害虫を防除するためにピレスロイド系農薬を散布していれば、本害虫が多発することはありません。ブドウトリバで登録されている有機リン系農薬も有効です(16)。

コウモリガ

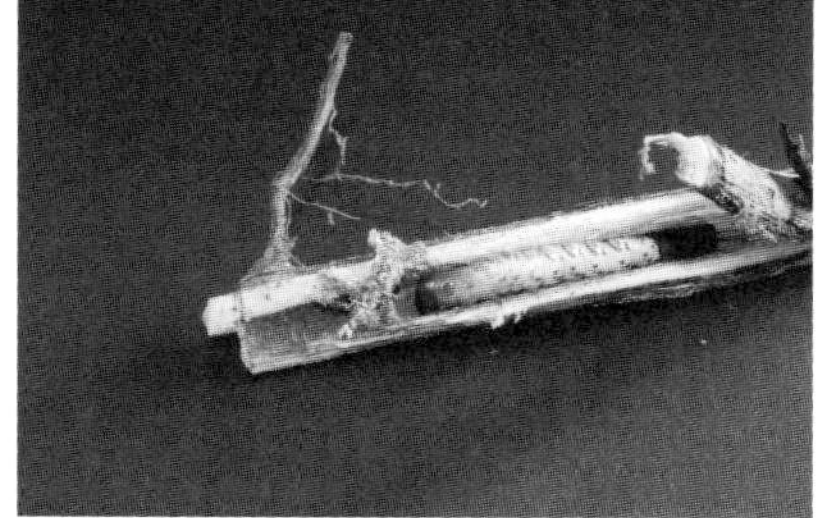

コウモリガの幼虫（写真・斉藤誠也）

ブドウオオトリバ

ブドウオオトリバの幼虫（写真・斉藤誠也）

果実に食入する幼虫（写真・斉藤誠也）

チャバネアオカメムシ

学名

Plautia crossota stali

発生状況、要因および対策法

本害虫は、卵～幼虫～成虫と、蛹を経ない不完全変態を行います。成虫（体長11㎜）はさまざまな植物に吸汁行動をとります。

ブドウでは葉、果実を吸汁します。白ブドウの果実表面に吸汁痕が残るため、生食用ブドウでは商品価値を低下させます。醸造用ブドウでは果実品質に影響するまでの被害は珍しいですが、大発生すると吸汁された果実は腐敗し、ブドウ灰色かび病などのかび病を併発します。

本害虫は、成虫で山林の落葉などで越冬します。春になると越冬場所からブドウ畑に飛翔します。吸汁するとともに産卵を行い、成虫は8月以降に羽化します。森林を生息域としているので、山間部のブドウ畑では特に注意が必要です(16)。

本害虫は夜行性のため、早朝および

夕方に発見しやすい傾向にあり、数が少ない場合は捕殺します。発生の拡大が認められたら、ネオニコチノイド系農薬を散布します。

チャバネアオカメムシ

葉に産みつけられた卵（写真・斉藤誠也）

チャバネアオカメムシの成虫（写真・斉藤誠也）

クワコナカイガラムシ

学名

Pseudococcus comstocki

発生状況、要因および対策法

本害虫は、果実、葉、新梢や果梗を吸汁します。植物ウイルスの媒介昆虫のため、重要な防除対象です。成虫の体長は4㎜ほどの楕円形で、体のまわりに17対の周縁毛があります。

粗皮の下に産みつけられた卵嚢で越冬します。5月に孵化した幼虫は、新梢基部や若葉の葉裏などに寄生します。6月に成虫となり、粗皮の下に産卵します。その後、7月、9月にも幼虫が発生することから、1年に3世代を経過すると思われます。果房に寄生した場合、本害虫の排泄物により果房内部が黒く汚染されるため、果実品質が著しく低下します[16]。

耕種的な対策として、冬季に粗皮はぎを行い、卵嚢を除去します。年3回の幼虫発生期に農薬を散布します。特に、第一幼虫発生期の5月に重点的に防除を行うと効果的です。ネオニコチノイド系農薬、有機リン系農薬、ブプ

クワコナカイガラムシ

クワコナカイガラムシの成虫（写真・斉藤誠也）

排泄物により果実に汚れが生じる（写真・斉藤誠也）

ロフェジンなどの昆虫成長制御系農薬、ピリフルキナゾンなどの昆虫行動制御系農薬などが使用できます。

〈参考文献集〉

（１）『植物病原微生物・ウイルスの制御と管理』奥八郎 著（学会出版センター）
（２）『Colletotrichum nymphaeae（Passerini）Aa によるブドウ晩腐病の発生』綿打享子・村上芳照・内田一秀・功刀幸博・佐藤豊三 著（日本植物病理学会報 第84巻 ３－７ページ ２０１８年）
（３）『Phakopsora montana, another grapevine leaf rust pathogen in Japan』Yoshitaka Ono・Sinchai Chatasiri・Siriporn Pota・Yuichi Yamaoka 著（Journal of General Plant Pathology volume78 pages 333-347 ２０１２年）
（４）『ブドウさび病の発生消長，防除適期と数種薬剤の防除効果』川合康充・伊原竜夫 著（関東東山病害虫研究会報 第47集 93-95ページ ２０００年）
（５）『福岡県におけるQoI 耐性ブドウ褐斑病菌の発生と感受性検定法の改良』菊原賢次・渡邉久能・嶽本弘之 著（日本植物病理学会報 第80巻 １６２-１７０ページ ２０１４年）
（６）『ブドウ枝膨病の感染成立後に発病抑制効果を有する殺菌剤の探索と効果的利用方法の開発』田代暢哉 著（病害虫防除技術の最前線 連絡試験結果集 ２００７年）
（７）『ブドウ白紋羽病に対するフルアジナム水和剤の防除効果』金谷元・伊達寛敬・那須英夫 著（日本植物病理学会報 第64巻 １３９-１４１ページ １９９８年）
（８）『新編植物病理学概論』久能均・白石友紀・高橋壮・露無慎二・真山滋志 著（養賢堂）
（９）『非病原性Agrobacterium vitis によるブドウ根頭がんしゅ病の生物的防除』川口章 著（植物防疫 第63巻 １３５-１３９ページ ２００９年）
（10）『Biology of Agrobacterium vitis and the development of disease control strategies』Thomas J. Burr・Carlo Bazzi・Sandor Süle・Leon Otten 著（Plant Disease 第82巻 １２８８-１２９７ページ １９８８年）
（11）『ブドウつる割細菌病の発生生態と防除に関する研究』小松勉 著（北海道立総合研究機構農業試験場報告 第１４２号 １-63ページ ２０１６年）
（12）『ブドウつる割細菌病の生態と防除 第2報 ―醸造用ブドウの品種間差異，果実被害を防止するための銅剤散布適期，分子系統解析について―』小松勉 著（植物防疫 第71巻 ４４８-４５２ページ ２０１７年）
（13）『原色果樹のウイルス・ウイロイド病 診断・検定・防除』家城洋之 著（農文協）
（14）『European and Mediterranean Plant Protection Organization』https://www.eppo.int/
（15）『島根県農業技術センター 病害虫データベース』https://www.pref.shimane.lg.jp/industry/norin/gijutsu/nougyo_tech/byougaityuu/byougaityuu-index/
（16）『全国農村教育協会・病害虫・雑草の情報基地』https://www.boujo.net/

付属資料①

醸造用ブドウ畑を把握・管理する圃場登録システム化事業

甲州市農林振興課
石原 久誠

認証制度と生産実態の開示

山梨県甲州市では、国内初のワイン原産地呼称制度となる「勝沼町ワイン原産地認証制度」を前身とした「甲州市原産地呼称ワイン認証制度」（以下「認証制度」という）を２０１０年に法制化しました。

そのラベルに表示されている土地で、ブドウ栽培からワイン醸造、ラベルを貼付する最終工程まで確実に行われたことを保証するため、国内では初となるブドウが収穫された畑の状況を現地確認し、消費者へ正確な生産情報を開示しながらこれまで制度運用を進めてきました。

制度創設前、市内の大多数のワイナリーが参加を表明し、エントリー数は40アイテム程度になると見込んでいたのですが、実際最初の年は10にも満たない申請状況となり、これまで制度設計から審査運用まで一貫して携わってきた立場として、課題を突きつけられることとなりました。

回数を重ねていくことで参加ワイナリー、エントリー数は増えていくだろうと楽観していたのですが、以後、若干の上乗せはあったものの、市が認証するワインのアイテム数は平均で１年度当たり20超。２０１５年に創設された法的拘束力の高い酒類の地理的表示（ＧＩ）制度（国税庁）で、ワインでは２０２０年時点で「山梨」が「北海道」とともに指定されたこともあり、認証制度が大きく飛躍することはありませんでした。

前述の地理的表示（ＧＩ）「山梨」にも増して厳しい基準を課し、審査についても畑からワインの品質検査まで厳正かつ厳格に行っている自負はありました。一部の消費者の理解は得られても地場ワイナリーの理解にはつながりませんでした。一自治体が進める任意の制度の限界を覚えていた矢先、当時（２０１６年）原産地呼称ワイン認証委員会（委員長は甲州市長）の副委員長を務めていたKisvinワイナリーの荻原康弘社長から「今後の認証制度のあるべき姿を考えよう」と声をかけられました。

　荻原さんから、「エントリー数こそ少ない状態が続いているけれど、産地とブドウ品種を決め、原産地呼称制度の眼目であるブドウがどこから入ってきたかを現地確認し、生産実態を明らかにしたことは決して無駄ではない。ブドウの糖度が高かろうが低かろうが、甲州ブドウの収穫量が1反歩当たり4ｔだろうが2ｔだろうが、どうでもいい。重要なのは実態の本質を偽りなく正しく伝えること。つまり、認証制度が当初目指していた方向に立ち返ること」を告げられたのです。

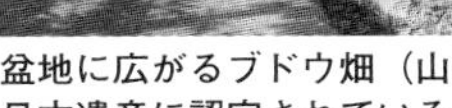
盆地に広がるブドウ畑（山梨県甲州市）。日本農業遺産や日本遺産に認定されている

圃場登録システム化事業の導入

　認証を受けたワインの生産情報は市がそのデータを一元的に把握・管理しています。しかし、認証ワイン以外のデータは市が把握・管理できず、そこをどうやって網羅的に把握していくか。このことについて「ヴィニフェラ種、ラブルスカ種関係なく、ワイン用として仕向けられたブドウの出自を一つ一つつかんでいく。そのためには畑に付番する圃場登録の導入が必要」との提案をしていただいたのです。

　また、地理的表示（ＧＩ）「山梨」と認証制度を対立させるのではなく、「ＧＩを活かしてつなげる役割を担うこと。裏づけとなるバックデータが存在してこそ地理的表示（ＧＩ）などの法制度は生きる」という荻原さんの見解に返す言葉が見つかりませんでした。そのとき、あるワインジャーナリストから指摘された一つの言葉が自分の脳裏をよぎったのです。

「山梨は甲州ブドウの大半を生産しているとアピールしながら、実態を示せないのはおかしい」

　荻原さんと盃を交わしながらも、頭のなかで打開策と新しい方向性を模索していました。帰り際には自分のなかでどう対処するかはすでに決まっており、あとは「荻原さん、任してください。必ず具現化します」と約束をしたのです。

　こうして私たちは、荻原さんの提案を受け、「圃場登録」の導入に向けて動きを起こすことになったのです。

圃場登録の手順と集計

甲州市は40を超えるワイナリーが集積する日本屈指のワインカントリーであり、日本ワインの草分けのような地域でもあります。しかし、生食用ブドウ産地として発展してきた側面が大きく、生食用ブドウのほか、モモやスモモといった果樹園が数多く集積し、その経営体の一つとして醸造用ブドウの栽培が行われています。言い換えれば日本でいちばん生産構図が複雑な産地で、生産実態がつかみにくい構造的問題が横たわります。

棚下で収穫（９月、甲州市勝沼）

主力品種である甲州についても、その大半を農家が生産し、市場性を見きわめながら生食に回したり、醸造用に仕向けたりと年々行き先は異なるのです。

では、どうやって圃場登録を実現させるのか。自分のなかで葛藤が続きました。日本ワインは国際化の時代に直面していることを踏まえ、世界的視野のもとでの法制度を意識し、参考にしたのは、スペイン・リオハの原産地呼称制度でした。

リオハの原産地呼称制度は、①ブドウのトレーサビリティの保証、②収穫量の監視・管理、③生産規定の遵守促進、④品質保証ときめ細かく管理・監視が徹底されています。畑はリオハ原産地呼称統制委員会によって、約12万区画に分けて登録され、生産者ごとに所有が明確な土地台帳がデータベースとなっています。ＩＣチップを組み込んだアイデンティティーカードが生産者ごとに配布され、ブドウの生産情報をリオハ原産地呼称統制委員会の端末に記録することが義務づけられています。

甲州市独自の圃場登録の実現に向けて準備・調整をしていた頃、追い風が吹きます。国産ブドウ１００％の日本ワインとそれ以外のワインを明確に区別することに主眼を置いた「果実酒等の製法品質表示基準」（以下「品質表示基準」という）が施行され、ワイナリーの原料ブドウ産地にたいする意識が変わり始めたのです。

圃場登録への手順・流れ

前述の品質表示基準や各自治体が地理的表示（ＧＩ）の創設に積極的な姿

勢を見せている流れから、畑と生産者の「顔」を可視化する基盤整備事業を農家とワイナリーの全面協力を得ながら段階的に進めていくため、リオハの原産地呼称制度を手本に考案した計画内容を地場ワイナリーにたいして説明し、理解と協力を求めました。

圃場登録までの手順・流れについては**図1**のとおりです。

以後、この流れを繰り返し、データの積み上げを図っていきます。

甲州市圃場登録簿など（**表1、表2**）によって、市内産醸造用ブドウ圃場の正確な所在地把握が進み、ブドウの出自を保証することができます。また、ワイナリーは、より詳細な産地表示を活用することが可能となり、各生産地の特徴を生かしたワイン造りにつ

付属資料①　醸造用ブドウ畑を把握・管理する圃場登録システム化事業

図1　圃場登録までの手順・流れ

1.「市の役割」

市は、2018年から2020年までの3か年の間で圃場登録システム化事業に必要な生産地情報をワイナリーごとに達成度を高めながら収集する。

2.「ワイナリーの役割」

ワイナリーは、市が用意した「共通様式・甲州市圃場登録管理台帳」（別紙＊1-1）に基づき、契約農家等から聞き取りを行いながら生産地情報を記録する。

※甲州市圃場登録管理台帳の内容
①圃場所在地
②生産者（耕作者）
③品種（ワイン用として仕向けられた品種すべて）
④作付面積（a）
⑤収穫量（kg）
⑥生産形態（系統（農協を通す）、系統外（農協を通さない）、自園から選択

3.「圃場登録管理台帳の市への提出」

ワイナリーは、取りまとめた生産地情報を12月末日までに市へ電子メールの方法により提出する。

4.「データの照合・確認」

市は、ワイナリーより提出されたデータを市が管理する農地基本台帳システムにより照合・確認し、データを整理する。

5.「基礎データの返送」

市は、整理したデータを基礎データとしてワイナリーに返送する。

6.「基礎データのシステム化」

市は、基礎データをＧＩＳの地図データと関連付けのうえ、ワイナリーの生産地情報が視覚的に確認できるよう専門業者にシステム化を依頼する。

7.「システムと連動する基データの返送」

市は、専門業者が整理した「システムと連動する基データ（圃場に付番）」（別紙＊1-2）を5月中にワイナリーに返送する。ワイナリーは以後、当該データを基に年ごと生産地情報を記録・更新する。

注：＊1-1は表1、＊1-2は表2にあたる

表１　甲州市圃場登録簿・記入用紙

申請者＿＿＿＿＿＿＿＿＿＿＿＿

生産年　２０１９　年　　　　　　　　年　月　日

所在地	生産者	所有者	品種	作付面積（a）	収穫量（kg）	生産形態

表２　甲州市圃場登録簿・記入用紙

地番図の所在地番												
大字名称	小字名	地番	備考	台帳番号	圃場番号	生産者	所有者	品種	作付面積(a)	収穫量(kg)	生産形態	会社名
勝沼町 ○○	○○○	000-0		1	1	甲州 太郎	甲州 太郎	甲州	○○○	○○○	自園	○○ ワイナリー
塩山 ○○	○○○	000-0		2	2	○○ ○○	○○ ○○	甲州	○○○	○○○	系統	○○ ワイナリー
塩山 ○○	○○○	000-0		3	3	○○ ○○	○○ ○○	マスカットベーリーＡ	○○○	○○○	系統外	○○ ワイナリー

なげることができます。

　また、市では甲州市内の各地域、具体的には地区や大字（おおあざ）単位で年ごとに「甲州市圃場登録管理台帳」をもとに、「山梨県甲州市原料ブドウ栽培地域概況」を作成し、当該年のヴィンテージ状況と合わせて毎年度（英語）製作、発信していくことにしています。

産地表示と品質保証

　今後の展開について述べます。圃場登録システム化事業が顕在化し、原料ブドウ産地を保証する基礎ができました。私たちは既存制度の整理・集約化を見据えています。

　具体的には、認証制度におけるワイン認証（品質検査）を取りやめ、ブドウの出自保証に特化した方向にする。ワインの品質保証は、地理的表示（ＧＩ）「山梨」や現在、協議検討中で今後創設をもくろむ地理的表示（ＧＩ）「勝沼」に委ねるかたちを取ることです。

　世界のワインの枠組みのなかでのワイン振興を目指す必要があり、地理的表示（ＧＩ）を活用して産地化をより明確で強固なものにしていきたいと考えています。

　山梨県内には、甲州市はもとより個性あるブドウ産地が散在しています。山梨のなかの産地の位置づけ、ブドウ産地とワイン品質との関連性というものをさまざまな角度から真剣に検討していかなくてはなりません。

　私たちが進めている圃場登録は現場本位の入り組んだ取り組みのため、県行政の枠組みでは対応しきれないかもしれません。しかしながら県が音頭を取って、県内のブドウ生産地を抱える市町村に拡充し、圃場の登録を地理的表示（GI）で参照する仕組みをつくるよう促すことができます。日本ワインの中心産地と自覚する山梨県だからこそ、圃場登録に積極的に取り組んで発信していくべきです。

このことを実践し、積み重ねることによって、原産地呼称法へステップアップしていくための基礎ができ、AOC（フランスワインの統制原産地呼称法）のような方向が見え始めるのではないでしょうか。

「産地表示がそのワインの品質を担保する」。そのためには、山梨県内の主要産地の自治体が圃場登録の意義と重要性を認識し、正確に実態をつかむことから始めなくてはなりません。

そのブドウは誰がどこの畑で耕作しているのか。その畑の収量はどのくらいか。土質はどうなのか……。これらの情報が明確になったとき、山梨県はもとより全国各地の醸造用ブドウの主産地が真のワイン産地として、次に進むべき道を探るうえでの手がかりをつかむことができるはずです。

表3　甲州市圃場登録管理台帳（2019年産）集計表

2019年

種別	作付面積	収穫量	圃場数
甲州種	149ha	1516.1t	1,598
欧州系品種	31ha	164.4t	269
国内改良品種	16ha	209.6t	252
その他	17ha	139.6t	174
合　計	213ha	2029.7t	2,293

【作付面積】

2019年

地区名	甲州種	欧州系品種	国内改良品種	その他
勝沼地区	43ha	5ha	2ha	8ha
祝地区	79ha	6ha	7ha	5ha
東雲地区	12ha	1ha	4ha	1ha
菱山地区	8ha	3ha	1ha	3ha
大和地区	1ha	0ha	0ha	0ha
塩山地区	2ha	5ha	0ha	0ha
松里地区	3ha	7ha	2ha	0ha
奥野田地区	0ha	0ha	0ha	0ha
大藤・玉宮・神金地区	1ha	4ha	0ha	0ha
合　計	149ha	31ha	16ha	17ha

注：提　出：27社　未提出：5社　圃場数：2,293

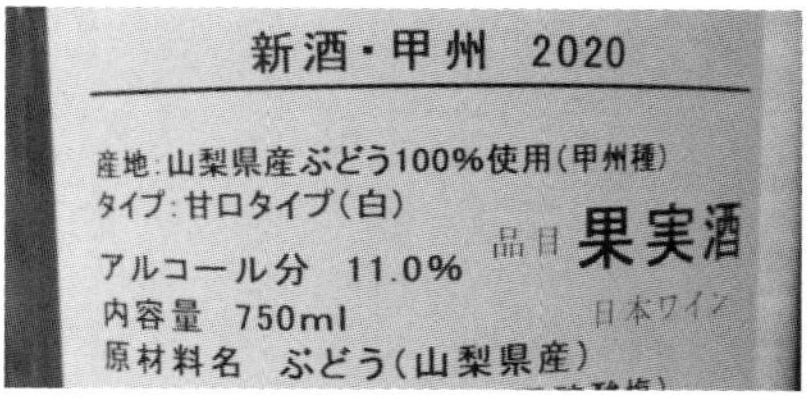

品種や産地などが表示されている

付属資料②

垣根仕立て設置の際の資材の種類・特徴と留意点

新洋

茂木 邦憲

垣根の架設にあたって

垣根を架設する際、当然ながら畝間と柱（太さ、本数、材質）、さらに雨よけ施設の有無など強度や防除にかかわる多くのことを検討していかなければなりません。

一般に垣根の施設は、第4章でも触れられているとおり畝の両サイドにアンカーで固定した隅柱を立て、その間に5～6m置きに中柱を押し込んで設置。隅柱、および中柱の間にブドウの枝を這わせ、固定するため、適切な位置に3～5段のワイヤー（鋼線）を張ります。

また、ワイヤーが緩んだりするのを防ぐため、隅柱に張線金物やフックハンドなどを取り付けます。さらに用意する資材として隅柱の防水キャップ、ワイヤーがけ金具、中柱の打撃治具金物などの部品などが必要になります。

フックハンド

張線金物

柱の材質と特徴

垣根の架設での主材は、なんといっても柱。木柱、コンクリート柱、金属柱の三つのタイプがありますが、材質の違いや特徴について述べておきましょう。

木製

日本の垣根畑は、醸造用ブドウの本場ヨーロッパにならい、古くから木柱を採用してきました。

木材はエゾマツ、ケヤキ、クリなど。価格や取扱量などとのかねあいで、その土地の間伐材を利用する傾向があります。

耐用年数は架設地の気候にも左右されますが、防腐剤圧入なしで5年余り、防腐剤処理ありで10年程度。しかし、牧歌的な景観を優先したり、見せるヴィンヤードを目的としたりする場合は適切な資材となります。

木柱の架設

コンクリート製

コンクリート柱は、古くから生食用ブドウに見られる棚には欠かせないスタンダードな資材です。しかし、時代とともにパイプ資材へと移行しており、垣根仕立てへの転用は必ずしも多くはありません。

コンクリート柱の架設

その理由は「とにかく重い」の一言です。重量があるために工事費がかさみ、運送費がはね上がってしまうのが難点です。また、衝撃にもろくひび割れが生じやすいのです。

しかし、金属柱のようなさび、木柱のような腐れの影響を受けないことから、すぐれた耐久性資材ともいえます。長野、山梨、山形県では、30年はおろか50年の耐用年数を誇るコンクリート柱の畑が数多く現存しています。

金属製

金属柱は板厚が薄く、強度的に弱いイメージがありますが、実際は強度や架設の容易さなどからバランスのとれた資材として各地で採用され、30年ほどの歴史があると推測されます。

当初は足場パイプ（48・6φドブメッキ）が主流でしたが、ワイヤーの取り付け、各種アタッチメントの装着な

架設の例

金属柱の架設

どあらゆる栽培方式に適した形にできる欧米式の資材が求められるようになっています。筆者の所属先の資材がこれにあたります。

金属柱は耐久性が求められるため、鋼材の表面処理としてメッキを施しています。表面処理の仕方によるとはいえ、10～30年の耐久性があります。コストと耐用年数のバランスのとれた資材です。

中柱をバックホーで押し込む

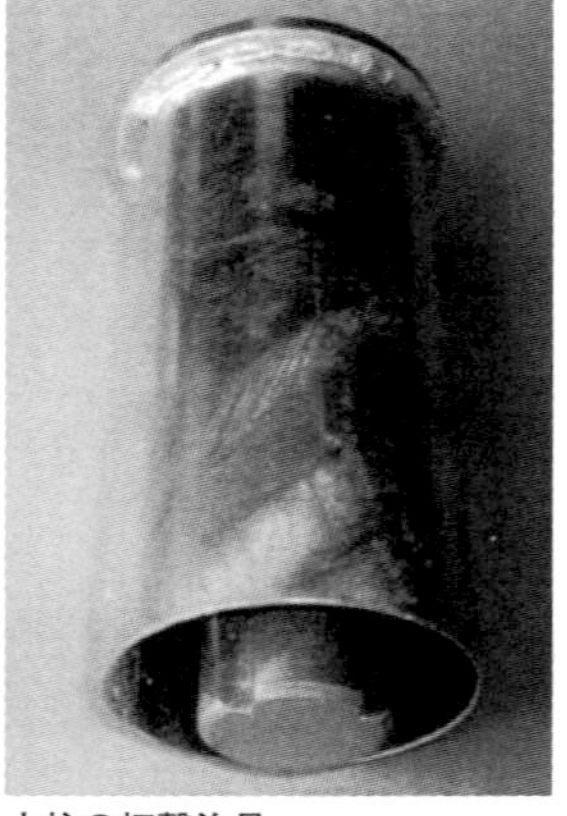
中柱の打撃治具

簡易雨よけの装着

垣根仕立てでは簡易雨よけとしてフルーツゾーンにレインプロテクションを取り付ける例が多く見受けられます。

これは病気の多発を防ぐため、2段目のワイヤーから下部のフルーツゾーンをポリシートで覆うもの。ポリシートは数年に一度、更新しなければならないと念頭に入れておきましょう。

架設後の垣根

簡易雨よけとネットを装着

第２ワイヤー部分からポリシートで被覆

簡易雨よけで健全な果房に（アルモノワール）

架設当初はさほど必要性を感じないかもしれませんが、病害菌を予防して健全果を収穫できるようにするため、ぜひとも雨よけを取りつけられるようにしておきたいものです。

架設の工期

なお、各資材メーカーでは資材の取り扱い、垣根施設の設計、架設の方法・手順などあらゆる相談に応じています。

架設にあたっての工期は、気候や園地の条件によって異なります。１ha未満の面積であれば諸条件がそろっている場合、農閑期に自力での施工が可能になります。

しかし、園地に岩盤があると支柱を立てるときやアンカーを打ち込む際に機械掘りが必要になり、専門業者に依頼する場合１か月から数か月を要することもあります。また、景観を重視したブドウ園を開設するとき、専門業者に委託して架設を美しく仕上げてもらう場合もあります。

いずれにせよ、架設の計画から資材の選定・発注、架設の実施までフロー図を作成し、計画的に垣根を完成させたいものです。

声価高まる
白ワイン用の甲州

ブドウ・ワイン産業の新展開～あとがきに代えて～

日本でワイン製造が行われるようになって、150年ほど経ちました。ワインの品質が向上するにつれ、「原料ブドウの品質が最も重要だ」との話を何度聞いたかわかりません。しかし、これまで、醸造用ブドウに特化したブドウ栽培の教科書は、洋書しかありませんでした。

日本ブドウ・ワイン学会の設立に尽力されたロジャー・ボルトン（Roger BOULTON）博士の講演会に参加したときに、先生がとても重要なことを言われました。「ワインに関する研究は二つに大別して捉える必要がある。一つは世界じゅうどこでやっても同じ結果になる『普遍的知見』である。酵母による発酵や、ポリフェノールの酸化などがこれにあたる。『普遍的知見』は世界に多くの知識の集積があり、世界から情報を得て、勉強するのが重要である。一方で、ワインを造っている地域でしかできない『地域的知見』というのがある。ブドウの栽培法や気象・土壌などに関するものである。『地域的知見』はその地域で知識共有することが重要である」

大変示唆に富んだ重要な言葉であったと思います。このたび、醸造用ブドウに特化した、日本語の書籍を、日本ブドウ・ワイン学会が中心となって企画・監修し、出版できる運びになったことは、このうえない喜びです。本書は、多くの「普遍的知見」を含んでいますが、ついに「地域的知見」をも日本語で共有することになったのです。

日本ブドウ・ワイン学会は、アメリカブドウ・ワイン学会の日本支部（部会）として、

ブドウ・ワイン産業の振興へ

日本のブドウ栽培・ワイン産業の発展を目指して設立され、40年近くが経ちました。この間、毎年行っている大会、セミナー、独自の学会誌出版などを通じて、多くの会員の皆様に支えられながら、活動を続けてきました。そして、知識の共有により、日本のワインは大きな進歩を遂げてきたと思います。一方で、新規にワイナリーを立ち上げる方々や、大学などで学ぶ学生には、学ぶ場や教科書が少ない状況が続いてきました。

「テロワール」(ワイン生産地の気候や土壌がその土地らしさを備えていること)という言葉があるように、ワインは地域性が高いのが特徴です。その地域でワインを製造する全員の技術レベルが高度になって、初めて産地の特徴が明確化され、ワイン産地が形成されるものと思います。「テロワール」を表現するためにも、原料ブドウの品質が高く、そのうえで醸造において失敗しないことが要求されています。醸造用ブドウの栽培に携わる方々だけでなく、ワインにかかわるすべての人々が本書を読み、さらに、互いに情報交換できれば、日本ワインは世界じゅうの人が求める品質になるはずです。

本書は、数少ない醸造用ブドウ栽培のエキスパートの方々に執筆をお願いしました。お忙しいところ、おまとめいただいた執筆者の皆様、また、取材・写真・資料などでご協力いただいた関係者の方々、さらに企画・監修の機会を与えていただいた創森社の皆様、編集関係の方々に心より御礼申し上げます。

日本ブドウ・ワイン学会
山梨大学大学院総合研究部附属ワイン科学研究センター
奥田 徹

◆写真・資料協力先集覧

農研機構北海道農業研究センター　北海道農政部　道総研中央農業試験場　空知農業改良普及センター　富良野市ぶどう果樹研究所　JA よいち　鶴沼ワイナリー（北海道浦臼町）　平川ファーム（北海道余市町）　宝水ワイナリー（北海道岩見沢市）　山﨑ワイナリー（北海道三笠市）　岩手県農業研究センター　山形県農林水産部　菊地園芸（山形県南陽市）　ココ・ファーム・ワイナリー（栃木県足利市）　日本果樹種苗協会　新洋（東京都中央区）　山梨県ワイン酒造組合　シャトー・メルシャン勝沼ワイナリー（山梨県甲州市）　甲州市（山梨県）　植原葡萄研究所（山梨県甲府市）　サドヤ酒造場（山梨県甲府市）　丸藤葡萄酒工業（山梨県甲州市）　勝沼醸造（山梨県甲州市）　笛吹農園（山梨県笛吹市）　山梨県果樹試験場　江井ヶ嶋酒造山梨ワイナリー（山梨県北杜市）　三澤農場（山梨県北杜市）　早川町（山梨県）　長野県果樹試験場　マンズワイン小諸ワイナリー（長野県小諸市）　塩尻市（長野県）　本坊酒造長野信州マルス蒸留所（長野県宮田村）　丹波ワイン（京都府京丹波町）　岡山理科大学ワイン発酵科学センター　三和酒類安心院葡萄酒工房（大分県宇佐市）

◆主な参考・引用文献

序章、第２章、第７～８章の
参考・引用文献は章末にも記載

『図解　よくわかるブドウ栽培～品種・果房管理・整枝剪定～』小林和司著（創森社）
『ブドウの郷から～おいしい葡萄のできるまで～』（山梨県果樹園芸会）
『果物学～果物のなる樹のツリーウォッチング～』八田洋章ほか編（東海大学出版会）
『ブドウ栽培総論』A. J. Winkler ほか著、望月太ほか訳（山梨県ワイン酒造組合）
『ブドウ品種総図鑑』植原宣紘編著（創森社）
『ブドウ樹の生理と剪定方法～病気を防ぐ樹体管理～』シカバック著、榎本登貴男訳（創森社）
「醸造用ぶどう導入の手引き」（北海道農政部）
「山梨県醸造用ブドウ栽培マニュアル」（山梨県ワイン酒造組合）
「ブドウ新品種の導入による新たな加工品開発マニュアル」（岩手県農業研究センター）
「国内製造ワインの概況（平成 30 年度調査分）」（国税庁）
「酒類製造業及び酒類卸売業の概況（令和２年調査分）」（国税庁）

◆執筆者紹介・執筆分担一覧

執筆順、敬称略（p. は本文執筆分担頁）
所属・役職は 2022 年３月現在

後藤奈美（ごとう なみ）
独立行政法人 酒類総合研究所研究生（前・理事長）、日本ブドウ・ワイン学会会長　P.1、P11 ～

齋藤　浩（さいとう ひろし）
山梨県ワイン酒造組合顧問（元・会長）、勝沼醸造株式会社副社長　P.2 ～、P.65 ～、P.89 ～、P.113 ～、P.133 ～

植原宣紘（うえはら のぶひろ）
ブドウ育種家、農業生産法人・株式会社植原葡萄研究所代表取締役会長　P.23 ～

根本　学（ねもと まなぶ）
農研機構北海道農業研究センター上級研究員　P.47 ～

古屋　栄（ふるや さかえ）
山梨県農業共済組合技術顧問、専門学校山梨県農業大学校非常勤講師（元・山梨県果樹試験場場長） P.145~

鈴木俊二（すずき しゅんじ）
山梨大学大学院総合研究部附属ワイン科学研究センター教授　P.163~

石原久誠（いしはら ひさのぶ）
甲州市農林振興課農業委員会事務局（農地担当リーダー） P.188 ～

茂木邦憲（もぎ くにのり）
株式会社新洋取締役営業部長　P.194 ～

奥田　徹（おくだ とおる）
山梨大学大学院総合研究部附属ワイン科学研究センター教授、生命環境学部長、
日本ブドウ・ワイン学会事務局長　P.198 ～

〈執筆協力〉
三好かやの（みよし かやの）
農・食のエディター＆ライター

両側２本の垣根仕立て

白ワイン用の代表格シャルドネ

●

デザイン――――ビレッジ・ハウス　塩原陽子
イラスト――――宍田利孝
撮影・写真協力――――三宅 岳　蜂谷秀人　小林和司
榎本登貴男　大森直樹　ほか
校正――――吉田 仁

〈監修者プロフィール〉

●日本ブドウ・ワイン学会（ASEV Japan）

ASEV Japan（アメリカブドウ・ワイン学会日本部会）は、アメリカ合衆国デイビス市に本部のあるAmerican Society for Enology and Viticulture（ASEV アメリカブドウ・ワイン学会）の日本支部として1984年に設立。アメリカブドウ・ワイン学会は、この分野で世界最大の学会でブドウ栽培とワイン製造、並びにこれらに関連した分野の研究と技術の発展を目指している。

ASEV Japanは国内での活動を円滑にするため、2005年、日本ブドウ・ワイン学会の名称で日本学術会議協力学術研究団体に登録。主な活動として年次大会（研究発表会、シンポジウム、総会）の開催、年３回の学会誌の発行、セミナーの開催、諸外国との国際交流などを行っている。

日本ブドウ・ワイン学会（ASEV Japan）事務局
〒400-0005　山梨県甲府市北新1-13-1
山梨大学大学院総合研究部附属ワイン科学研究センター内
E-mail：asevjpn@yamanashi.ac.jp
TEL055-220-8658　FAX055-220-8768

醸造用ブドウ栽培の手引き～品種・仕立て・管理作業～

2022年４月18日　第１刷発行
2023年３月７日　第２刷発行

監修者――日本ブドウ・ワイン学会
発行者――相場博也
発行所――株式会社 創森社
〒162-0805 東京都新宿区矢来町96-4
TEL 03-5228-2270　FAX 03-5228-2410
http://www.soshinsha-pub.com
振替00160-7-770406
組　版――有限会社 天龍社
印刷製本――中央精版印刷株式会社

ISBN978-4-88340-355-4 C0061

〝食・農・環境・社会一般〟の本

創森社　〒162-0805 東京都新宿区矢来町96-4
TEL 03-5228-2270　FAX 03-5228-2410
http://www.soshinsha-pub.com
＊表示の本体価格に消費税が加わります

ミミズと土と有機農業　中村好男 著　A５判１２８頁１６００円

薪割り礼讃　深澤 光 著　A５判２１６頁２３８１円

すぐにできるオイル缶炭やき術　溝口秀士 著　A５判１１２頁１２３８円

病と闘う食事　境野米子 著　A５判２２４頁１７１４円

焚き火大全　吉長成恭・関根秀樹・中川重年 編　A５判３５６頁２８００円

玄米食 完全マニュアル　境野米子 著　A５判９６頁１３３３円

手づくり石窯BOOK　中川重年 編　A５判１５２頁１５００円

豆屋さんの豆料理　長谷部美野子 著　A５判１１２頁１３００円

雑穀つぶつぶスイート　木幡 恵 著　A５判１１２頁１４００円

不耕起でよみがえる　岩澤信夫 著　A５判２７６頁２２００円

すぐにできるドラム缶炭やき術　杉浦銀治・広若剛士 監修　A５判１３２頁１３００円

竹炭・竹酢液 つくり方生かし方　杉浦銀治ほか監修　A５判２４４頁１８００円

竹垣デザイン実例集　古河 功 著　A４変型判１６０頁３８００円

毎日おいしい 無発酵の雑穀パン　木幡 恵 著　A５判１１２頁１４００円

自然農への道　川口由一 編著　A５判２２８頁１９０５円

素肌にやさしい手づくり化粧品　境野米子 著　A５判１２８頁１４００円

おいしい にんにく料理　佐野 房 著　A５判９６頁１３００円

竹・笹のある庭～観賞と植栽～　柴田昌三 著　A４変型判１６０頁３８００円

自然栽培ひとすじに　木村秋則 著　A５判１６４頁１６００円

育てて楽しむ **ブルーベリー12か月**　玉田孝人・福田 俊 著　A５判９６頁１３００円

炭・木竹酢液の用語事典　谷田貝光克 監修　木質炭化学会 編　A５判３８４頁４０００円

園芸福祉入門　日本園芸福祉普及協会 編　A５判２２８頁１５２４円

割り箸が地域と地球を救う　佐藤敬一・鹿住貴之 著　A５判９６頁１０００円

育てて楽しむ **タケ・ササ** 手入れのコツ　内村悦三 著　A５判１１２頁１３００円

育てて楽しむ **雑穀** 栽培・加工・利用　郷田和夫 著　A５判１２０頁１４００円

育てて楽しむ **ユズ・柑橘** 栽培・利用加工　音井 格 著　A５判９６頁１４００円

石窯づくり 早わかり　須藤 章 著　A５判１０８頁１４００円

ブドウの根域制限栽培　今井俊治 著　B５判８０頁２４００円

農に人あり志あり　岸 康彦 編　A５判３４４頁２２００円

はじめよう！自然農業　趙漢珪 監修　姫野祐子 編　A５判２６８頁１８００円

農の技術を拓く　西尾敏彦 著　四六判２８８頁１６００円

東京シルエット　成田一徹 著　四六判２６４頁１６００円

玉子と土といのちと　菅野芳秀 著　四六判２２０頁１５００円

生きもの豊かな自然耕　岩澤信夫 著　四六判２１２頁１５００円

自然農の野菜づくり　川口由一 監修　高橋浩昭 著　A５判２３６頁１９０５円

菜の花エコ事典～ナタネの育て方・生かし方～　藤井絢子 編著　A５判１９６頁１６００円

パーマカルチャー～自給自立の農的暮らしに～　パーマカルチャー・センター・ジャパン 編　B５変型判２８０頁２６００円

巣箱づくりから自然保護へ　飯田知彦 著　A５判２７６頁１８００円

病と闘うジュース　境野米子 著　A５判８８頁１２００円

農家レストランの繁盛指南　高桑 隆 著　A５判２００頁１８００円

ミミズのはたらき　中村好男 編著　A５判１４４頁１６００円

野菜の種はこうして採ろう　船越建明 著　A５判１９６頁１５００円

〝食・農・環境・社会一般〟の本

創森社 〒162-0805 東京都新宿区矢来町96-4
TEL 03-5228-2270 FAX 03-5228-2410
http://www.soshinsha-pub.com

＊表示の本体価格に消費税が加わります

いのちの種を未来に
野口 勲 著 A5判188頁1500円

里山創生～神奈川・横浜の挑戦～
佐土原 聡 他編 A5判260頁1905円

移動できて使いやすい 薪窯づくり指南
深澤 光 編著 A5判148頁1500円

固定種野菜の種と育て方
野口 勲・関野幸生 著 A5判220頁1800円

原発廃止で世代責任を果たす
篠原 孝 著 四六判320頁1600円

市民皆農～食と農のこれまで・これから～
山下惣一・中島 正 著 四六判280頁1600円

さようなら原発の決意
鎌田 慧 著 四六判304頁1400円

自然農の果物づくり
川口由一 監修 三井和夫 他著 A5判204頁1905円

農をつなぐ仕事
内田由紀子・竹村幸祐 著 A5判184頁1800円

農は輝ける
星 寛治・山下惣一 著 四六判208頁1400円

農産加工食品の繁盛指南
鳥巣研二 著 A5判240頁2000円

自然農の米づくり
川口由一 監修 大植久美・吉村優男 著 A5判220頁1905円

種から種へつなぐ
西川芳昭 編 A5判256頁1800円

農産物直売所は生き残れるか
二木季男 著 四六判272頁1600円

自然農にいのち宿りて
川口由一 著 A5判508頁3500円

快適エコ住まいの炭のある家
谷田貝光克 監修 炭焼三太郎 編著 A5判100頁1500円

植物と人間の絆
チャールズ・A・ルイス 著 吉長成恭 監訳 A5判220頁1800円

農本主義へのいざない
宇根 豊 著 四六判328頁1800円

文化昆虫学事始め
三橋 淳・小西正泰 編 四六判276頁1800円

小農救国論
山下惣一 著 四六判224頁1500円

タケ・ササ総図典
内村悦三 著 A5判272頁2800円

育てて楽しむ ウメ 栽培・利用加工
大坪孝之 著 A5判112頁1300円

育てて楽しむ 種採り事始め
福田 俊 著 A5判112頁1300円

育てて楽しむ ブドウ 栽培・利用加工
小林和司 著 A5判104頁1300円

パーマカルチャー事始め
臼井健二・臼井朋子 著 A5判152頁1600円

よく効く手づくり野草茶
境野米子 著 A5判136頁1300円

図解 よくわかる ブルーベリー栽培
玉田孝人・福田 俊 著 A5判168頁1800円

野菜品種はこうして選ぼう
鈴木光一 著 A5判180頁1800円

現代農業考～「農」受容と社会の輪郭～
工藤昭彦 著 A5判176頁2000円

農的社会をひらく
蔦谷栄一 著 A5判256頁1800円

超かんたん 梅酒・梅干し・梅料理
山口由美 著 A5判96頁1200円

育てて楽しむ サンショウ 栽培・利用加工
真野隆司 編 A5判96頁1400円

育てて楽しむ オリーブ 栽培・利用加工
柴田英明 編 A5判112頁1400円

ソーシャルファーム
NPO法人あうるず 編 A5判228頁2200円

虫塚紀行
柏田雄三 著 四六判248頁1800円

農の福祉力で地域が輝く
濱田健司 著 A5判144頁1800円

育てて楽しむ エゴマ 栽培・利用加工
服部圭子 著 A5判104頁1400円

図解 よくわかる ブドウ栽培
小林和司 著 A5判184頁2000円

育てて楽しむ イチジク 栽培・利用加工
細見彰洋 著 A5判100頁1400円

おいしいオリーブ料理
木村かほる 著 A5判100頁1400円

身土不二の探究
山下惣一 著 四六判240頁2000円

消費者も育つ農場
片柳義春 著 A5判160頁1800円